Ernstvuurwerk

F. B. HOTZ

Dood weermiddel en andere verhalen
Duistere jaren
Eb en vloed
Ernstvuurwerk
Proefspel
De vertegenwoordigers
De vertekening
De voetnoot
Het werk

Leverbaar bij
BV Uitgeverij De Arbeiderspers

F. B. Hotz

Ernstvuurwerk

Singel Pockets

Gebeurtenissen, maar ook personen in dit boek zijn uitsluitend producten van het brein van de schrijver.

Eerste druk 1978
Achtste druk (als Singel Pocket) 1999

Singel Pockets is een samenwerkingsverband tussen
BV Uitgeverij De Arbeiderspers, Uitgeverij De Bezige Bij BV,
Uitgeverij Nijgh & Van Ditmar en Em. Querido's Uitgeverij BV

Oorspronkelijke uitgave:
BV Uitgeverij De Arbeiderspers

Copyright © 1977, 1978 F. B. Hotz, Oegstgeest

Niets uit deze uitgave mag worden verveelvoudigd en/of openbaar gemaakt, door middel van druk, fotokopie, microfilm of op welke andere wijze ook, zonder voorafgaande schriftelijke toestemming van BV Uitgeverij De Arbeiderspers, Herengracht 370-372, 1016 CH Amsterdam. *No part of this book may be reproduced in any form, by print, photoprint, microfilm or any other means, without written permission from BV Uitgeverij De Arbeiderspers, Herengracht 370-372, 1016 CH Amsterdam.*

Omslagontwerp- en fotografie:
Het Lab - Arnhem, Erik Vos

ISBN 90 413 3055 0 / NUGI 300

Inhoud

Ernstvuurwerk 7
Drijvende mijnen 45
Voorjaar 88
Een laatste oordeel 107
Zand en grind 133
Een dubbel incident 167
Aspiraties 179
De auditie van mevrouw Stulze 202
De toren 216
De opdracht 237
Anna 256
De verplaatsing 269

Ernstvuurwerk

I

Ik was negen jaar toen het eerste spoor liep en grootvader me beloofde dat ik een keer met hem naar Haarlem mocht om mee te rijden.

Hij was toen notaris en raadslid en kwam zelden ver buiten ons dorp, maar z'n verlangen naar beweging had hij omgezet in bewogenheid voor stoom: hij werd van het begin een spoorwegenthousiast. Mede door hem kwam de Spoorwegmaatschappij gemakkelijk aan de benodigde concessies op gemeentegronden hier, maar z'n liefde bleef platonisch want bij al z'n – voor mij erg theoretische – bemoeiingen vergat hij z'n belofte: er kwam niets van meerijden.

Maar hij had wel een mooi handgeschilderd tinnen model van de Arend met kolenwagen en char-à-bancs. Het stond deftig op z'n bureau en soms mocht ik er naar komen kijken: zelfs een tinnen stukje rail ontbrak niet met ertussen gestileerd opschietend groen.

Grootvader was nogal buikig en hij begon te kalen; een rand grijs krulhaar en donkere ogen imponeerden menig dorpeling. Hij kon lyrisch spreken over water en vuur, de ingrediënten voor de nieuwe kracht die alles bezielen zou, en hij probeerde mij eveneens tot aanbidding van die elementen te brengen.

Hij moest daartoe mijn aanvankelijke vuurvrees te lijf.

Eens had ik bij de meid in de keuken gestaan juist toen die onverwachts de fornuisdeur opentrok; een lange blauwe vuurtong sloeg razend naar buiten en ik vloog de keuken uit, de gang door en de trap op, waar grootmoeder me furieus tot staan bracht. Stel je niet aan, zei ze hees en haar ogen in het bolbleek gezicht stonden afwijzend. Ze leek teleurgesteld en ik schaamde me diep.

Bij z'n zoon – m'n vader – was het grootvader niet gelukt z'n stoomliefde over te brengen. Die was administrateur van een Leidse lakenfabriek geworden en grootvader sprak niet veel met hem.

Grootmoeder, die toen nog haar kap en oorijzers droeg, luisterde koel toe als haar echtgenoot met nogal dwepende blik over de omzetting van steenkool tot mensheidsdienende arbeid sprak. Omdat ze alleen kuchte als antwoord op de vraag wat zij ervan vond, richtte hij zich doorgaans tot mij. Ik liet me fascineren, maar toen ik boven de veertien of vijftien was en nogal mokkend, werd die mensendienst me vreemd, zodat ik van de twee genoemde elementen het water liet vallen: in vuur alleen moesten geheime machten schuilen oneindig groter en directer dan in hun vereniging.

Maar eerst was er nog de stralende winterochtend geweest dat ik met grootvader meemocht op z'n inspectie-voettocht naar het toekomstig tracé van de spoorweg, voorzover dat ons dorp raakte. We haalden daartoe eerst een ander raadslid op – die grootvader de Baron noemde – om daarna gezamenlijk een heer van de Maatschappij te ontmoeten bij de ligplaats aan de trekvaart. Die heer zag er deftig uit en droeg een Engelse ruitjas in oker en bruin. Kros heette hij. De heren lichtten hun halfhoge hoeden.

We liepen door de bedauwde velden en grootvader waarschuwde me korzelig van agitatie uit te kijken voor koeievlaaien. Het ging oostwaarts tegen de opkomende zon, met links de bossen van Warmond en Poelgeest en rechts de beplante wallen van Leiden. Boeren tikten zwijgend aan de pet bij onze groet. We naderden de Maredijk en de trekvaart naar Haarlem. De drie mannen hielden een hand boven de ogen tegen het laag winterzonlicht. Het was een vrijdagochtend in februari '42 en er stond een scherpe wind.

Grootvader en de baron behoorden tot de gecommitteerden uit de gemeenteraad van Oegstgeest die belast waren met een onderzoek van het door de Hollandsche IJzeren Spoorwegmaatschappij ingezonden 'voorstel tot overname van de op de kadastrale registers ten name van de Gemeente bekend staande gronden'.

We liepen heel wat, die dag. Op verschillende punten, van de Holmaren af tot de Hoge Morsch, gaf de heer Kros met wijde armgebaren, meetstokken en in de wind fladderende tekeningen aanwijzingen. Na veel praten bleek alleen bij zekere watering met duiker, op de scheiding van Lage en Hoge Morsch, sprake van eigenlijke inbezitname van grond. Grootvader kreeg nog bevestigd dat op het voetpad van de Maredijk een gemetselde opening door de spoordijk zou komen van tenminste 2,50 el hoog en 2 el wijd, en er kwamen details van bruggen over Holmaren, Broekweg en Zandsloot. De Lage Morschweg zou van flauw hellende opritten voorzien worden evenals de overgang aan de Hoge Morsch.

Grootvader zocht de avond van die dag de belangen van z'n gemeente wat te combineren met z'n liefde voor het ijzeren paard; de heer Kros logeerde in z'n huis en grootvader liet zich bij een glas wijn aan tafel overtuigen dat het eenvoudiger was, gezien veelvoudige bezwaren van overdracht van gronden, de raad in overweging te geven met de Spoorwegmaatschappij een algemene overeenkomst te treffen: een Vergunning voor de spoorweg tegen betaling van een jaarlijkse recognitie aan de gemeente.

De heer Kros vertrok de volgende morgen na vriendschappelijk afscheid met de postwagen van 10.20 uur naar Haarlem en vandaar verder per spoor natuurlijk. Grootvader zou op de volgende raadszitting het directievoorstel overbrengen. (De gemeente Oegstgeest zou nog blijken er genoegen mee te nemen. Ze vroeg, na eindeloos delibereren, veertig gulden 's jaars en kreeg dertig.) Nogmaals: grootvaders sporenliefde was van theoretische aard; hij zou er niet eens in durven rijden zei grootmoeder die morgen toen beide heren het huis uit waren.

Een jaar later stond ik met grootvader te kijken bij de aanleg van de spoorbrug over de trekvaart. Tientallen mannen reden met kruiwagens duinzand – aangevoerd op platte aken – voor de verhoogde spoordijk. Grootvader stond erbij als een opzichter, alsof het toch ook een beetje zijn werk was, die spoorlijn. Zelf kon ik m'n ogen niet afhouden van de roet en vonken spuwende, ratelende en kwaadaardig sissende locomobiel die, naast de handkracht van kaapstanders en katrollen, de energie leverde voor een machtig werktuig dat kon heien en hijsen. De lucht van teer, olie, kokend slootwater en sintels was opwindend. Soms, op z'n onverwachts, sprong de veiligheidsklep van de ketel open en het loeien van de ontsnappende stoomstraal was oorverdovend. Grootvader had tranen in de ogen. Ja jongen, schreeuwde hij boven het tumult, de nieuwe tijd is begonnen. Maar hij hield mij en zichzelf ver weg van de verzengende stookplaat van het monster.

Ik wilde nu het vuur zien en tarten. Ik probeerde te schatten hoever de gloeiende turfdeeltjes uit de hoge beroete schoorsteen omhoog kringelden. Een soort vuurwerk. Opeens rukte ik me los van grootvaders hand en keek met de hitte op m'n gezicht gebakken in de hel van het ketelvuur. Een werkman, die net brandstof bijgevuld had, gooide een brok steenkool naar m'n kop en raakte m'n jukbeen, waar een vurige streep ontstond die licht bloedde. Oplazeren hier, riep hij met de kwaaie stem die ik later begreep als door zekere bezorgdheid ingegeven.

Kinderen zijn hinderen en grootvader meende dat hij met me terug naar huis moest om die wond – zo dicht onder m'n oog – te laten schoonwassen. Node en mokkig namen we afscheid van het nijver werkterrein. Thuis was grootmoeder afwezig en ik werd aan één arm naar de keuken geduwd waar Pietje de meid me maar moest verzorgen. Grootvader haalde nog een pleister en Hollowayzalf uit z'n voorraad en verdween.

Pietje was een lange en magere, bruinachtige meid met slaperige ogen die iedere dag van Rijnsburg kwam lopen en die voor de donkere terugreis op winternamiddagen een stok onder haar rokken droeg tegen aanranders. (Die zal zij niet nodig hebben, zei grootvader eens grinnikend aan tafel, maar grootmoeder kuchte en zweeg.)

Pietje beplakte m'n wond, en van zo dicht bij roken haar vingers en kleren naar uien, want die teelt men rond haar dorp en soms, bij westenwind, ruikt men die velden tot bij ons. Ik nam haar haar aangewaaide lucht nog niet kwalijk en praatte gewillig met haar. 'Heb je naar 't machien weze kijken,' vroeg ze, met iets van prettig griezelende weemoed in haar stem – ze was misschien vijftien – en ik antwoordde argeloos: morgen gaan we weer, je mag best mee hoor van grootvader. Ze lachte opeens vrouwachtig hol. 'Maar niet van je grootmoeder,' zei ze.

Grootvader vond het licht teleurstellend, later, dat ik na lager onderwijs en een paar jaar Franse school in Leiden, als leerjongen in dienst ging van de vuurwerkfabriek buiten de Leidse wallen. Als ik dan toch niet studeren kon had hij me liever naar de werkplaats van de spoor in Amsterdam zien vertrekken. Hij had daar een kosthuis voor me willen zoeken en betalen. De heer Kros zou hem zeker terzij gestaan hebben, zei hij.

Nu bleef ik thuis in Oegstgeest wonen en liep iedere morgen vroeg naar de fabriek, tot de Rijnsburgerpoort en dan linksaf de gracht langs. Grootvader verzoende zich al gauw met dit plan, alles was beter dan een pennelikker te worden zei hij als vader er niet bij was.

Vanaf de lange lommerrijke weg naar de Rijnsburgerpoort keek ik iedere morgen naar de oostelijke horizon; nieuw wit zand stak daar als een dun streepje af tegen al het monotone groen: de langzaam vorderende spoordijk. Ter hoogte van de tol op de weg stond ik vaak stil en tuurde. Geheimzinnig zou het spoor – 'die felle salamander' zoals Da Costa gedicht had – komen aanzetten vanachter het hoge groen dat het dorp Warmond aan het oog onttrok, om dan met een wijde boog vóórlangs de stadspoort het te bouwen station te naderen. (Grootvader had me al een schets van het stationsgebouw laten zien: het lijkt wel een schouwburg zei hij trots. Eens vroeg ik grootmoeder onverhoeds waarom grootvader zo ingenomen was met de spoorweg. Ze keek me verbaasd aan en schudde haar hoofd. Omdat hij er geld in heeft zitten natuurlijk sufferd, antwoordde ze. Haar gouden ijzers vonkten koud bij die hoofdbeweging. Van die dag af nam ik grootvader z'n spoorliefde kwalijk. Ik kreeg met jeugdige wrok het land aan bezitters en vond dat ik zelf meer eerzaamheid in eigen liefhebberij moest betrachten. Vandaar misschien ook m'n volontairschap op de fabriek.)

In dat bedrijf – een verzameling lage en brokkelige loodsen – vorderde ik niet snel. De bonkige werkers lachten om m'n onnozele kinderhanden en voorlopig deed ik niet veel anders dan gemorst salpeter, houtskool of meelpulver van werkbank of vloer verwijderen. Ik herinnerde me intussen hoe bang ik geweest was voor vuurwerk: nog bij de kroning van Willem II voelde ik het skelet in m'n lijf opspringen bij iedere baldadige explosie. Schichtig bleef ik voor alle vuur en als er buiten een proefpijltje aangestoken moest worden deed ik dat met dichtgeklemde ogen en een verfrommelde neus. De anderen lachten rimpelig. 'Ja, zó ken je niet zien wat je doet,' riepen ze schor en met de superioriteit van handwerkers boven notarissen.

Rijnsburgse Pietje had me bang gemaakt voor de fabriek. Er leefde een man zonder armen in Leiden beweerde ze, die 'geeneens zelf naar het privaat kon'. Ze grinnikte daarbij. 'Ik het je gewaarschouwd,' zei ze.

Ze kon gelijk hebben. Als m'n moeder geleefd had zou ik daar niet terechtgekomen zijn. Die was in het kraambed gebleven en m'n twee oudere broers waren naar Den Haag vertrokken, waar ze een kleine werkplaats hadden, een metaaldraaierij. Zelfs grootmoeder had me liever daar aan het werk gezien.

Om m'n vuurliefde kracht bij te zetten – of misschien om die rest vuurvrees te beteugelen – begon ik omstreeks deze tijd te lezen over wat direct of zijdelings met m'n nieuwe vak had uit te staan. Ik had van een jonge werkmeester op de fabriek gehoord dat een zekere Congreve in de grote oorlog tegen de eerste Napoleon vuurwerk gebruikt had als wapen. Ik las nu Sibornes verslag van Waterloo, waarin die Engelse uitvinder overigens niet aan bod kwam. Ik raakte gefascineerd door ballistische gegevens en m'n vroegere veronderstelling dat het element vuur een dubbelzinnige betekenis had vond hier voedsel. Ik raakte geboeid door de zo nabije geschiedenis van 1830 en mee doordat de meesterknecht me verteld had hoe Congreve verwarring gesticht had onder de befaamde kurassiers van de Keizer, daagde een soort theorie van eigen vinding voor m'n nog zo wankele geest, die stelde dat als Chassé op de citadel van Antwerpen de beschikking gehad zou hebben over een stelsel van reusachtige, vuurbrakende pijlen, de Fransen door panische vrees overmand uit hun batterijen verdreven zouden zijn. Willem I zou er dan anders voor gestaan hebben. En de Leidse studenten, zo dicht bij m'n bed naar de afstand gemeten, zouden niet hebben hoeven uit te rukken naar Hasselt en Boutersem, en die Beeckman zou nog leven. Of wat ik verder zanikte om m'n drijverij een diepe zin te geven.

Ik probeerde na een saai jaar van drijfsas wegen, kardoespapier met stijfsel inwrijven en vloeren schrobben, te experimenteren op het terrein achter de fabriek. M'n bevende vingers kreeg ik nooit helemáál onder controle, maar toch bouwde ik van in het geniep vergaarde resten een onverantwoordelijk lange rocket die ik, al dan niet naar Congreve, aan voor- en achterkant van metalen ogen voorzag, zodat hij los opgehangen kon worden aan een ijzeren lanceerstaaf. Die staaf, onder zekere elevatie in de grond gestoken, zou het projectiel een feilloze richtingsimpuls meegeven.

In een middagschaftuur sloop ik tot voorbij de achterste loods met uitzicht op de inmiddels voltooide spoorbaan. Ik richtte m'n ijzerstaaf onder zo'n 30° wat wrokkig op de verwijderde kromming van grootvaders rails. (Ook met de feestelijke opening van de lijn tot Leiden – met gepavoiseerde locomotief en schutterijmuziek – was er van meerijden weer niets gekomen en ik begon geloof te hechten aan grootmoeders opmerking dat de oude man bang was.)

Ik zou het beter doen. Zonder althans naar buiten zichtbare angst hing ik m'n vuurpijl op aan de staaf en na drie keer omgekeken te hebben naar het verwijderd schaftlokaal ontstak ik de lading. Ik had gelezen dat in de toekomst de spoorverbinding wellicht militaire betekenis zou krijgen en voelde me een voorloper op strategisch terrein. Intussen trilde het lange projectiel, rookte en zoog dan plotseling weg als een monsterlibel. Ik stond er zelf van te kijken. Ik volgde gespannen z'n baan, die overigens teleurstellend onstabiel bleek. M'n rokende pijl duikelde op het eind van z'n traject in de lucht om en viel in twee helften vér voor hij de spoordijk bereikt had. Tegelijk had ik een stomp voor m'n kop beet van de werkmeester, die me op z'n tenen genaderd moest zijn. 'Bei je helemaal zot geworden,' siste hij, maar niet eens zo luid, vanachter z'n brokkelgebit. In z'n ogen glinsterde een soort lachje.

Samen met hem bouwde ik een verbeterd exemplaar met een houten lat als roer in de hoop op een stabielere gang. We verzamelden daartoe weer resten en gapten ook wel eens nieuw kardoespapier, salpeter of zwavel. Ditmaal voegde ik suiker toe voor een regelmatiger verbranding van het kruit en in de kegelneus ging een halve kei mee als blinde springlading.

De werkbaas wilde geen verantwoording dragen en toen de nieuwe raket klaar was, zou ik die weer alleen opstellen en lanceren. Ik verzweeg daarbij een nieuw plan: ik had aan het station een dienstregelingskaart gekocht en het leek me van gewicht de trefkans van m'n projectiel tegen een 'bewegend doel' te meten en, gelet op m'n achterwaarts in de geschiedenis gedachte Chasséproject, de ontsteltenis van treinpassagiers waar te nemen bij het zien aansuizen van zo'n rokende buskruitpijl. Tegelijk kon de spoorbaan, die door grootvader voor mij zo ondoordringbaar veraf leek, aldus misschien een symbolische afstraffing ondergaan.

Opnieuw sloop ik op een middag achter de magazijnen en stelde m'n staaf zorgvuldig op. De lanceerhoek had ik intussen beter leren berekenen en ik stelde die zo goed mogelijk in met een geleende koperen gradenboog. Ik begon de pijl op te hangen en schoof, toch weer benard, eerst het achterste oog op de staaf en dan het voorste. Het kleurloos voorwerp hing roerloos klaar en ik luisterde buikpijnachtig toe of ik uit de richting Warmond het rommelen van de locomotief al hoorde. Het bleef doodstil, op af en toe een koe na, en ik probeerde – maar veel te gehaast – de resterende minuten af te tellen.

Juist wilde ik nogmaals de kreukelig geworden dienstregeling uit m'n werkbuis pakken toen ik achter me een geluid hoorde alsof een infernale ijzeren reuzenknikker van het ene eind van de magazijnloods naar het andere rolde; dan nam een buitenwereldse zuiging me op en kwakte me in een heg. Boven me steeg in een seconde een krankzinnige halve bloedzon op in een regen van kleine voorwerpen, en tegelijk sloegen m'n oren dicht onder woedend gekraak.

Ik bleef als verlamd in de heg hangen en beefde; ik beefde zó dat het schokken leek en was banger dan ooit dat grootvader het geweest was of zijn zou, tot iemand me toebrulde weg te rennen, de weiden in, want een nieuwe explosie dreigde.

Die bleef uit, maar drie loodsen schroeiden weg tot de funderingen. Een magazijnknecht was dood. (Ik zag een flits van z'n dubbelgevouwen verfrommeld lijk maar keerde me snel af.) En van m'n raket was geen spoor terug te vinden tussen verwrongen ijzer, glas en baksteenresten.

Ik had een arm uit de kom en een sleutelbeenbreuk en moest lopen naar het hospitaal van de academie, waar ginnegappende jonge studenten aan die arm draaiden en me met deftig hoge stemmen toeriepen dat ik verdomme niet zo scheef moest staan. Ik gehoorzaamde slaafs en slikte in dat ze, voorzover ooit lid van hun Vrijwillige Jagers, in de nabije toekomst wellicht met grote dankbaarheid de defensieve werking van m'n vuurpijlen zouden gedenken. Weet je wel wie je voor je hebt lag op m'n lippen.

Ik liep de lange weg naar huis met m'n schouder in een zeer strak verband. Grootmoeder was kwaad van schrik of anderszins en smeet met deuren: grootvader liet zich niet zien.

Ik lag in bed met het snijdend en schroeiend verband en Pietje kwam binnen. Eerst zat ze zwijgend naast m'n bed als een overbodige dodenwaakster maar wat later bracht ze koude verse melk en met een papier als waaier koelde ze m'n brandende schouder. Tot grootmoeder haar met een beweging van het bollend wenkbrauwloos hoofd wegstuurde.

Ik mocht voor m'n grootouders niet terug naar de fabriek. Bovendien vonden ze dat ik jong wat van de wereld moest zien en de heer Kros, die wel eens sprak met de Engelse machinisten van de IJzeren Spoorwegmaatschappij, zou informeren naar werkgelegenheid voor mij in Engeland.

Daar ging nogal wat tijd mee heen. Intussen hield ik me onledig met boodschappen doen voor grootmoeder, brieven bezorgen voor grootvader en Engels leren bij een van diens cliënten. Ook riep grootvader me 's avonds vaak bij zich in z'n studeervertrek. Naast het tinnen modelletje van de Arend lag altijd het boek met roodlederen rug dat de moeilijke titel droeg *Praecepta Philosophiae Logicae,* en dat van Daniel Wyttenbach was, de Zwitserse professor die eens in Leiden doceerde, die lange tijd in ons dorp woonde en er z'n praalgraf had. Via die 'Oegstgeestse' denker – die hij 'goed' gekend had – was grootvader op Leibniz gekomen en met een docerende wijsvinger trachtte hij me nu ook nog bij te brengen dat deze wereld de best mogelijke van alle was. Ik kwam in een leeftijd om dat te betwijfelen en spotte met de rechtlijnige logica en het herhaalde 'dus' van Leibniz, Wyttenbach of de oude heer voor me, wiens gemengde enthousiasmen me op de zenuwen begonnen te werken.

Ter afwisseling bracht ik eenmaal in het donker Pietje een eind weg op de smalle zandweg naar Rijnsburg. Ter hoogte van het klooster hield ik haar staande of ik wat vergeten was, keek peinzend in de onzichtbaar zwarte verte en trok haar met enig tragisch misbaar tegen me op. Ze zweeg. Het was maar zo iets als loon voor haar goede verpleging bij m'n sleutelbeenbreuk, hield ik me voor.

Vóór ik naar den vreemde vertrok ging ik afscheid nemen van vader in Leiden, die me bezag of ik een vage bekende was, en van m'n broers in Den Haag. Samen met grootvader reisde ik daartoe per spoor op het laatst geopende traject. De oude man was zwijgzaam en zag zeer bleek. In de wagon kneep hij z'n volle lippen op elkaar en volhardde in een krampachtige greep met beide handen om de houten zitbank. Toen de ijzeren brug over de Rijn ratelend langs de ruiten draaide sloot hij, als dodelijk vermoeid, z'n ogen. Nuchtere en koude vrouwen hebben altijd gelijk: hij was bang.

II

Op een zaterdagmorgen in januari '48 vertrok ik met de Stoomboot Sea Horse van Rotterdam naar Sheerness en vandaar met een klein rivierraderscheepje naar de Thames Ironworks. Ik kreeg een piepklein vlieringkamertje bij een werkbaas in een zwartbesmookte steeg aan een havencomplex, waar ik 's avonds stom glimlachte tegen man, vrouw en hun rossige horde kinderen, want met het Engels vlotte het niet erg.

In de immense fabriek leerde ik het bankwerkersvak aan vermolmd houten werkbanken, waarop de koude blauwe bankschroeven vijandig mat glommen. Iedere morgen vertrok ik rillerig en benard naar die werkplaats. Ik probeerde vlak te vijlen en dreef beitels in metaal tot de hete ijzerkrullen tegen m'n voorhoofd sprongen, maar vorderde traag. Bovendien was er het besef dat ik dit net zo goed bij m'n broers in Den Haag had kunnen doen. Ik miste hier de conspiratieve werkmeester uit de Leidse vuurwerkfabriek en ook wel Pietje. Die was wel lang en lelijk, maar dat was ik intussen ook.

Na twee maanden vijlen en hakken ontmoette ik eenmaal op de smalle wenteltrap naar m'n vliering het oudste dochtertje van m'n baas. Schemerlicht van een roetig dakraam viel op haar wit klein gezicht met doorschijnende wipneus. In het voorbijgaan streek ik even met een maaguithollende vertedering over haar naakte dunne onderarm, die ze flitsend terugtrok. Tegelijk draaide haar hoofd en ze spuugde naar me met een tuitbekje. Door haar oudachtig gezicht had ik haar leeftijd misschien ook verkeerd geschat.

Van de ongeregeldheden in Europa hoorde en las ik intussen wel eens wat, maar m'n eigen ambitie ging vóór en die bestond er simpelweg in van de bankwerkerij in de smederij te komen. Daar zou ik ijzer in vuur kunnen steken en hoewel al bij voorbaat het angstzweet me uitbrak als ik zag hoe bij de eerste klap op het witgloeiend ijzer de oplichtende vonkenregen in het rond sprong, zeurde ik toch door en kreeg een plaats.

Vanuit de smederij ontdekte ik dat men in machinehallen verderop in het bedrijf ook lopen goot voor scheepsgeschut en toen ik wat meer Engels sprak sloot ik vriendschap met een leerling van die afdeling, die Burleigh heette en die een klein hoofd had met afwerende bruine knikkerogen.

Hij werkte aan de geschutsboorbank en wist alles van massieve kogels tot kartetsen en granaten, en van de daarbij horende buskruitladingen, hoewel die zaken hier niet gemaakt werden. Met een liefhebbende kleine krul in z'n mondhoek sprak hij over die dingen als een kunstkenner.

Ik huiverde maar vermande me zoals ik het voor grootmoeder gedaan had, en voor Pietje.

In plaats van het glimlachend gezwijg in m'n kosthuis te moeten aanzien verdween ik nu 's avonds vaak naar Burleigh, die alleen woonde in een soort afgekeurd havenloodsje, waar hij me z'n collectie roestige kanonskogels toonde en z'n gescheurde boeken over ordnance, calibre en carriage.

Ik vertelde hem uiteraard van m'n geheime Leidse wapen en overdreef dat ik een homp uit de spoorbaan between Amsterdam and The Hague had geblazen met m'n satanische libel, van grote afstand afgevuurd met een kleine springlading in z'n kop. Burleigh was geïnteresseerd en bovendien gevleid dat ik van z'n landgenoot Congreve vernomen had.

Smeden kon ik niet goed leren met m'n slappe handen en omdat ik bij iedere hamerslag achteruit week vanwege de vonken, werd ik teruggezet naar de bankwerkerij. Ik vertelde Burleigh van m'n besluit het bedrijf dan maar liever te verlaten en naar Holland terug te keren, maar hij had een ander voorstel. We zouden samen ontslag nemen en op een van 's lands grote munitiefabrieken gaan werken. Bijna zeker zou ik daar verder kunnen experimenteren.

Ik huiverde van dat voorstel, sliep drie nachten slecht, zag weer de explosie in de Leidse fabriek en accepteerde.

Om geen last te krijgen met de werkbaas die verantwoording aan Kros voor mij zei schuldig te zijn, vertrokken we op een zondag in westelijke richting en liepen naar Woolwitch, een reis van een dag. Burleigh trok daarbij een zelfgetimmerd wagentje waarin onder een jute zak z'n kogels en z'n boeken.

Op de munitiefabriek was alles schoon, geordend en

streng en het leek onmogelijk hier iets mee te nemen voor experimenten.

Ons werk in deze naar zwavel en ammoniak geurende ruimte bestond voornamelijk uit het vullen van serge zakken in verschillende maten: de kardoezen voor allerlei kaliber geschut. Het poeder moest steeds bestaan uit 75 delen salpeter, 10 delen zwavel en 15 delen houtskool. Vocht van welke aard moest daarbij vermeden worden en vooral frictie van metaal. De hele barak, en zelfs de deurscharnieren, waren van hout en we wogen af met beukehouten lepels. Soms werden onze produkten getest in de 'eprouvette', een soort schommel waar een loop in opgehangen was; de kardoes werd ontstoken en de terugslag kon op een kwadrant afgelezen worden.

Er ging twee jaar voorbij met de plicht van deze nauwkeurig dulle arbeid voor we gelegenheid hadden wat materiaal te vergaren. Burleigh had intussen m'n theorieën over tactische vuurafschrik moeten aanhoren – vermengd met een vleugje Wyttenbach – en hij had waarachtig iets als respect ontwikkeld. Hij bejegende me met ironisch beschermende glimlachjes waarbij z'n ogen rolden. Ik was een soort onmondig wonderkind.

Zelf studeerde ik veel in z'n boeken en later in die van het laboratorium van het bedrijf, waar een argeloze opzichter ze me ter hand stelde met de smile die zegt: dat mag ik zien, zulke leergierigheid. Op een stuk land buiten de stad lieten we eindelijk onze eerste pijlen op.

's Avonds in bed, met aan de andere kant van het huurhok een monster snurkende Burleigh, begon ik vaak aan Pietje te denken, die vast niet zo lelijk was als ik me in feite herinnerde. Eenmaal kon ik m'n mond niet houden tegen Burleigh, die maar weer eens grinnikte. Hij stak z'n wijsvinger omhoog alsof hem goede raad inviel en nam me de volgende dag mee naar een onooglijke achterstraat bij een riekende huidenopslagplaats. Daar werd ik de deur binnengeduwd van een vrouw even lang en smoezelig als Pietje, maar driemaal zo oud en veel witter in het gezicht. Ze ontblootte zich erbarmelijk en ik zat machteloos met toegeknepen keel en wachtte. Toen ging ik gekleed naast haar liggen met een bevroren arm om haar hoekige schouder en streelde het kurkdroge haar. Ik zag de korte torenspits van Rijnsburg en had een uienveld-hallucinatie; de vrouw mompelde en pakte m'n hand. Ik stond op en betaalde, toch kwaad, en veegde buiten het vocht uit m'n oog dat Burleigh niet zien moest. Hij verscheen overigens pas twintig minuten later achter in de straat en zwaaide opgewekt.

Grootvader had ik toch maar eens geschreven waar ik uithing en ik maakte m'n wens kenbaar voorlopig in Engeland te blijven. Burleigh meende dat onze toekomst bij het rakettencorps van het Britse leger lag: in Meerut in Bengalen had men de deugdelijkheid van het wapen beproefd. We bleven overigens toch maar hangen waar we waren.

Men kan niet zeggen dat er zich 'donkere wolken boven Engeland samenpakten' in begin '54. maar de straten van onze stad waren vol oorlogsgerucht en zowel de krant als de man in de straat sprak van Poor Turkey, dat geholpen diende te worden tegen een schandelijk overmachtige en onrechtvaardige vijand. Niet lang daarna verschenen er aan de muren oproepen voor dienstname in het leger. Duizenden jongemannen meldden zich voor 'the event of war against Russia' en in de havens werden in naam der Koningin koopvaarders geconfisceerd om als transportschepen te dienen of als 'armed merchant cruisers'.

Burleigh en ik deelden in de koortsachtige opwinding; lag hier inderdaad geen mogelijkheid voor onze prachtwapens (zielkundige afschrik versus dom lood) en zouden we in het leger geen gemakkelijke en betrekkelijk veilige carrière in de achterhoede tegemoet gaan, tevens tot heil van Engeland en Poor Turkey?

We meldden ons bij het plaatselijke depot van het Royal Engineer Corps en waren verbaasd dat ons ernstvuurwerkersverleden geen verpletterende indruk maakte op de kalende militaire ingenieurs met hun harde, droeve ogen. We kregen eerst een gewone soldatenopleiding op het excercitieveld bij de kazernes, leerden een oude Brown Bess laden en afschieten, en in gesloten formaties manoeuvreren als marionetten. Burleigh had het in zich een goed krijgsman te worden, hij was alert en vlug van begrip en hij loodste mij geduldig door de opleiding. Hij kreeg er een instructeursgezicht van en hij keek al even koel onthecht starend als z'n kalende superieuren. Ik voelde me hier alweer niet op m'n plaats maar hoopte op later.

Na eindeloze papieren aanvragen, na onderzoeken en verhoren werden we toch ingedeeld bij het ongeveer 100 man tellende rakettencorps van de Engineers. Hier waren we wat teleurgesteld dat men intussen verder op de oude Congreve vooruitlag dan wijzelf: men had lanceerbokken ontwikkeld waarop meerdere pijlen tegelijk afgevuurd konden worden en er waren werproeven op wielen, die zware pijlen van geslagen bladijzer met een grote aanvangssnelheid konden wegschieten. Toch deden we op den duur aarzelende voorstellen tot verbetering van raketvorm of drijfsas, wat weliswaar niet geaccepteerd werd, maar we hielden er een korporaalsrang aan over en kregen een kleine sectie manschappen onder ons, die we zelf moesten oefenen in het opstellen van de bokken en in het model over de schouder dragen van de lange lanceerstaven. De soldaten leken zo op lanciers zonder paard of op antieke pikaniers.

Pas nu we een uniform droegen keken meiden op straat ons na met opzettelijk gewiebel van hoofden op dunne nekken, met bewegende wenkbrauwen en stulplippen. Burleigh kreeg zo nog een vaste vriendin die 's avonds op hem wachtte aan de kazerne.

Een beetje onverwachts brak de even vergeten oorlog werkelijk uit en we zaten er aan. Inplaats van de gedroomde technische adviseurs – de brains behind the troops – werden we gewoon ingescheept met duizenden infanteristen in het rood.

Van de reis per raderstomer naar het verre oorlogsterrein herinner ik me vooral ongeduld, gelach, gevloek, verveling, sentimenteel gezang, geladen geslachtelijke goesting en eindeloze grappen daarop. Maar er was ook saamhorigheid: to be one of the boys. Vele vrijwilligers bekenden hun tredgang zat te zijn en dat dit althans iets anders was dan 's avonds het eeuwig herhaalde kolen scheppen voor het fornuis, een glas drinken en het liggen naast een gapende vrouw met hoofdpijn. Ook waren er wat grootogige jongelieden met kwetsbare rozige wangen die de Tsaar als de verkrachter hadden leren zien van de katholieke rechten op de heilige plaatsen in Jeruzalem, of als de grote vernietiger van de Europese revolte van '48.

In de haven van Varna was er een dagenlang oponthoud en hier gingen de eerste zieken van boord, wat de autoriteiten prikkelbaar stemde. De oversteek van de Zwarte Zee maakte ook de gewone soldaat wat ernstiger; bovendien werd het weer rauw en menigeen was voortdurend zeeziek. Er kwam een tekort aan drinkwater en men raakte vermoeid van slaapgebrek.

III

Voor grootvader was – via Leibniz of Wyttenbach – het wezen der substantie kracht. En niet wat uit zichzelf bestaat is een zelfstandigheid, maar wat uit zichzelf handelt. (Hij had dat handelen wel erg letterlijk genomen: geld in de spoorweg stoppen en geld in de Leidse Grofsmederij, al was dat laatste tegengevallen want dat bedrijf was te duur gebleken voor de levering van spoorrails.) Misschien had de oude man ook m'n vader met de vensterloze monadegedachte van Leibniz besmet; in ieder geval was dat een afgesloten mens geworden wie het goed uit kwam dat ik volgens die doctrine toch geen invloed kon ondergaan. Dan kon hij net zo goed alleen op een kamer bij z'n lakenfabriek gaan wonen. Voor de een vertrok ik nu ten strijde, niet door de ander gehinderd.

Op het moment dat de vijandelijke kust in zicht kwam zweeg iedereen omdat er niets te zien was. Nog geen vogel bewoog boven het strand. De hitte was niet te harden en het enige geluid was het kloppen van de Caradoc voor ons. Lord Raglan en een groep officieren in ceremonieel verkenden vanaf dat jacht met kijkers de heuvels.

Burleigh was zichzelf en genoot. Bij een onverwachte trilling in het schip – een kabel richtte zich even uit het water op – begon hij weer aan z'n grappen. 'We gaan terug, het is afgelast,' zei hij. Ik glimlachte laf en wilde dat het waar was.

Uit het schip steeg een walm van zweet en bederf, iedere ruimte was benut om er mannen in te stouwen en ik stond al een uur aangetreden met dorst en keelpijn van het gezouten vlees. De veldflessen waren allang weer leeg.

Er gebeurde niets, behalve nu en dan geschuifel tussen de wachtende mannen, onderdrukt gevloek en geërgerd geduw. Daarop dan een ingehouden commando en het geluid van plotselinge waterverplaatsing: opnieuw een choleralijder die overboord ging. De gewichten waarmee de voeten van de lijken verzwaard waren bleken onvoldoende: ze dreven rechtop om onze schepen met de schouders boven water. Ze dobberden ja-knikkend op de luie golfjes en werden snel zwart in de hitte. 'Het lijken onze mohammedaanse bondgenoten wel,' zei iemand.

Ik had geen zin in grappen; ik was moe, wilde liggen en probeerde het ook. Maar Burleigh trok me overeind; 'zo kom je in de ziekenbarak beneden terecht,' zei hij kwaad, 'dan kan je je net zo goed ineens verzuipen.'

Er volgde die dag geen landing en in de koude nacht werden tot ieders verbazing boord- en mastlichten van alle schepen ontstoken. De baai leek wel een jaarkermis en men giste vergeefs naar de bedoeling van die illuminatie. De volgende morgen vroeg zou aan land gegaan worden.

Ik kon Burleigh gebruiken. Niet alleen als vriend en hulp, ook als bewonderaar. Want hoewel hij zelf meer gezond verstand had dan ik, meende hij steeds meer een geleerde in mij te moeten zien. M'n educatie – godbetert – op het continent maakte onnodige indruk. Om hem niet in z'n trouwhartige broederschap teleur te stellen debiteerde ik met jonge arrogantie nu en dan een grootvaderlijke wijsgerige stelling, die hij met goedkeurende trots aanhoorde, alsof ik een schepping van hemzelf was. Tegen de morgen, met god weet een vijand in zicht, meende ik Burleigh nog te moeten vergasten op een stukje toepasselijke metafysica. Ik fluisterde zo ongeveer dat er in de wereld een vast quantum kwaad en pijn is, dat nu eenmaal opgebruikt moet worden en dat het de 'werkelijke' zin van deze oorlog kon zijn ('kon zijn'!) dat quantum te helpen souperen. Leibniz verhaspeld. Hij vloekte me niet uit, de formule beviel hem wel. 'We zullen na het ontbijt wel direct aan het souperen slaan,' zei hij opgewekt. Ik schaamde me.

Het viel anders uit bij de landing. Er viel niets te souperen en het leek meer op een picknick. Er klonk geen schot. Een gedempt bevel en een enkel hoornsignaal, dat was alles. En het gezuig en gesijpel van duizenden voeten door laag water.

We stonden op het strand bij opkomende vage zon in onze eigen vage schaduwen. Die zon steeg snel en binnen een half uur was de hitte alweer ondraaglijk. Maar er mocht niets uitgetrokken worden; officieren droegen hun witte handschoenen en overjassen en de Guards hun beremutsen.

Op het schip was gezouten vlees en scheepsbeschuit voor drie dagen uitgereikt en daar stonden we nu mee in onze handen want de ransels bleken zoek. Geweren zaten in kisten op een schip dat nog gelost moest worden en van de pijlen en lanceerbokken was helemaal geen spoor te bekennen. Intussen gingen veel mannen, waarschijnlijk dysenterielijders, ondanks het verbod in het zand liggen. Er werden wankelende paarden uitgeladen onder beschaafd gevloek van deftige cavalaristen. Een pistoolschot deed liggers en zitters snel overeind komen maar het was een lancier die z'n gemaltraiteerd rijdier afmaakte. Men begon beschuiten en vlees in het schroeiende zand te leggen.

Er gingen uren voorbij met wachten en ik werd zo moe en dorstig dat een soort verdoving intrad. De gedempte geluiden nam ik niet meer op, behalve vaag het rammelen van lieren. Burleigh ging nog monter helpen sjorren aan de wegzakkende wielen van juist aangekomen veldgeschut. Ook wilde hij kijken of de vrouwen al uitgeladen waren, zoals hij zei. Daarover deden waanzinnige speculaties de ronde: in Varna zouden ze op het laatste moment toch nog ingescheept zijn, na gillend rennen langs de kade omdat ze bang waren zonder geleide, geld of onderkomen achtergelaten te worden in een haven duizenden mijlen van huis.

Er kwamen geen vrouwen en er kwam geen drinkwater. De zon stak en velen liepen met opgestroopte broekspijpen door het zeewater, met de schoenen in de hand als op een vakantiedag. Van decorum was geen sprake meer. Men lag op het strand met de tuniek over het hoofd en wachtte.

In de middag veranderde het weer: het werd nevelig en de groene zee rees. Het debarkeren van nieuwe schepen moest worden uitgesteld. Het begon te regenen en Burleigh trok me mee naar een stuk strand vol kleine kuilen. Pas nadat de regen in stromen viel begon vuil water de putjes te vullen en we probeerden er wat van in onze veldflessen te krijgen. Sommige mannen hielden hun hoofd dwaas achterover met wijd open mond of hieven pathetisch hun veldflessen. Maar de meesten bleven liggen en raakten doorweekt. In de verte, zuidwaarts, zaten de Fransen droog in hun kleine eenmanstentjes, die de onze hondehokken noemden.

Laat die middag werd het droog en een stralende zon verdampte het vocht uit de kleren. Een walm van nat vuil goed overstemde de brakke geur uit de baai. Hele groepen mannen rezen overeind en wezen landinwaarts toen een bereden Russisch officier op een heuvel verscheen in een parelgrijs uniform en op een schitterende vos. Onder vuurbereik bezag hij onze dampende, halfgeklede troep. We staarden terug maar er was geen bevel tot vuren.

De avond van onze aankomst viel op de dertiende en de zeeëngte hier heette Calamita-baai: als voorteken geen vriendelijke coïncidentie. Maar het bleef een schertsexpeditie. Ongelovig gelach steeg op toen bekend werd dat een handjevol mannen de kleine stad Eupatoria, noordwaarts langs de kust, 'veroverd' had. De garnizoenscommandant daar had zich zonder meer overgegeven bij hun nadering. Met kijkers kon men Hare Majesteits vlag zien wapperen van een wit gebouwtje op een heuvel. 'Nog voor we alles uitgepakt hebben is er al een stad gevallen,' zei Burleigh.

Nog drie dagen bleven we waar we waren: op het strand. Ik sliep nu en dan een paar uur en werd dan wakker van dorst. Weinig en lauw water kwam af en toe binnen uit Eupatoria. Er werd op van alles gewacht, men gaapte of staarde geprikkeld. Niemand sprak nog over doel of oorzaak van de oorlog, al citeerde Burleigh voor wie het horen wilde nog graag de parlementariër die gezegd zou hebben: we gaan de Tsaar beletten de christenen tegen de mohammedanen te beschermen. Soms tuurde ik met enige hoop de zeereep af op onze Congreve'se uitrustingsstukken. Mijn nog vage vrees zette ik stelselmatig opzij met de gedachten aan een vriend en vijand verbluffende tactische ingreep met raketvuur. Langs zee stapelde zich van alles op maar het gezochte was er niet bij. De tenten waren er nu, maar er waren geen lastdieren om ze te vervoeren. Het vertrek werd definitief vastgesteld op de negentiende, 's morgens om zes uur.

Op de ochtend van de negentiende was ik om vier uur wakker. Het was al zo lauw in de grijze lucht dat ik het in de tent niet uithield. Velen zaten al buiten. Rond half zes werden de laatste zieken in het laatste transportschip geladen en de gedachte kwam even op me te laten meenemen. Er klonk een hoornsignaal en er moest in lange rijen opgesteld worden bij de veldkeukens waar het vlees gekookt zou worden. Maar na een uur keerden we terug met het rauwe vlees in de hand: de rest van het water moest gespaard worden voor de veldflessen. Terwijl handwapens, munitie en opnieuw proviand voor drie dagen uitgereikt werd, stonden de Fransen zuidwaarts in marscolonnes aangetreden. Er was enerverend ongeduldig tromgeroffel en driftig trompetgeschal dat als getreiter in de oren klonk. Bij ons werden zo veel mogelijk zaken nog op karren geladen; Burleigh sloeg me op de schouder met een verdachte grijns: er was een kist raketten gevonden met een erbij horende lanceerbok. Ik verbleekte onprettig maar zei: 'Goddank.' M'n grootste angst voor het moment was iets verkeerd te begrijpen en oorzaak van ergernis te zijn.

Het werd negen uur in de morgen voor we vertrokken. Het meeste vlees raakte bedorven en werd onder het zand gestoken. Maar we hadden zeebeschuiten en water. Er was nu toch zekere plechtigheid in mij en Burleigh keek vroom. We hoorden erbij en marcheerden van het strand in de grassteppe achter de zeeheuvels.

Dank zij een laatste minutieuze inspectie zag het Britse expeditieleger er magistraal uit. De vaandels staken boven ons uit: kleurige doeken met trotse motto's als 'Ne Obliviscaris', 'Sans Peur' of 'Quis Separabit'. De regimentsorkesten bliezen, alle ruiters zaten vóór in het zadel als voor een parade en wapens, helmen en kurassen kaatsten voortdurend zonlicht. De Grenadier Guards met hun spierwitte kruisriemen en beremutsen, de Argyll en Sutherland Highlanders met hun kilts en pluimen, al dat scharlaken en kerseblauw bewoog krachtig en ritmisch en werd aan de landzijde geflankeerd door het goudgeel van de cavaleristen. Wel was alles zeer stil zodra de muziek zweeg en er hing een drukkende lavendelgeur.

Ik probeerde een geril – alsof ik het koud had – de baas te worden en hield me voor dat hier pas alles van het leven samenkwam: inspanning, saamhorigheid, stiel, muziek, doel, hitte en kou, vriendschap en haat, trots en een beetje gêne. Maar het wilde er bij mezelf niet helemaal in: ik hoorde niet genoeg bij al die rustig overtuigden. Mijn grootste verwachting begon uit te gaan naar een vermoeid soort zaligheid aan voldoening na pijn. (Of bedoelde ik: met goed fatsoen afgehaakt zijn?) Was geraakt worden spelbreken of bijdrage? Hoe een goed soldaat te zijn.

Misschien ging het erom, iedere eigen wens te laten varen. Misschien was dat sterk. Zulke sterkte meende ik om me heen te zien. Er liep een wit gehandschoende officier schuins achter me met wat me een prachtige mystiek lege blik leek: het ontpersoonlijkt gezicht van een volledig gemortificeerde. Zoals de monniken in de kloostertuin bij Rijnsburg, waar ik met de meid gewandeld had. Z'n lijf behoorde hem niet toe maar z'n regiment; alleen vandaar die fiere houding. Zelfs z'n kinnebak, die de riem van z'n gepluimde helm droeg, deelde mee in die onthechte trots, als was het geen deel van z'n gezicht. Tegelijk met deze overweging barstte ik in een zenuwlach uit: misschien was het een gewone kaffer. (Burleigh keek me bij die lach met opgetrokken wenkbrauwen aan. In ieder geval had hij niets van een monnik, hij had de ogen van iemand die zich grinnikend verontschuldigt dat hij gaat slagen en dat hij terecht is.)

Ik hield me voor dat hier behalve de 'gehoorzamen' ook avonturiers van allerlei slag mee marcheerden. Juist speelde een regimentsorkest 'Marching with the 7th Fuseliers' en het was idioot dat men zich om dit lied met duizenden juist bij dít onderdeel gemeld had. Het aanbod overtrof de vraag vele malen en het verloop van een oorlog kon afhangen van een populair marsliedje met – het zij toegegeven – een zalig verschuivende syncope ergens in het midden.

Na verloop van tijd stopten de blazers en de doedelzakken van het 39ste die hen hadden afgewisseld. Het was te heet. Je hoorde nu alleen leeuweriken in de ongeloofwaardig blauwe hemel en af en toe een paardehinnik of het piepen van assen. Gesproken werd er niet meer en ook het geluid van de duizenden voetstappen werd gesmoord in de zachte grond en de helm. Ik was doorweekt van zweet.

Op sommige glooiingen was tussen de heuvels door weer even de zee te zien achter de Fransen op de rechterflank. Rustig dreef één van onze oorlogsschepen mee in de baai.

Met enige trots zag ik dat Burleigh z'n vriendschap niet aan iedereen gaf. Tegen een lange blonde soldaat die dubbel dreigde te slaan en om Burleighs veldfles smeekte zei hij: 'Je kan verrekken.' Honderd meter verder liep de witharige uit de rijen en sloeg tegen de grond. 'Eerst alles opzuipen en dan bij een ander bedelen,' gromde Burleigh kwaad.

Tegen het middaguur werd het schaduwloos landschap verzengend. Er werd ingehouden gehijgd en gekreund, een gestaag murmelen dat een soort slaap verwekte. Burleigh keek strak voor zich uit toen hij z'n mokerhand om m'n bovenarm schroefde en me door hobbelig dor gras sleepte. Ik was misselijk en dreigde steeds achterop te raken. 'Gooi je ransel af,' siste hij; hij nam de beschuiten eruit en wierp het jute met een boog opzij. Behalve met uitgeputte soldaten was onze weg al bezaaid met uitrustingsstukken als sjako's, kolbakken, sjerpen en pluimen. Het leek of er al slag geleverd was.

Na nog een half uur, of hoe lang ook, was er voor geen indruk meer plaats op m'n netvlies. Ik zag en hoorde alleen water. Alle veldflessen waren leeg en het steeds meer wemelende beeld van de rode stoet trok naar m'n uiterste ooghoeken: m'n pupillen lieten zoals bij overweldigende slaap alleen troebele beweging door zonder betekenis. Ik had zieke dromen van volle drinkbekers die vlak voor m'n lippen barstten als een granaat en van helder water dat in het zand liep en als stoom opsprong. Voor angst om alleen achter te blijven was ik te moe; ik had geen voldoende ik om wat ook te zijn, behalve een bundel slecht scharnierende beenderen. Misschien was men zó pas gehoorzaam aan dat idioot schitterend heelal daar boven, dat volgens grootvader doortrokken was van Leibniz' harmonia praestabilita. Intussen strompelden we. Dysenterielijders hurkten in groteske houdingen langs de kant en kwamen in de achterhoede terecht. Er moesten meerdere marspauzes gehouden worden waarbij iedereen in het schroeiend zand ging liggen.

Nadat onder collectief gehijg een steile helling genomen was strekte zich onverwachts, vol kaatsend zonlicht, een kleine rivier voor ons uit. Een seconde staarde men verbijsterd en dan werden de gelederen stompend verbroken. Alle paradediscipline – of wat ervan over was – verdween op slag. Niemand luisterde naar brullende officieren; het werd een stampede met achterlating van paarden, geschut en zelfs handwapens. Lanciers probeerden met hun snuivende dieren de weg te versperren maar men was blind en doof voor alles behalve dat flonkerende water en onder baldadig gejuich stortte men zich de glooiing af. Men bukte en dronk. Sommigen stonden tot het middel in het water.

Het was op dat moment dat van de heuvels aan de overkant van de rivier een schreeuw klonk. En direct daarop een salvo uit vele geweren. Het was twee uur in de middag van de negentiende september 1854 en we waren gestoten op wat bijna een vreemd abstractum geworden was: de Vijand. Dichte drommen kozakken, met nog rokende karabijnen, stonden plotseling op de hellingen aan de overkant.

Bevelen daverden in onze vallei en men begon met half gevulde veldflessen terug te rennen. Er was verlegenheid op de kaken als bij ongehoorzame kinderen. Dekking zoeken werd niet gecommandeerd want de schootsafstand was voor de vijand te groot: de kogels sloegen nietig in het opspattend rivierwater.

Ook voor onze wapens was de afstand te groot en zo gebeurde er niets. Ik keek Burleigh vragend aan en wees op onze ene kist pijlen. Hij grijnsde maar eens.

We bleven op de oevers en bivakkeerden die nacht aan de Boelganek, zoals de rivier bleek te heten.

Die nacht met zes mannen in een kleine tent dacht ik aan grootmoeder en of ze nu tevreden over me zou zijn. De meid zou haar benige schouders over me opgehaald hebben. Ik glimlachte in het donker.

We konden niet slapen en Burleigh sprak over de vrouwen die zodra we een basis hadden, een haven, daar ontscheept zouden worden. 'Je schijnt je er nog al wat van voor te stellen,' zei ik. Hij gaf me een schooljongensstomp. 'Precies,' zei hij, 'reken maar dat er tegen die tijd al veel weduwen bij zijn, al weten ze dat dan nog niet.' We grinnikten langdurig. Bij alle vermoeidheid en slaapgebrek meende een soldaat nog een gesprek te moeten beginnen over het Stoomgeschut van Perkins. Ik had daar vroeger door Burleigh van gehoord: een bijna bovenwerelds gietijzeren monster met hoge schoorsteen, dat tot duizend loden kogels per minuut zou kunnen uitbraken door een vrij beweegbare loop. (Een stoomketel spoot hoge drukstoom via een cilinder door die loop, waarop een trechter stond waarin men naar believen kogels kon laten lopen.) Het vijfwielige zwarte gevaarte was destijds in Regents Park gedemonstreerd voor de Hertog van Wellington en Peel en zou een geluid als van zware donder hebben veroorzaakt.

De pers had bij die gelegenheid z'n verbijstering uitgesproken. 'Die uitvinding zal de Oorlog vernietigen,' schreef een krant en een ander: 'Dit zal tot algemene vrede dwingen; hoe zou een volk een verlies door zulke werktuigen veroorzaakt kunnen herstellen.'

In onze tent wist niemand waarom het wapen in deze eerste veldtocht sinds z'n uitvinding niet werd ingezet: was het inderdaad te verschrikkelijk? Of moesten we Burleigh geloven die zei dat het ding onvervoerbaar was en z'n bereik niet groot. Het was een mysterie. Ik sliep toch nog in en droomde van een spookachtig vervormde locomobiel bij de spoorweg aan de Trekvaart thuis. Stoom is de universele kracht van de toekomst, had grootvader gezegd. Perkins had een stoomkanon voorspeld dat van Dover naar Calais kon schieten.

De volgende ochtend vroeg bleek de vijand vertrokken. We waadden door de rivier en vervolgden onze mars ongehinderd. Over de rest van de veldtocht kan ik kort zijn; de slag aan de Alma is intussen te bekend. Op de steile rotsachtige heuvels over die rivier wachtten tienduizenden gehelmde Russische infanteristen ons op. De rivier lag onder geschutsvuur van twee in de heuvels uitgehouwen redouten. Hier zag ik de eerste gewonden vallen ver in onze voorhoede; ik herinner me dat Burleigh me zei de baan van de zwarte ronde kogels in de lucht te blijven volgen om ze straks te leren ontwijken. M'n hoofd was vol eerbiedige, weeë treurigheid.

Ik liep als een klein kind dat naar de tandendokter moet mee in de richting van de rivier. Er was een vaag besef dat ik met m'n gehoorzaamheid aan wie of wat ook te ver was gegaan. Het werd te gek hier. Men stijgt niet ongestraft boven het meegekregen zelf. Enig soelaas gaf in de gele kruitnevel de aanblik van Lord Raglan, die rechtop en langzaam langs de rivierbedding reed, in het volle vuur en met z'n vreemde kardinaalshoed op. We juichten hem toe: ik kort en met dunne keel.

Terwijl de echo's van het kanonvuur tot boven zee vibreerden en ik de rivier tot op twintig meter genaderd was, met Burleigh bijna trekkend aan m'n arm, kwam een bereden officier langszij en brulde ons tweeën toe terug te gaan naar het artilleriepark, pijlen en lanceerbok te zoeken en die op te stellen. We zouden de overkant van de doorwaadbare plaats van de rivier moeten bestrijken; voor ons licht veldgeschut was het doel te ver. Ik kon een kreet van vreugde amper onderdrukken waarbij ik niet wist of dat de uiteindelijke vervulling van m'n opdracht betrof of wel het achteruitgaan in plaats van vooruit.

Na dom rennen om de vele wagens en stukken, waarbij de kapitein op z'n doodsbang paard krakend naar ons vloekte, vonden we de ene kist pijlen en een bok waarmee er twee tegelijk gelanceerd konden worden. We sukkelden ermee terug naar de rivierbedding. Ik hielp mee opstellen en de lanceerhoek schatten. Een spijtige angst kwam op dat onze raketten werkelijk doel zouden treffen en dat de beide redouten een woedend vernietigingsvuur op onze kleine installatie zouden uitbrengen. Dat was niet onwaarschijnlijk; er liep hier trouwens al een bruingeel spoor van geplet gras waar een ronde kanonskogel uitgelopen was.

Ik probeerde de bok een te kleine elevatie te geven maar Burleigh trok de sextant uit m'n handen en stelde opnieuw in. De lange ijzeren raketpijlen werden opgezet en wezen naar de concentratie vijanden die afdaalde naar de ondiepe plaats met flonkerende bajonetten. Alles stond klaar. Zelfs ik moest toegeven dat het best rakettenweer was: zonder een sprank vocht en zonder een zucht wind. De kapitein brulde met wijd open mond of er nog wat van kwam.

Burleigh stak een lont aan. Ik vervloekte de zwakte die me hier gebracht had, duizenden mijlen van m'n dorp, en brandde me aan eigen lont die ten slotte toch vlam vatte.

Burleighs raket zoog zich eerder weg dan de mijne; zwaar ademend bleef ik de projectielen volgen in hun baan. Ze bleven elkaar op zo'n dertig meter volgen door de schelle hemel boven de rivier. Ze gilden en rookten. M'n darmen knaagden.

Dan boog Burleighs exemplaar bijna 90° naar links, stootte eerst omhoog en begon dan te vallen. Hij schoot de rivier in, zonder een rimpeling te veroorzaken. De mijne zweefde door en ik wist niet wat te hopen. Intussen waren de voorste gelederen van onze infanterie al haast aan de overkant; er klonk geweervuur. Burleigh stelde tierend twee nieuwe pijlen op.

Mijn raket scheen recht op de geconcentreerde groene massa over de rivier af te gaan. Ik telde en keek verbijsterd toe maar het voorwerp sloeg tegen de begroeide rotswand, nog hoog boven de gehelmde hoofden, en vernietigde zichzelf tot een onbenullig stofwolkje. Er kwam geen enkele reactie. Men sloeg er niet meer acht op dan op een mus.

Burleigh was weer vlugger dan ik met de volgende twee pijlen; de zijne bereikte de overkant maar op een punt ver naar links waar niemand stond. Mijn exemplaar begon boven de rivier te kantelen en zakte. Ik riep nog kinderachtig 'nee!' – in het Hollands – maar hij kwam neer tussen onze eigen mensen in het water. Ik staarde blind naar de grond; later hoorde ik dat ook daar niemand gereageerd had behalve de Schot die zich omdraaide naar onze oever en lachend zwaaide.

'Hou maar op met die rotzooi,' riep de kapitein vanaf z'n snuivend paard, 'en sluit je aan bij de lijn.' Hij wees met z'n zwaard als een aartsengel naar de rivier.

Door de vertraging in m'n lijf van vrees en zenuwen stak ik nog tijdens z'n woorden de lont van een volgende pijl aan; tegelijk besefte ik onder verbijsterd staren naar de gepluimde ruiter dat het bevel anders luidde. In een reactie greep ik naar de al rokende pijl die in de volgende seconde hatelijk onder m'n hand wegschoot. Het ijzer schuurde wel heet maar ik voelde verder niets. (De pijl, blijkbaar uit z'n baan gedrukt, sloeg op onze eigen oever in de modder en verdween.)

Ik keek naar m'n hand – onder honend gevloek van zowel de kapitein als Burleigh – en zag verbaasd hoe middelvinger, ringvinger en pink snel opzwollen. Ook begon dun bloed op te komen als door vloeipapier.

Burleigh begon me intussen naar de rivier te duwen maar m'n hand ging schroeien en toen ik probeerde m'n geweer op te pakken verschoof er week iets in twee vingers. Het bloed liep langs m'n pols en als een huisvader die bij het ophangen van een prentje op z'n vingertoppen geslagen heeft, viel ik voorover in zwijm.

Ik kwam bij en werd door een onbekende geërgerd naar achteren gecommandeerd, naar de muzikanten, die immers tevens verplegers waren. Daar moest ik lang staan wachten in een geur van ongeluk: de eerste gewonden – echte gewonden – werden hier gehaast en nerveus behandeld. Voordat ik eindelijk aan de beurt was voelde ik me zwevend ziek en ging liggen. Terwijl het geschut over zee donderde, keek een Franse vivandière met een lange mannenbroek onder haar rokken naar m'n hand en glimlachte.

De slag aan de Alma had zonder mij plaatsgevonden en ik lag – aan de strategisch verkeerde kant van de rivier – die nacht in een lazarettent met een krankzinnig soort koorts. Ik zag pal boven de rivier een stad oprijzen zo mooi als ik nog nooit gezien had: paleizen en torens van spierwit ivoor, zoals Bavelaar ze in het klein gesneden zou hebben in ons Leids museum. Kon dat Sebastopol zijn? Ik dreef boven die stad, vereend met alles en ieder, en ik beheerste m'n leven. Ik was vredig ontroerd, zelf geschiedenis, afgerond. Tot ik ontwaakte en me herinnerde zelfs niet echt gewond te zijn; toen was er alleen nog gêne en diepe angst voor vergelding.

De volgende morgen lag ik tussen honderden gewonden aan het strand te wachten op een transportschip. Ik sliep telkens en droomde dan. Ik droomde dat een harig chirurgijn m'n beide armen amputeerde en dat ik eruit zag als de man van de Leidse vuurwerkfabriek, waar Pietje van verteld had. In werkelijkheid boog een arts met een lijst zich wat afwezig over me. Ik werd aan dek van een schip gedragen.

Na vier dagen varen belandde ik in het grote hospitaal van Scutari. Daar werd later een stuk van m'n ringvinger geamputeerd.

Drie maanden later was ik terug in Engeland. Het sneeuwde en sommige burgers liepen rond in een kopie van het jak dat Lord Cardigan in de Krim gedragen had. Ik werd naar de infirmerie van Fort Pitt vervoerd; m'n genezing vorderde niet snel genoeg en ook van de pink werd een stuk weggenomen. Hoe vaker m'n kleine wonden behandeld werden, hoe minder bang ik was. Angst is het erge van pijn. Zonder angst zou een theodicee mogelijk zijn.

De Koningin bezocht ons en de onderscheiding die ze liet uitreiken – en die ik met diep schaamrood aanpakte – heb ik nog. Ik die aan de Alma geen schot gelost heb.

De kleine vorstin was niet meer het mooie meisje van het portret in de kazerne van de Royal Engineers. Ze was dik geworden en liep langs de bedden of ze likdoorns had. Bij m'n ontslag uit de infirmerie vertelde iemand me dat Burleigh alles overleefd had zonder een schram: óók de bestorming van de redan vóór Sebastopol. Ik schreef hem, maar kreeg geen antwoord.

Ik trad uit de krijgsdienst – die trouwens alleen gold voor de duur van de campagne – en vertrok met m'n medaille (die ik nooit, nooit zou vertonen) in de nazomer van '56 naar Holland. M'n grootouders had ik datum en uur van aankomst geschreven.

Het schip kwam te laat in Rotterdam, ik miste de aansluiting van het spoor naar Leiden en moest twee en een half uur wachten. Ik was erg ongeduldig.

Toch werd ik aan het Leids station afgehaald door grootvader, die kleiner en kaler leek geworden, en grootmoeder, nu grijs en zonder kap. Ze drukten me de hand, maar nogal haastig, en leidden me naar een opzichtig geel geverfd rijtuigje dat wachtte. Behalve de koetsier zat er een vrouw in met voorname kleren en een overvloedige sleeprok. Ze stak haar hand vreemd naar me uit (ondersteboven of achterstevoren leek het wel) naar de wijze van het volk dat manieren geleerd heeft. Ik kuste die hand en rook uien; dan begreep ik dat het Pietje was of Nella, zoals ze zich nu noemde.

We reden stil over de oude weg die weer schitterend

groen was en waar de tolboom wijd voor grootvader geopend werd. 'Tja,' mompelde de oude man nu en dan. Grootmoeder zei nog dat Nella nu getrouwd was met een Rijnsburgse tuinder en dat ze rijtuig hield – zoals ik merken kon. We glimlachten. De vroegere meid gluurde telkens onderuit naar m'n gedeformeerde hand.

Thuis in de oude huiskamer – waar niets veranderd was – vertelde ik iets (weinig) van het Tartarenland en 'm'n Engelse kameraden'. Terwijl ik praatte of vragen ontweek dacht ik: aan al de theoretische wensen van m'n opvoeders heb ik vrijwel voldaan; ik ben zesentwintig en moet nog aan m'n eigen leven beginnen. Ik kan niets.

Tijdens m'n hakkelig verhaal keek Nella naar me met de half spottende, half meedogende vrouwenblik die zegt: Tja! je had me kunnen hebben destijds, maar nu is het te laat.

Bij toeval – ik ging m'n handen wassen vanwege de lange treinreis – was ik nog even alleen met haar in de keuken, als vroeger. 'Je hoort niet tussen soldatenvolk,' zei ze voor zich uit kijkend naar de koffiemolen die ze nog eenmaal voor haar vroegere meesteres zou bedienen. Ze kon gelijk hebben.

Misschien had ook die Leibniz een beetje gelijk en was ik in de Krim een monade zonder venster geweest: ik had de kleurige stoet op weg naar Sebastopol wel gezien, maar alsof het mij niet helemaal aanging. Wat ik zelf wilde, dat moest uit mij komen.

Wat later ben ik door bemiddeling van grootvader op een notariskantoor gekomen. M'n hand met de halve vingers is wat vergroeid maar ik oefende eindeloos en heb nu een extra regelmatig handschrift. Ik kan afschriften maken van alle mogelijke akten zonder klacht van opdrachtgever of cliënt.

En nu moet ik nog de moed hebben eigen zaken – of hart – te volgen. Al in de hitte van de Krim dacht ik dat het prettig zou zijn, ooit iets over Rijnsburg op te tekenen: het dorp waar ik in den vreemde met een soort heimwee aan dacht. Tenslotte woonde daar niet alleen Pietje, maar ook de wonderlijke Peter Poiret – zoals ik onlangs zelf ontdekt heb –: tijdgenoot en tegenpool van Leibniz, en die niet z'n doel zag in de bevestiging van een harmonisch geheten abstract heelal, maar in de confirmatie van een individu op weg naar eigen zaligheid.

Op grootvaders bureau was het tinnen model van de Arend verdwenen en Wyttenbach zag ik gewoon tussen andere lederen banden staan. De oude sprak van een stukje land dat hij wilde kopen in het drooggemalen Haarlemmermeer.

Drijvende mijnen

I

De moeder liep met haar nakomertjes Annetje en kleine Toos in de Passage. Daar was het koel. Ze ging de melksalon van De Landbouw binnen waar de kinderen een glas karnemelk kregen. Verderop betrad men een kleine, donkere chocolaterie waar voor drie cent een puntzakje flikken gekocht werd.

Omdat op straat eten niet netjes was, wachtte de moeder tot op een bank van de Vijverberg; daar kwam het papier uit haar tas.

De kinderen speelden langs de waterkant met een bolle koon; de moeder keek naar hen vanaf de bank.

Ze droeg haar queue, die ze voor de wandeling omgeknoopt had met bandjes onder haar japon. Ze droeg ook een grote fluwelen col met een granaten broche erop, en lange oorbellen.

Van enige neergang viel in haar uiterlijk nog niets te bespeuren; ze was een weduwe en een dame en ook de twee kinderen waren netjes in hun witte strokenjurken en met hun strohoedjes.

Men zag het de slanke vrouw niet aan dat ze elf kinderen gebaard had, waarvan er overigens nog vijf in leven waren.

Henri, de kunstschilder, was de oudste en hij onderhield nu het gezin. In het huis van z'n moeder had hij een grote kamer voor zichzelf als atelier. De twee kleine zusjes mochten daar niet komen; alleen Annetje moest wel eens poseren, wat ze geduldig en stil deed. Henri liep dan met z'n palet voor- en achteruit en siste een lied tussen z'n tanden. Hij probeerde de donkere ogen onder de zijachtige pony op het paneel te krijgen. Het kind kreeg na afloop een vijg en wat noten want de schilder was vegetariër.

Hij was ook socialist en in z'n atelier hing een klein portret in olieverf van Gorter. De moeder, die over haar verliezen heen leek, verdroot dat portret maar ze liet weinig merken. Soms ging Henri uit met twee of drie stukjes onder z'n zwarte cape, op weg naar de kunsthandelaars.

Maar hij werd ziek en huurde een vissershuisje in Scheveningen. Zeelucht was goed tegen tbc.

Toen Annetje zeven was werd ze op een dag met haar zusje naar een vage tante gebracht. Daar moesten ze van ijzeren vorken eten, waartegen ze protesteerden door gehuil. Hun broer André kwam hen de volgende dag vervroegd halen en vertelde dat Henri al begraven was. De moeder leek een oude vrouw geworden met een omslagdoek die de kinderen nooit eerder gezien hadden. De queue en de col werden weggeborgen. Er kan ook te veel gestorven worden.

Er werd een klein benedenhuis betrokken, dat volgepropt stond met de sierlijke meubelen die de vrouw had. Zelf sliep ze in die volle huiskamer, de kinderen in een uitbouw. De vrouw zocht een groter huis om kamers te kunnen verhuren, maar aan een gezin zonder man of kostwinner werd niet verhuurd.

De jongste zoon, Frits, was nu vijftien en hij vertrok naar Kampen om beroepssoldaat te worden. Hij was groter en sterker dan André. Als hij met verlof kwam bewonderden de kleine meisjes z'n blauwe uniform. Voor hij weer terugging moest hij de knopen van z'n tuniek poetsen; hij legde dan een houten knopenplankje op het jasje, de knopen staken door een gleuf en konden gepoetst worden zonder de uniform te besmeuren.

Vrienden van Henri exposeerden het werk dat nog in zijn Scheveningse huisje aangetroffen werd. Er was een prijzend verslag in *de Groene Amsterdammer* en er werd goed verkocht. De moeder kon nu een kleine manufacturenwinkel overnemen. Het bleek een wat verlopen bedrijfje te zijn en de koopsom afbetalen werd een maandelijkse kwelling. De vrouw bad veel.

De jonge schilders rond Henri slaagden erin een groot dubbel bovenhuis te huren. Ze stonden borg voor het huurgeld.

Het was een mooi pand aan het Westeinde en de vrouw richtte het in als artiestenpension. De schilders waren er gelijk mee onderdak en de tengere André legde zelf zeil en bekleedde stoelen.

Een der pensiongasten, een vrouw die soms schilderde, nam op een dag Annetje en Toos mee in een vigilante naar Scheveningen. De kinderen droegen witte neteldoekse jurken en hun grote strohoeden. Alles was opnieuw best. Men liet een blikken kip op de Pier een chocoladen ei leggen.

Na korte tijd werd de moeder ook ziek. Ze lag op een zolderkamer en hoestte onhoorbaar. André, die nu negentien was, kookte voor de huurders en onderhield het bedrijf. Hij bakte pannekoeken zoals het voor artiesten moet: hij gooide ze hoog op om ze te keren. De schilders en dichters applaudisseerden grinnikend, vooral als het opvangen mislukte. Men amuseerde zich. De twee kinderen lachten schaapachtig mee.

De moeder moest naar het ziekenhuis Zuidwal, dat met z'n zwarte monstergevel de kinderen deed huiveren. De volgende dag werden de meisjes door André naar Leiden gebracht, naar een tante Marie en oom Gerard die een lingeriewinkel dreven. Annetje was juist tien geworden, het was najaar 1903.

II

Er waren daar vier zoons, maar de eerstgeborene was een dochter, die nu zestien was. De zoons waren nieuwsgierig of onverschillig over de komst van de kleine meisjes – al naar hun leeftijd – maar de dochter kreeg op de dag van aankomst een vastbesloten trek om haar kleine hartvormige mond en schudde haar lange gele pijpekrullen. Ze was zo mollig als de mode voorschreef en had brutale borsten. Haar altijd geloken ogen verrieden niets bij de kennismaking; Annetje keek nadenkelijk naar die zware oogleden.

De winkel aan het Kort Rapenburg geurde van binnen onrustig naar textiel; een flauwe komkommerlucht. Het woonhuis boven, vol mahonie, rook naar boenwas en zuur koper. Alles was hier anders dan thuis in het pension: men was gehaast en slordig maar sprak over netheid; de mystiek in de eerbied voor winkelruimte en geld en hard werk was doordringend en vanzelfsprekend, al het andere kwam op de tweede plaats.

Er waren hier brede gangen en trappen waar misschien te spelen viel. Voor zover de grote dochter, die Zus genoemd werd, geen opdrachten voor de meisjes had. En ook de tante, die er moe maar ondoorgrondelijk uitzag met haar strakke middenscheiding, zag mogelijkheden voor haar nieuwe pupillen. Er was een loopjongen, maar een meisje kon best rekeningen wegbrengen, boodschappen doen en zo nodig de winkeljuffrouwen terzijde staan bij grote drukte. Hier in ieder geval geen half of heel 'artiestengedoe zoals in Den Haag'. (Men had het land aan kunstschilders; muziek mocht, met mate. Soms kon men de tweede zoon, Bert, op zolder viool horen oefenen.)

De oom deed geen beroep op de meisjes; op niemand in feite, hij slofte onhoorbaar en nondescript door het grote huis of schreef in een zijkamertje boven z'n rekeningen en facturen. Met z'n vlossig puntbaardje en knijpbril zag hij eruit als de pantoffelheld uit een moppenblad. Ook zijn ogen waren diep geloken, maar bij hem leek het een zich afwezig schikken; bij Zus dacht men aan slaperige lust.

Er werd gewerkt in dit huis: van 's morgens half acht tot 's avonds acht en 's Zaterdags tot tien uur of later. En ook op Zondagmorgen kwamen er nog wel eens klanten.

De beide kinderen gingen nu in Leiden naar school en als ze om vier uur terug waren wachtten steeds vaker kleine opdrachten. In het rommelig huishouden was altijd iets te doen. Soms moesten ze helpen mangelen en de bandjes van het ondergoed uithalen met een schaar. De zoons speelden dan op de Apothekersdijk. Of loerden als ze thuis waren.

Kleine Toos deed zulk werk met bevende handen en ze begon hier met open mond te staren tot ze van iemand een por kreeg. Ze glimlachte dan met vergevingsgezinde vrees. Maar Annetje ging rond met haar bijna zwarte ogen steeds alert en ze fronste om wat ze de jongens hoorde fluisteren.

'Luister d'r maar niet naar' zei ze tegen het zusje, maar die luisterde zelden.

Toos werd aan tafel naast de jongste zoon, Chris, gezet. Die was kort tevoren uit de speeltuin van Posthof teruggekomen met allebei z'n handen aan z'n hoofd. Zelfs z'n pezige grote zus had die handen niet kunnen wegtrekken. Een dag had hij zo gezeten; hij zou een schommel tegen die kop gekregen hebben.

Nu zeiden de grotere broers: twee lijpen bij elkaar, want ook Chris zei niet veel meer.

Op een avond kwam André uit Den Haag over en Annetje hoorde hem in de keuken praten met tante Marie. 'Dat is best,' hoorde ze de vrouw antwoorden op zijn gebrom. De meid – die ook Anna heette – kwam de keukendeur uit en keek de zusjes vreemd aan. André volgde en zei: moeder is nu ook dood. De kinderen knikten bijna onmerkbaar, alsof ze het hier niet te bont wilden maken.

Ook op school ging het niet met kleine Toos. Ze staarde daar bijna de hele dag en de leerkrachten lieten haar soms schrikken om haar te doen ontwaken. 's Nachts ging ze aan bedwateren lijden. Veel speelt zich in onze buikholte af: vrees het eerste, en kinderpijn en schaamte over zoveel grilligheid van de natuur.

Dat wateren hinderde tante Marie die proper op haar linnengoed was. Ze besloot het dat verwende Haagse krengetje af te leren.

In de gang van de bovenste verdieping hing een groen geoxydeerde trekbel, waarvan het koord naar tante Maries slaapkamer leidde. Als alle kinderen 's morgens opgestaan waren verschenen ze in nachtgoed en ongewassen in de huiskamer. Zus schonk voor elk een kop thee in en ze kregen een boterham uitgereikt en een kroes havermout. (De hele verdieping geurde dan wee naar dat lauwe voedsel.) Daarna begaf de oudste zich naar de slaapkamer van de moeder om zich onder controle te wassen. Was die klaar dan trok de vrouw aan het koord en de bel schalde door het trappenhuis voor de volgende. De kleintjes werden geholpen. Er was een met blauwe bloemen gedecoreerde lampetkan met kom op een marmerbladtafel.

Het viel Annetje en Toos op dat ze 'van onderen' en ook hun voeten maar eenmaal per week gewassen werden. Ze vonden dat vies, waren het thuis anders gewend maar zwegen. Bij de netheid van hier scheen niet te veel reinheid te horen. 'Overdreven' vond men in dit huis alles al gauw, dat wisten ze. Emoties werden opgespaard tot een punt waarop men ging schreeuwen.

's Avonds in bed bekampten ze het onbekende door elkaar een magische geheimtaal toe te voegen: een gefluisterde bezweringsformule tegen de vrouwen Zus en tante, tegen de starre winkeljuffrouwenkoppen en de viezige jongens. Het was een om beurten herhaalde groet met hun namen. Op een avond mengde een volwassene zich onverwacht in die eentonige dialoog: Anna de meid. Haar gelispeld 'Dag hoor, en nou gauw slapen' werd als zegenrijk ervaren.

Toen Toos een tweede maal in bed gewaterd had kreeg ze geen ontbijt maar moest in haar nat ondergoed staan wachten in de waskamer. Ze wachtte tot de anderen gegeten hadden en hoorde ze jubelend de trap op stormen. De deur stootte open en de vier jongens sprongen om haar heen en wezen met treiterende vingers naar het op haar lijf geplakt goed. Textiel bederven was hier een werkelijke zonde. Er werd geproest en gegiecheld tot tante het wel genoeg vond. De jongens verdwenen en de laatste in de rij kreeg in de gang een trap voor z'n enkel van Annetje. Haar ogen waren zwart en ze maakte het gebaar of ze naar hem spugen wilde maar zich bedacht.

Het was Emile, die twaalf was en een goedig rond gezicht had. Hij was juist van school en jongste bediende bij Pander geworden; nu hij geld inbracht verminderde z'n verlegenheid wat en de attentie van de enkeltrap maakte hem opmerkzaam op het bestaan van Annetje. Hij keek of hij die trap wilde onthouden, maar of hij een subtieler wraak bedacht dan een stomp of spugen. Hij hinkte de trap af zonder een woord.

Terwijl Toos steeds suffer werd en steeds meer tegen zich innam door zwijgende indolentie, deed Annetje het wel goed, vooral op school. Ze ontwikkelde daar een verliefde verering voor haar juffrouw. In bed koesterde ze de wens dat die juffrouw Nagel zou trouwen met haar grote broer André. En dan met z'n drieën weg, natuurlijk.

André had intussen het Haagse artiestenpension verlaten. Hij had er de smaak en de vaardigheid van koken en gasten verzorgen van overgehouden en wilde het hotelvak in. Hij kreeg werk als huisbediende op een kasteeltje buiten Velp, bij een 'deftige eerste familie'. Een zuster van z'n vader, die in Den Haag een atelier had van fijne lingerie en Brusselse kant, en die adellijke klanten had, bezorgde hem die baan. In de avonduren studeerde hij talen op z'n zolderkamer in het buiten.

Op een dag verscheen hij opnieuw onverwacht in de winkel in Leiden, bezweet en vermoeid van de lange treinreis. Z'n komst hier begon de mensen op hun zenuwen te werken; hij had hen eerder vrijwel alleen bezocht om de dood van z'n vader, z'n moeder en z'n broer Henri te melden.

Hij sprak weer mompelend in de keuken, ditmaal over z'n broer Frits. Annetje kwam juist van school en trok al wit weg in de gang. Tante Marie keek bij voorbaat of ze zeggen wilde: wat nou weer. En ze zei wat later ook, hoorbaar door de keukendeur: 'Altijd wat anders met jullie.'

De jongere broer Frits was ziek geworden in Kampen. Hij had bij regen en wind in een militair kampement pleuritis gevat. Die bleek later 'van tuberculeuze aard' te zijn. Het militaire leven stond hem tegen, trouwens.

Andrés adellijke baas had intussen gezorgd dat de jonge patiënt in Oranje Nassau Oord – dat nieuwe 'Geschenk van de Koningin-Moeder aan haar Volk' – verpleegd werd, al moest André er ook wat aan mee betalen want die opname was kostbaar.

Mogelijk om z'n bezoek niet al te onaangenaam te doen zijn, en om tante en oom te bewegen de twee zusjes nog voorlopig kost en onderdak te blijven verlenen, bracht André een grote doos hazen en konijnen mee. Want het was jachttijd in Velp en de baas wist toch geen raad met het geschoten wild.

Zo bleven de meisjes in het winkelhuis. Toen ze een jaar later van de lagere school kwamen was hun toekomst bepaald: ze moesten 'helpen in de winkel'.

Toos bracht er niets van terecht en kon niet afrekenen. Tante was precies zo woedend als de klassieke stiefmoeder uit iedere vertelling en ze mepte zenuwachtig en wanhopig. Met geld had ze geen geduld. Het kwam met koperen halfjes, centen en stuivers de nikkelkleurige kassa binnen en daarmee moest niet lijzig gedaan worden. Ook oom

Gerard liep hoofdschuddend rond, al zou het maar zijn om z'n vrouw gelijk te geven. De zakenmensen hadden al spijt een van de winkeljuffrouwen ontslagen te hebben in ruil voor de twee 'kleinen'. Wel was dat een witte meid geweest die toch meer op de wc zat dan werkte. ('Poep je niet dan rust je toch,' had die de andere juffrouwen vaak grinnikend toegevoegd.) Al de juffrouwen zagen trouwens wit. Het was een druk bedrijf en de uren waren lang. Ventilatie in de winkel bestond uit het openzetten van de winkeldeur op zomerdagen.

Op een warme voorjaarsavond dat het in het slaapkamertje wat minder naar boenwas rook omdat het raam op een kier open mocht, konden de zusjes niet in slaap komen. Het was nog licht en er waren vogels hoorbaar. Er zat iets verkneukelends in de lucht. De paardetram knarste feestelijk en er was vaag gedruis uit de veranda van café Franciscanerbräu. Het water daarachter was bespeurbaar in lauwe geurgolven.

Het had al negen uur geslagen en het werd schemerig. Ze hadden de zware deken omlaag getrapt tot het voeteneind en ze lagen als lange witte spoken in hun nachthemden.

De deur aan hun hoofdeneind ging zachtjes open en een gedaante sloop binnen. Beiden hoorden het, maar achter de beddenopstand zagen ze niets en ze bleven dan ook afwachtend voor zich uit kijken. Annetje glimlachte; misschien dacht ze aan Anna de meid.

Het was de zoon Emile. Hij stond naast Annetjes bedkant en keek haar angstig aan. Ze glimlachte niet meer. Z'n adem was hoorbaar.

'Trek je hemd omhoog,' snauwde hij fluisterend. Annetje veerde rechtop en met een snaai trok ze de deken op tot om haar middel. Het bekje van kleine Toos werd een zenuwplooi en ze greep met haar witte korte hand naar de losse spijl van het ijzeren bed. Ze hief die op.

'Kijk uit, niet doen,' siste Annetje en pakte de staaf af. Van die beweging wilde de zoon gebruik maken en een sidderende hand naderde de dekenzoom bij Annetjes heup. Ze sloeg met de spijl naar die hand en was zo slim tegelijk hard en laag 'tante' te roepen. Het ijzer gaf een plettende slag op het marmer van het nachtkastje.

Alle drie zwegen verstomd. De jongen stond aan de grond genageld en huilde geluidloos. Kleine Toos begon ook.

De deur ging met een ruk open en tante verscheen groot in de opening. Vaal gaslicht in de gang maakte een zwarte roofvogel van haar. In twee driftige stappen was ze bij de zoon en haar hand schoot op volle kracht uit. Hij bukte en vloog in die houding langs haar. Ze raakte hem nog op de rug dat het bonkte en hoestend schoot hij de gang in. Kleine Toos sidderde dat het bed schudde.

De volgende dag bleek Toos 'zich alweer bepist te hebben' zoals nicht Zus hoofdschuddend constateerde voor het ontbijt. Ze werd dan ook van de tafel geweerd.

Boven wachtte ze opnieuw in tantes kamer haar schande af. De jongens werden weer binnen gelaten als tevoren: ze dansten, proestten, en fluisterden in elkaars oren. Maar tot tantes eeuwige credit moet vermeld worden dat zoon Emile er niet bij was.

Er werden stille maatregelen genomen. De twee oudste zoons verdwenen naar een zolderhoek en een man met een gele stofjas en een schroevedraaier verscheen op een ochtend in de meisjeskamer en bevestigde commentaarloos een messing schuifknip op de deur.

Annetje hield van haar ontmoetingen met de zoons iets mepperigs over; ze hief soms haar krabbelbereide hand al op als de jongens nog niets of amper iets gedaan hadden. Maar ze vond dan vaak Zus op haar weg die, star als een koe, óók met haar mollige hand in de aanslag stond om haar broertjes dekking te verschaffen.

Intussen probeerde Emile niet meer in de meisjeskamer te komen en de schuif raakte al gauw in onbruik. Hij en z'n jongere broer vonden het achteraf van meer belang Annetje boodschappen te laten doen, respectievelijk haar de aardrijkskundige kaartjes van de provincies te laten tekenen die op school ingeleverd moesten worden. Ze speelden dan zelf buiten en paaiden Annetje handig met gevlei. Ze deed dat tekenwerk nauwkeurig. Ze tekende hele zondagmiddagen met haar tong tussen haar tanden en met een frons van blije inspanning. Ze deed het genereus en scheen de nachtelijke aanval vergeten te hebben. Of vergeven. Ze deed niet onaardig tegen Emile. Ze kreeg haar eerste complimenten.

Kleine Toos werd dik en amorf. Een zwijgzame vrouw in eenvoudige kleding kwam op bezoek: de zuster van de overleden vader, die van het deftige Haagse atelier. 'Is dát een kind van m'n broer,' zei ze steil en ze nam Toos mee terug naar Den Haag. De pleegouders protesteerden amper; dat was óók een kwestie van fabrieksgoed tegenover 'fijne' lingerie. Dat de ander zou blijven was voor allen vanzelfsprekend.

Door een omzetting van personeel en kamerruimte moest Annetje voortaan bij nicht Zus in bed slapen. Die keek haar de eerste avond dat ze naast elkaar lagen peinzend aan vanonder haar zware runderoogleden. De bovenlip in het ronde, verwende gezicht krulde naar boven. Dan draaide ze met een ruk haar rug naar Annetje, die zo ver mogelijk naar de rand uitweek om het grote warmte verspreidende lijf niet te hoeven aanraken.

Zo ging het een paar maal achtereen maar op een avond kon Zus niet slapen. Ze draaide en zuchtte en zei opeens: 'Je moet m'n haren aaien, bij m'n oor, hier.' Annetje stak geschrokken een sidderende hand uit; ze duwde verbaasd op de lange, stugge pijpekrullen. 'Aáien,' snauwde Zus. Ze deed het even. De volgende morgen ontving ze een dubbeltje. Ze staarde er ontzet naar en ging dan drop kopen bij drogist Van Dorp in de Haarlemmerstraat.

Een jaar ging voorbij in dezelfde regelmaat: werken in en achter de winkel, bestellingen en rekeningen wegbrengen en soms de briefjes die Zus aan haar vrijers schreef –, afwassen en schoonmaken en het haar opmaken van de grote nicht, als die naar dansles moest. Het strelen in het gedeelde bed had zich niet meer herhaald; éénmaal had Zus, vermoedelijk in slaap, Annetjes pols gepakt in de nanacht, maar de laatste schrok gelijk wakker, altijd op haar hoede, en rukte zich flitsend los. De grotere vloekte zacht sissend.

Enige afwisseling bracht de Japans-Russische oorlog, in de eerste maanden van 1904. Oom Gerard, die nooit las, spelde nu de krant. Hij abonneerde zich zelfs op een klein geïllustreerd blad dat *De Tijd in Beeld* heette en dat minder dan vijf cent per aflevering kostte. Tussen de foto's van Louis Bouwmeester, Jozef Israëls, Pablo de Sarasate of J.H.

Speenhoff, verschenen nu ook de portretten van de Tsaar en de Tsarina, van de Mikado, van de wat griezelige Koning van Kreta met z'n punthoed en van de kleine Admiraal Togo en z'n Vloot.

Ook stond er een serie 'Schetsen uit het Japansche leven' in: knappe tekeningen van geisha's, boeddhistische monniken, tempels en heuvels, en eens een impressie van een lampionfeest in de straten van Tokio voor de insluiting van Port Arthur.

Er groeide bewondering voor de kleine westerse oosterlingen die het opnamen tegen de logge Russische Beer. Japanse motieven werden populair in het land, in Leiden en zelfs aan het Kort Rapenburg. (Alleen de regering maakte zich zorgen om Indië.) De jongste broers van het winkelhuis probeerden van een schoenendoos Togo's vlaggeschip te maken – 'Bederf me die schaar niet,' riep hun moeder – en Zus kocht een sjaal met een Rijzende Zon. Zelfs in de winkel kwam wat meer fleur door een aanbieding 'Blousen in Japansche decoratie' en er werd met de klanten wel eens over Nippon gesproken. Er was enige vage verstandhouding in de stad en zelfs in het huisgezin. Althans de eerste maanden. Het was niet allemaal zo hetzelfde als anders en een vaag besef van horizon, tegelijk met beschutte veiligheid brak door. Voor even althans.

Eenmaal zeurde Zus om een Japanse parasol van papier en kreeg hem. Maar de oudste broer Gerard lachte hinnikend: 'Dat is helemaal niet Japans, gek!' riep hij, 'dat zijn Chinese letters.' 'Niet,' schreeuwde Zus en ze vloog op en sloeg naar hem met het opgevouwen cadeau. Annetjes ogen richtten zich tegelijk schrikachtig en dankbaar naar Gerard junior, die naar haar knipoogde. Ze kleurde.

Annetje was nu twaalf en ze droeg boven- en ondergoed van Zus. Ze zag er niet modieus, maar haast deftig mee uit. Haar gezicht had iets volwassen moois dat koel afwachtte. De gebogen neus was niet te kinderlijk en kwam door de lage pony waarschuwend sterk naar buiten.

Op een avond zag ze meneer Pont – het hoofd van haar lagere school – de winkel binnen komen in streepjesbroek en pandjesjas. Hij kwam het winkeliersechtpaar zeggen dat het zonde was dat Annetje niet 'door mocht leren'. Hij bewerkstelligde dat ze naar de 'Kweekschool voor Bewaarschoolhouderessen' mocht, die overigens gratis was.

De Opzichter-Directeur daar was Haanstra, de pedagoog waarvan men nu zegt dat hij z'n tijd driekwart eeuw vooruit was. Hij maakte van z'n houderessen specialisten én mensen.

Het was hier streng en rechtvaardig. Er was veel tekenonderricht en er werd dagelijks geoefend op lei of papier. Naast de moeilijke leervakken kregen de meisjes een soort ritmische gymnastiek – lichamelijkheid was niet taboe – en ze zongen vierstemmige Duitse Wandervogel liederen, waarvan de teksten vooraf thuis bestudeerd moesten worden.

De Nederlandse letterkunde werd bij de talenstudie niet vergeten en Multatuli was hogepriester. Annetje moest voordragen uit *Vorstenschool* en werd socialiste, zij het in stilte want oom en tante zouden haar kelen vanwege de zaak.

Ze sloot zich aan bij de Vrije Jeugd, door de Leidse burgerij én arbeidersstand de Vrijende Jeugd genoemd, daar beide geslachten binnen die vereniging 's zondags gezamenlijke natuurwandelingen uitvoerden.

Annetje leerde fanatiek op die school; ze kreeg het druk

met veel huiswerk maar ze werd in één klap volwassen en leefde op. Nu was zij het die 's avonds in bed superieur keek. Of zich met een ruk omdraaide.

Haanstra stuurde z'n meisjes bij slecht of goed weer naar buiten om de natuur te onderzoeken. Hij liet het daar niet bij: hij gaf zelf schallende seksuele voorlichting, staande voor de klassen. Hij deed het snel, plomp en duidelijk; z'n meiden zaten dan wel voorovergebogen in hun banken met paarse koppen – een enkele uit de 'betere burgerij' viel soms flauw – maar ze wisten wat en onthielden het. Soms was een jaar lang Haanstra zelf de enige man waarvan ze hielden; hij beschermde ze met harde woorden, maar hij zou ook iedere kerel die het waagde de school aan het Rapenburg te naderen de tanden uit de bek geslagen hebben.

'Nuttige Handwerken' stond ook op het Haanstra programma; alle papieren patronen, brei-, stop-, smok- en ander naaihuiswerk bewaarde An (zoals ze intussen heette) voor de zondag.

Het kon dan nog wel eens gezellig worden in de huiskamer boven de winkel. Zus was dan op haar mooist gekleed – in roze of witte tulen strokenjurk – en nam plaats achter de piano. Ze schudde pedant haar pijpekrullen en begon Duitse Schlagers en salonstukjes te spelen. Ze sloeg fors en haar eerste handeling was steeds het indrukken van het rechter pedaal. De voet in het glimmend zwarte rijglaarsje kwam er niet meer af. De kleine mond stond open.

'Niet zo hárd Zus,' teemde de vader soms met zenuwachtig bevende sik, maar ze luisterde niet.

Emile bespeelde er een kleine mandoline-banjo bij en de andere broers blerden mee, met uitzondering van Bert, wiens muzikale aspiraties hoger grepen. Soms werd ook een Engelstalig succes beproefd en eenmaal had Zus An laten zingen 'Jij bent m'n honingbloempje, ik ben de bij'. Ze zong het blank ernstig. Zus grinnikte vettig achter haar piano.

Ze speelde tot het haar vervelen ging of tot ze zich plotseling een afspraak herinnerde – een zoveelste vrijer –; dan smakte ze midden in een stuk het pianodeksel dicht, stak haar dikke glimmende tong uit naar de verbaasde familie en verdween.

Muziek of niet, tante Marie bleef bij dat alles moe en humeurig. Die stemming daalde nog met de uitverkoop. Op de eerste maandag daarvan bleef de winkel tot negen uur dicht; op de stoep had zich dan al een lange rij kopers opgesteld, meest vrouwen. Oom en tante waren tevoren per spoor naar Amsterdam geweest om bij de importeurs restanten op te kopen en de hele voorafgaande zondag werd besteed aan het prijzen der goederen. Als de deur openging stroomden de klanten naar binnen en ieder hielp verkopen: Anna de meid, de loopjongen en ook An, die dan maar een dag van school moest blijven.

Alleen Zus liet zich niet zien. Met de mond grimmig getuit zat die boven in de huiskamer en naaide aan een nieuwe jurk voor zichzelf.

Eenmaal verkocht An op zo'n uitverkoop een kinderschortje van 98 cent in de laaiende drukte van de ellebogende vrouwen voor 86 cent. Het kwam direct uit toen een andere vrouw verongelijkt ook zo'n schortje voor die prijs wenste. An had het prijsje op de kop gelezen. Ze werd door tante met een grauw en een ruk aan haar arm weggestuurd; de vrouw huilde haast van drift over de verloren 12 cent. 'Kost je ons nog niet genoeg,' siste ze in de opkamer achter de winkel.

An liep naar boven waar Zus haar aanstaarde. An staarde terug maar bekende ten slotte dat ze een fout gemaakt had en eruit gestuurd was. Zus zweeg en hanteerde haar naald en draad met opgetrokken wenkbrauwen. Opeens glimlachte ze. 'Ik dacht dat jullie zo goed leerden rekenen bij die Haanstra,' zei ze langzaam. An zweeg en wilde met een ruk haar mantel pakken om alsnog naar school te gaan. Maar Zus sprong op met ongewone snelheid. 'Hierblijven,' gebood ze, 'als je niks te doen hebt heb ik nog wel wat voor je.' Er werd een krant uitgespreid en Brasso neergezet en An moest koper poetsen. 'Het is laatst pas allemaal gepoetst,' begon ze maar Zus concentreerde zich op haar naaiwerk.

Het was niet waar dat Zus het profiterende element in huis was. Ze werkte hard aan wat haar twee taken waren: koken voor het grote gezin en zich beschikbaar maken en houden voor een 'goed' huwelijk. Vooral de laatste opgave, van groot belang in ieders oog hier, vulde haar dagen met gespannen en korzelige inspanning. Ze moest mooi zijn en een begeerde partij blijven. Wat onder haar dure jurken zat scheen van minder betekenis, maar handen, ogen en haren moesten in uiterste staat van perfectie zijn, de tint moest blank en mat blijven, de lichaamshouding prudent arrogant – middenstands versie – en ze moest zich oefenen in de omgang met nette jongemannen: zoons uit andere grotere neringen.

Aan verlaten van haar milieu naar onderen werd niet gedacht, evenmin als aan een doorbraak naar boven: de studentenbals werden níét bezocht. Zus presenteerde zich met nog geen gebaar van haar pink aan de beide studenten die een tijdlang op de zolderkamers woonden.

Eenmaal leek ze tegen die wet toch gezondigd te hebben, al wist An het niet zeker. Die moest een briefje brengen naar een adres op de Aalmarkt. Het was hoogzomer en An liep in de schaduw onder de welige bomen van de Apothekersdijk en had enig besef van welbevinden. Langs de kade lag het vol bloemenschuiten die er kleurig uitzagen en een volle, zoete geur verspreidden. Leiden was haast even mooi als Den Haag.

Ze liep over de Kippebrug en belde aan op de Aalmarkt. Een deftige jongeman kwam met opgetrokken wenkbrauwen aan de voordeur en vroeg: 'En?' Een vriend verscheen ook in de vestibule. An overhandigde de eerste het briefje. Hij las en grinnikte, gaf dan het briefje aan de vriend. 'Zo?!' zei die en grijnsde ook. An stond er nog. De deftige jongeman zei: 'Zeg maar aan je zuster dat ze zich voortaan met die camisoles en onderbroeken uit jullie winkel bemoeit.'

An dacht aan het Haagse artiestenpension. 'Het is m'n echte zus niet,' zei ze kwaad.

'Nou ja, ónechte zus dan.' Beide heren schaterden.

An kreeg een rood hoofd en verliet de deur zonder groet. Ze had wel eens meer over onechte kinderen horen lispelen. Het scheen iets armzaligs en belachelijks te zijn.

Ze voelde zich met Zus verbonden en zei thuis tegen het grote, ernstig wachtende lichaam: 'Die rotzakken, daar ga ik niet meer naar toe hoor.' Ze kreeg een dubbeltje.

Ze at haar drop verward. De jonge zoon van de drogist had naar haar gekeken als een kwispelende poedel. An huiverde; ze dacht aan de woorden van Haanstra. De wereld was intussen niet meer zoals een half uur tevoren op de Apothekersdijk.

Maand na maand volgde oom Gerard de tocht van de Russische Baltische vloot op weg naar het te ontzetten Port Arthur. Hij lachte bij iedere tegenslag van die schepen op hun lange route om Kaapstad en Sumatra. Hij sprak aan tafel over mijnenvelden maar An wist niet wat dat waren. Zus had nog op een zondag met één vinger het Japanse Volkslied op de piano gespeeld – het notenbeeld stond in *De Tijd in Beeld* – maar ze volgde de berichten niet meer. Het duurde te lang. Ze ging uit, kookte of staarde gaperig.

Toen de Russische vloot vernietigd was in de Straat van Tsushima, en de oorlog afgelopen, kwamen er andere attracties.

Met de studentenoptochten was het winkelhuis vol gasten, ook zakenrelaties, en de hoogste personages zaten op het kleine balkon vanwaar men over de Blauwpoortsbrug uitzag. De zoons en An stonden achteraan en keken over de schouders heen zo goed als dat ging. Het was alles pracht en praal en men zei dat deelnemen aan de optocht een student wel duizend gulden kostte. De kostuums waren uit de beste zijde en bij iedere gelegenheid weer nieuw; de paarden zagen er prachtig verzorgd en getuigd uit en waren van edele rassen.

Op het balkon zaten in de zomer van 1906 de heren Leembrugge – van de firma Clos en Leembrugge – en de fabrikant Hin, die oom Gerard geld geleend hadden voor een verbouwing. (De opkamer was bij de winkel getrokken en méér nodige verbeteringen.)

Het feest buiten was mooi maar men moest nu nog meer omzetten om terug te kunnen betalen. 's Zaterdagsavonds werd het nu vaak elf uur of half twaalf eer gesloten werd. Ook de lessen van Bert kostten geld: die wilde concertviolist worden.

De jongens waren nu allemaal van de lagere school en hadden betrekkingen: twee werden jongste bediende bij Kreymborg maar Chris hinderde nog steeds die schommel en hij kon nergens aarden. Hij was de lastigste. Toen hij bijna veertien was en weer in een ongezeglijke bui, kreeg hij van z'n vader, die zelden zo handelend optrad, een klap voor z'n kop. De jongen sloeg z'n vader daarop een blauw oog.

Dat was een ramp. Niet zozeer omdat tegen de Vader opgestaan was, maar die kon er onmogelijk mee in de winkel staan of op straat verschijnen. Dagenlang sloot de oude zich op in z'n zijkamertje, want ook de verkoopsters mochten dat oog niet zien.

Als de winkel 's zaterdagsnachts eindelijk sloot sjokten de echtelieden dodelijk vermoeid naar boven, de man met het ijzeren geldkistje onder de arm. 'M'n lendenen, m'n lendenen!' riep tante Marie op de trap. An ging dan naar beneden om de winkelruimte aan te vegen. Tevoren had ze koffie gezet en brood gesneden, want oom en tante aten meestal zwijgend nog wat voor ze gingen slapen. Vaak ging dan nog de telefoon – men hoorde tot de eerste Leidse winkeliers die er een hadden – maar men liet bellen.

Op de zaterdag na de slag op z'n oog sprak oom Gerard toch met z'n vrouw tijdens de nachtelijke boterham. Chris werd hoe langer hoe erger en moest het huis maar uit. De vrouw knikte, ze was te uitgeput voor spraak.

De jongens waren nu te groot om op de Apothekersdijk te spelen, ze verdwenen 's zondags naar Den Haag. Als Zus dan naar een vrijer was, of naar dansles om een nieuwe op te doen, was het in de avonduren rustig. Oom en tante suften met gesloten ogen. An mocht op zo'n avond wel eens lange beschuitjes gaan halen bij Kortenoever, de bakker op de Turfmarkt. Diens winkeldeur was nooit op slot. Ze verliet dan snel het huis aan de achterkant in de Kabeljauwsteeg en rende. Ze was bang voor de schimmen uit de Haarlernmerstraat, die uit kroegen kwamen wankelen en soms kletterend op straat kotsten. Bij haar terugkomst, hijgend, mocht ze naar de keuken om chocolademelk te maken.

Maar meestal was tante 's zondags ziek en lag de hele dag in bed. Iedereen moest dan doodstil zijn en dat werkte het vertrek op die dag van de jongens en Zus in de hand.

An was nu veertien, nog wel klein van stuk maar ze kreeg vormen. De jongens probeerden haar soms in de gangen te knijpen. Eenmaal stonden er drie tegelijk voor haar kamerdeur; ze gniffelden en snorkten door de neus – misschien het hatelijkste menselijke geluid – toen ze naar buiten kwam. Eén, ze wist niet wie, kneep in haar achterste toen ze passeerde. Direct deed ze een pas naar achteren en trapte met haar scherpe hak op een wreef. Het was Emile die met een rode, verkreukelde kop wegstrompelde; hij protesteerde niet en daarom wist ze gelijk dat hij het geweest was. Genadig was ze niet al te kwaad.

Op een zondagavond kwam Emile mompelend en onvast lopend thuis uit Den Haag. Hij had roodomrande ogen, hoestte rochelend en kokhalsde. An stond in haar kamer bij haar koperen knip. Ze luisterde met bonkend hart aan de deur die op een kier stond; ze hoorde hoe tante de jongen de eerste trap op hielp – of sleurde – en de volgende tot aan z'n zolderhoek. Daar klonken nog geruime tijd hol hun stemmen. Hij had een golf kots op de zoldertrap verloren.

Dan kwam tante alleen de trap af. Ze keek naar niets

met bolle ogen en drukte een zakdoek voor haar mond. Ze hijgde licht.

An vloog haar kamer binnen alsof er een spook aankwam maar tante zag haar en riep schor: 'Ja loer jij maar kreng! Heilige Maria!' en 'Ruim liever die rotzooi op. Pak een emmer en een dweil, dóé wat.' An gehoorzaamde weerlichtsnel.

De volgende dag was er een dokter op de zolder die een ribbelig fiberkoffertje bij zich droeg. An moest een lampetkan water brengen zodat de man z'n handen kon wassen. De arts bleef lang mompelen, boven.

Nog die middag werd An bij tante in haar slaapkamer geroepen. Tante was plechtig. Beiden bleven staan.

'Luister heel goed naar wat ik je zeg en sta niet te wiebelen,' zei de vrouw. 'Je komt niet meer op de wc op deze verdieping; nooit meer. Die is alleen voor Emile bestemd van nu af. Begrepen?'

'Ja tante.'

'Goed begrepen? Je gaat alleen op die beneden.'

'Ja tante.' An kleurde diep om deze onbegrijpelijke en vernederende mededeling.

'God kind bloos niet zo stom,' zei tante diep uit haar keel; ze haalde een sliert grijs haar van haar zwetend voorhoofd en het leek wel of ze huilde. 'Ja tante,' zei An nog schor en van zenuwen giechelde ze opeens. Ze had direct een kletsende slag voor haar slaap te pakken en begon te snikken. Haar neus ging ervan lopen. 'Hou op, verdomme,' riep tante dubbeltonig en 'Snuit alsjeblíéft je neus.'

Wat later was men eraan gewoon dat Emile z'n eigen sanitair had. Alles ging door; het enige verschil was een vreemde carbollucht op de bovenverdieping. Al de volgende zondag bonkte Zus weer eens op de piano in de salon en Emile zat in haar buurt en beroerde z'n mandoline-banjootje, zij het iets zachter dan gewoonlijk. An huiverde van hem en bleef uit z'n buurt; Anna de meid had haar gewaarschuwd dat hij 'met een ziekte' was thuisgekomen. Als de meid de banjo moest opruimen pakte ze die met een oude krant beet. An zag dat wel.

Ze waren weer vrolijk op het muziekuurtje. Zus had een stapeltje Tavenu muziek op de piano gezet maar de jongere broers riepen: 'Het Negerfeest Zus, toe dan, je weet wel.' Zus zocht even en zette een sepiakleurig muziekstuk boven waarop achteroverhellend dansende negers getekend stonden met erboven in halve cirkelvorm de titel: A Cake Walk at A Georgea Camp Meeting. By Kerry Mills. Uitgave B.H. Smit Amsterdam.

Ze grijnsde en speelde het marsachtige stuk dat haar krullen sidderden. Haar linkerhand pompte de akkoorden, die soms overstroomden van te veel pedaal. Terwijl haar vader zeurde dat het zo hard was probeerde Emile de melodie mee te tokkelen, maar dat was niet makkelijk met al die syncopen. Z'n instrumentje ratelde knekelachtig. Bert speelde bij wijze van uitzondering viool mee. Hij keek met melancholieke superioriteit naar Zus en Emile. Chris en An blerden een tekst waarvan de herkomst onbekend was:

Wie gaat er mee naar het Negerfeest,
We dansen –
De Cake Walk. (Het klonk als Keekwak.)

Het leek wel of Zus gevleid was als haar jongere niet meezong. Tweemaal keek ze al spelend even achterom naar An en Chris met de blik van een manegehoudster voor goed dravende pony's.

De oudste zoon Gerard was intussen al het huis uit. Hij was chef-inkoper bij een Amsterdamse textielhandel.

De vioolleraar van Bert was tevreden over hem en ook deze zoon verliet het huis. Hij vertrok naar het buitenland als muzikant. Later was hij in het land terug met een eigen gezelschap – twee dames en twee heren – en eens speelde hij daarmee in Delft in de schouwburg. Oom en tante gingen erheen en An mocht mee. Er waren vrijkaartjes.

De dames speelden trompet en Bert xylofoon. Ook had hij een nummer met gedresseerde poedels en liet hij een kanarie op bevel zingen. An wist wel hoe dat in z'n werk ging: hij hield een plat fluitje in z'n mond verborgen.

Oom en tante waren bedroefd en beschaamd op de terugreis. Ze zwegen in de houten treincoupé die naar kolendamp geurde. An had het wel leuk gevonden, ze glimlachte infantiel.

Soms was Bert een paar dagen thuis en dan bracht hij bergen vuil ondergoed mee ter bewassing. Niet dit bracht z'n moeder tot geërgerde verontwaardiging, maar veel meer het buitenissige verschijnsel dat dit ondergoed blauw gekleurd was. Dat was ijdel en gek en niet in orde. Ook had de jongen nog steeds geen meisje.

Voorlopig gaf Chris meer zorgen. Sinds die schommel lukte er niet veel met hem. Hij werd daar kwaad van en eens gooide hij van louter drift een driehoekige etagère om, zodat alle eau-de-cologneflesjes, odeuren en stukjes luxe zeep door de winkel vlogen. Ook maakte Chris ruzie met de nieuwe buurman die een kantoorboekhandel geopend had. In Ans oog waren dat deftige mensen met maar één kind – wat op zichzelf al deftig was. De families groetten elkaar beleefd en gereserveerd. Eenmaal moest An erheen om op dat kind te passen en haar handen en nagels werden door tante minutieus geïnspecteerd. Chris drong op een drukke zaterdagmiddag de heldere schrijfwarenzaak binnen en ten aanschouwen van nogal wat toegestroomd volk vatte hij scheldend de kleine, tengere winkelier in de kraag en zette hem z'n eigen winkel uit. Het volk wees en grinnikte schor.

De vader en moeder wisten zich geen raad. Ze putten zich uit in verontschuldigingen en lange, vage explicaties maar de relatie bleef geschaad. Men betrok geen goederen meer van elkaar.

Het werd nog erger met Chris en korte tijd later stond er opnieuw een vergenoegde menigte voor de winkel. Men wees ditmaal omhoog. In de hoge dakgoot verscheen Chris, slechts gekleed in onderbroek, balancerend op de smalle rand. Zelfs de hoge zenuwstemmen van z'n moeder en zuster konden hem niet bewegen binnen te komen. Terwijl de massa op de stoep snel aangroeide werd de oude familiedokter gewaarschuwd. Die stak z'n hoofd uit een zolderraampje en bulderde: 'Chris van D.! Kom onmíddellijk binnen.' Hij kwam. Nog geen veertien dagen later zat hij in Endegeest.

Aan An gingen die dingen enigszins voorbij. Ze was te gezond en sterk en leergierig, en vol van een soort verwachting die na en buiten het winkeliersgezin lag. Ze lachte genoeg op haar school waar ze gestaag vorderde en dan ook in de smaak viel van de leerkrachten.

Wel besefte ze nu alleen met Emile en Zus over te blijven.

Emile was de enige die iets van de aard van oom Gerard had. Hij wás al schuw, maar sinds z'n ziekte begon hij net zo geluidloos rond te sluipen als z'n vader. Hoewel nog af en toe huiverend om dat isolerend ongeluk, kon An toch niet nalaten hem nog de aardigste in huis te vinden; hij droeg het teken van z'n aangeraaktheid met bescheiden geduld. Hij werd mak.

Ans dagelijks op de loer liggen gold nu alleen nog Zus, al leek het haar tante op een avond nog even anders te zijn.

Op die zomeravond liep An in dunne jurk met haar nog onwennig nieuwe vormen op de bovengang, toen ze oom Gerard passeerde. Hij glimlachte, hield haar staande aan haar nog dunne bovenarm en maakte tot haar stomme verbazing een grapje over de 'Vrije Jeugd'. Het was weliswaar dezelfde aardigheid die de hele stad maakte: dezelfde infantiele woordspeling, maar ze keek toch blij getroffen op. In plaats van zorgelijk blind langs haar te sluipen zág hij haar en zei iets dat in ieder geval vriendelijk bedoeld was. Ze glimlachte terug.

Wie óók met verbazing opkeek bij die goedige plagerij was tante. Ze kwam net uit een deur te voorschijn en mimeerde haar verbazing zelfs extra door hoog opgetrokken wenkbrauwen, alsof ze wilde zeggen: spuit elf geeft óók modder. Oom Gerard schrok, hoestte en sloop weg. In tantes oog werd het vermoeide besluit zichtbaar, ook de oude nog in de gaten te houden.

Misschien wilde tante voor even wedijveren met ooms al dan niet verdachte aandacht. Nog diezelfde week zei ze iets aardigs tegen An. Er was een familieverjaardag en er waren gasten. An ging laat, maar toch eerder dan de volwassenen naar bed. Ze kreeg te horen dat ze niet in het kamertje bij Zus kon slapen want er waren logés. Voor die ene keer moest ze maar bij tante in bed.

Ze lag alleen en hoorde de groten rumoeren in de huiskamer. Er werd gillerig gelachen en Zus scheen het middelpunt. An was moe.

Dan sliep ze blijkbaar want opeens boog tante zich over haar heen in nachtgoed en trok zacht aan haar arm. An keek op, direct wakker, en in het maanlicht zag ze dat de vrouw naar haar glimlachte. 'Schuif eens op poppedeine,' zei tante. An glimlachte breed terug en schoof op. Ze glimlachte nog na in het donker. Ze zou zich dat woordje vele decennia lang herinneren.

Andere prettige onderbrekingen van de winkelhuissleur waren Ans spaarzame uitstapjes naar familie in Den Haag. Een oom daar was administrateur van het nieuwe Scheveningse Palace-hotel en voor een zomerse donderdagavond kreeg An een vrijkaartje om op het boventerras van het immense gebouw naar het vuurwerk te kijken. Ze was vijftien nu en zeer geïmponeerd maar liet niets merken; ook niet dat de donderende slagen van pijlen en stukken tot in haar skelet vibreerden. Het besef van eer daar te mogen staan tussen de deftigen van Europa was groter dan haar vrees of ze vond dat het zo hoorde te zijn. Eigenlijk was het teruglopen naar de stad over de Oude Scheveningseweg nog beter: ze deelde die weg met honderden Hagenaars, waartussen ze zich uitverkoren achtte. Ze schreed melancholiek van blijheid naast haar oom en zag uit haar ooghoeken dat tientallen mannen vanuit het donker naar haar loerden. Ze was alert én gerust. Ze glimlachte om Haanstra die overdreven had. De natuur is op zomernachten sterker dan hervormers. Het licht van de gaslantaarns scheen mooi door de oude bomen. Veel van de slenteraars gingen nog halverwege bij Promenade wat drinken, maar An was ook zonder verdere attracties tevreden.

Een andere uitgang betrof een bezoek aan haar broer Frits. Die woonde sinds z'n ziekte bij boeren in de duinen bij Wassenaar. Z'n kamer was eenvoudig: een withouten tafel en bijpassende stoelen met matten zittingen, en een houten vloer met zand. Een weldadig contrast met het koper en de politoer van het Leidse winkelhuis. An voelde zich of ze na lange omzwerving thuiskwam; het leek hier vaag op het Haagse artiestenpension.

Bij Haanstra had ze leren lezen en ze sprak fanatiek met haar broer over Multatuli. De broer knikte naar haar en glimlachte. Hij schonk haar een klein boekje, gedichten van Gorter. Het werd haar beste en trouwens enige bezit, ze droeg het rond op haar lijf. Ze begreep niet alles maar was vroom in de doctrine en zo waren al die moeilijke regels op voorhand gewijd.

An begon een mens te worden, haar bewegingen waren sterk. Ze had bij gesprekken een afwachtend peilende blik gekregen die waarschuwde: ik houd niet van domheid. 'Die weet wat ze wil,' zei Zus eens, maar ook: 'Die voert iets in haar schild.' Ans donkere ogen namen toe in intensiteit; ze stonden steeds zo of ze opkomend wederwoord afwoog. Ze dacht zichtbaar na over haar leven in het winkelhuis; ze scheen te aarzelen tussen de wens tot vertrek en de inschikkelijkheid van iemand die 'liefderijk opgenomen' is.

Ze kon geen verweer kwijt anders dan aan Zus, die van het begin af 'helemaal niet zo aardig' was geweest. Emile was een zieke sukkelaar, en jaren bij haar achter, al waren ze even oud. Tante was machtig en ondoorgrondelijk en oom nog erger dan Emile.

Zo bleef Zus over. Die was een grote vrouw nu – hoewel nog steeds niet definitief 'geëngageerd' – en nog steeds in huis. Zus was op een formidabele manier vlezig en rijzig en werd wel knap gevonden. Ze keurde de ene vrijer na de ander.

Haar ogen stonden misschien iets te dicht bij elkaar, waardoor wel mooie wangvlakken ontstonden, maar ze er soms bij zekere belichting ook uitzag of ze het benauwd had. Of een snelle ingreep van geheime aard geboden was. Soms kon ze ook tegen An zeggen: haal jij eens een glaasje water voor me. Ze dronk het water staande, lichtvooroverbuigend en met knipperende ogen. Koud water.

Haar boezem droeg ze nu hoog in een getailleerd mantelpak. Ze kreeg er de voornaamheid van een rondstappende kropduif door.

Op een zaterdagavond dat An op de bovengang langs tantes kamer liep, hoorde ze van achter de gesloten deur een korte gil. Het snerpte haar door de ziel en ze stond, met één been nog achter zich, met een ruk stil. De deur sprong open en Zus, slechts gekleed in een geisha-achtige kimono, vloog panisch naar buiten. An zag de zaterdagse wasteil in de kamer; het rook warm naar zeep en gebruikt badwater.

Het was te zien dat Zus die kimono snel om haar nat gewassen lijf had geslagen: grote vochtplekken drongen door de stof en breidden zich ontuchtig uit.

'Roep me moeder,' schreeuwde ze tegen An.

An draafde en haar 'Tante Marie!' klonk trillerig door het trappehuis. Oom Gerard kwam aansluipen.

'Nee, weg jij, wég!' siste Zus naar hem. De oude bleef ondoorgrondelijk beneden aan de trap staan en z'n lorgnet spiegelde onaangenaam in het gaslicht toen hij peinzend naar boven keek.

'Ik moet móéder hebben,' snauwde ze en An herkende daar geen tegenspraak duldende angst in. Het was voor de tweede maal dat ze met Zus 'begaan' was. Oom Gerard slofte mummelend weg.

'Wat nou in godsnaam weer,' klonk het van boven Zus' hoofd. Haar moeder daalde van de boventrap. Zus snikte snuivend, en verdween weer in de waskamer.

'Nou nou!' zei tante Marie vaag glimlachend en volgde haar dochter in de kamer. Het had bijna triomfantelijk geklonken, tenzij An zich daarin vergiste.

An luisterde nog even. Ze hoorde alleen tante Maries stem die vroeg 'Sinds wanneer dan'.

Het antwoord was gemurmel en gesnik.

'Onzin,' zei de moeder. 'Je wast je niet goed en je zit te veel op je luie gat.'

Het gesnik nam af. An kon moeilijk nog langer achter de deur blijven staan; ze vertrok op haar tenen en ging slapen. Heel laat die avond kwam Zus in bed. An week achteruit alsof ze vond dat de grote niet melaats was. Maar ze had een ander vermoeden: bovennatuurlijke angst voor het boze oog greep haar aan. Ze lag op de uiterste ijzeren rand van het bed tot ze een reumatiekachtige pijn in haar heup kreeg. Aanraking met dat grote, witte en bolle lijf naast haar kon funest zijn, want An geloofde min of meer dat Zus zwanger was en dat het op wonderlijke manier besmettelijk zou kunnen zijn. Het was donkere nacht angst; de volgende morgen bij zonlicht moest ze erom grinniken.

Het geheim van de schreeuw werd haar niet onthuld. Tante Marie sprak er niet over en ook Zus zelf zweeg met winkeliersvoornaamheid. Zwangerschap was het blijkbaar niet. An dacht er soms huiverend aan terug en ook aan wat

Haanstra haar aan lijfelijke mysteriën had meegedeeld. Ze had voor een kort moment een gegeneerde verbondenheid met Zus gevoeld, een boos soort vrouwensolidariteit, die zekere theoretische voeding vond op haar school en in haar socialistische wandelclub. Of vroeger nog in het zo gezellig gemengde artiestenpension.

Eenmaal kon ze haar nieuwsgierigheid over het gebeurde niet de baas en ze vroeg in de keuken aan Anna de meid of die niet wist wat er toch met Zus aan de hand was geweest. 'Die?' zei de meid met een kwaad afgewende kop, 'die zorgt wel voor d'r eigen; maak jij je dáár maar geen zorgen over kleine bleekscheet.' En onverwachts, toen An al de keuken uit liep, voegde ze er nog mompelend aan toe: 'Ze zal wel bang geweest zijn dat ze ook een ziekte had.' An hoorde het niet of wilde het niet horen.

Intussen was het Kort Rapenburg overkluisd voor de komst van de elektrische tram in Leiden. De huizen en het café Franciskanerbräu schuin aan de overkant werden afgebroken. Er ontstond een brede hoofdweg aan het water die verderop de deftige naam kreeg van Princessekade. Oom en tante waren daarmee ingenomen: het bracht hun zaak als vanzelf op beter stand. Zus tripte buiten nog voornamer.

Voor An bleef het huis wat het was maar ze voelde in die doorbraak toch ook iets van een zich verwijdende privéhorizon. Het kon allemaal niet lang meer zo doorgaan.

Ze deed haar eindexamen en haalde haar hoofdakte dan ook in de kortst daarvoor staande tijd, ondanks die dagen verzuim bij uitverkoop of schoonmaakbeurt. Haanstra legde een prijzende klauw op haar schouder.

Een jaar later ontmoette ze een jongeman in keurig getailleerd pak en een hoge witte boord met ronde hoeken. Z'n haar zat onberispelijk achterovergekamd en hij sprak netjes. Hij was aardig en beter gewassen dan de jongens uit het winkelhuis. Met z'n bollend voorhoofd en vrolijk opgetrokken wenkbrauwen beantwoordde hij aan de mode; hij leek wat op een toneelspeler.

Hij wachtte 's avonds bij de achteruitgang van het winkelhuis in de Kabeljauwsteeg en tante Marie waarschuwde tegen die omgang: het leek een heel nette jongen, maar de vader en de grootvader deugden niet. Dat waren rokkenjagers. Ze kende die heren wel.

An luisterde niet. Het was 1912, ze was achttien en er moest een eind in zicht komen. 'Je hoeft niet álles te doen wat ze je daar vragen,' had haar vriend gezegd.

Dat jaar verscheen André nog eenmaal in Leiden; hij had een diep verontschuldigende blik. Hij kon er ook niets aan doen, maar Frits was dood. Het leek of André, uit trouwe broederplicht, gewacht had met z'n eigen leven. Want nu pas vertrok hij – als leerling-kelner – naar het buitenland, naar Duitsland, Italië, Frankrijk en Engeland. Uit Frits' karige nalatenschap bracht André nog voor An het kleine portret van Gorter mee, eens door Henri gemaakt. Ze hing het in het slaapkamertje. 'Wat is dat voor een enge vent,' vroeg Zus. Maar An beidde haar tijd en zweeg.

An logeerde die zomer een weekend bij de zuster van haar vader in Den Haag. Bij die sobere vrouw kwam ze tot rust. Ze sprak over haar vriend en de tante luisterde ernstig.

An stemde op zondag toe mee te gaan naar de Grote of St.-Jacobskerk. De grote ruimte was verlicht met kaarsen en gaslicht, en er werd donderend gezongen. Er was een dreigende onrust in Europa en nood leert bidden. De preek van de voorganger, die Posthumus Meyes heette, had tot onderwerp Ik ben de Uwe o Heer, behoud mij. An raakte op nerveuze en jaloerse wijze ontroerd over dat motto; ook benijdde ze al die mensen die de liederen zo goed kenden en omdat ze erbij hoorden. De fanatieke vastheid in de gezongen teksten klonk bijna hatelijk en ze kreeg een korzelig heimwee. Maar eenmaal buiten dacht ze aan Multatuli, Gorter en Haanstra.

Het zwoegende leven in de winkel begon weer, ondanks Ans gevoel van einde en nieuw begin.

Op zondagen werd extra vroeg opgestaan omdat de huiskamer ook dán een grote beurt kreeg. An smokkelde nu wel eens met stof afnemen door de zware, zwartmarmeren schoorsteenklok niet van z'n plaats te nemen. Oom en tante kwamen laat beneden en soms liep tante Marie in rechte lijn op de zwarte pendule af, tilde hem op, streek stof op met de wijsvinger en gebood An de hele kamer over te doen onder haar leiding. Tranen baatten niet; wel kon An haar verontwaardiging 's avonds aan de vriend kwijt. Die sprak haar lachend moed en nieuwe ongehoorzaamheid in.

'Ik wil naar de kerk,' zei An brutaal op zo'n zondagmorgen, maar tante antwoordde: 'Om op je luie kont te zitten zeker.' Er kwam niets van.

Het ging nog een paar maanden goed. Er waren aan het slot van dat jaar drie aansluitende vrije dagen met Kerstmis te vieren en de vriend had An bezworen die derde dag vrij te vragen voor hem. Ze moest dan maar zeggen dat ze naar haar tante in Den Haag ging.

Op de beide eerste dagen deed ze wat van haar verlangd

werd: thee zetten, koffie zetten, wat halen, wat aanreiken, wat brengen, wat tegen Zus gaan zeggen, tafel dekken, Emile roepen, even de vaat wassen, bedden opmaken, een béétje aanvegen voor de zondag, eitjes koken, de tafel afnemen, kolen scheppen, iets helpen zoeken, aardappels schillen en broodsnijden.

De derde dag begon evenzo. Maar An weigerde. 'Ik wil vandaag vrij,' zei ze angstig. Het woord 'liefderijk opgenomen' kwam nu bij haar zelf verwarrend boven. Haar vriend maakte haar rebels maar ze achtte dat een goed.

De familie rook zwakte van overtuiging. 'Geen sprake van,' zei tante rustig. 'Dat kan echt niet,' echode oom. Zus keek toe met tuitmond en opzettelijk verbaasde clowneske Dumme August-wenkbrauwen.

An zette in het slaapkamertje haar weinig bezit klaar voor vertrek. Ze pakte Gorter in een krant. Maar ze herinnerde zich dat ze beloofd had Zus' haar nog te doen.

Ze kwam die belofte na in de huiskamer. Zus moest naar het kerstbal van haar dansleraar in De Burcht; er kwamen daar veel gegoede heren en het kapsel moest absoluut perfect zijn.

Het gele haar hing afwachtend los tot over het middel van de jonge vrouw, die klaar zat voor de ovale schoorsteenspiegel. An hanteerde weer de bruinhouten taps toelopende krulstok. Ze nam een streng haar, rolde die om de stok en stak de krul met haarspelden op het hoofd. Meer dan een uur stond ze, zoals gewoonlijk, te kappen terwijl Zus in de grote spiegel toekeek. Beiden spraken geen woord.

Toen het klaar was draaide Zus het hoofd langzaam en haar lodderogen zogen zich vast aan haar spiegelbeeld. Ze tikte met haar wijsvinger in een krul, wat beduidde: die moet over. Ze vroeg om een handspiegel en inspecteerde haar achterhoofd. Ze wees. An knikte.

Ten slotte was het klaar. De beide jonge vrouwen namen elkaar op. Er was niets. Ze stonden tegenover elkaar bij de deur.

'Laat me er nou eens even door zeg,' zei Zus opeens, 'anders kom ik nog te laat ook.' Ze duwde met haar zwaar lichaam – waarvoor An soms de kwalificatie 'hoerig' amper onderdrukken kon – haar kleinere nicht uit de weg.

Het was direct afgelopen met Ans geduld. Ze was te groot geworden om naar de ander te spugen; ze had trouwens een betere afstraffing: ze sprong opzij als iemand die de onverwachte aanraking met mest of braaksel desperaat zoekt te voorkomen.

'Blijf van me af,' riep ze dubbeltonig en met bliksemende ogen. Zus siste een vloek terug en hief haar mollige hand om te slaan. Ook háár stem sloeg over toen ze 'Vuil sekreet' schreeuwde. Ze stampte met haar rijglaars en huilde haast van woede. 'Altijd heb je me dwarsgezeten, van het begin af dat je bij ons kwam, treiter, ik zou je godverdomme kunnen...'

An staarde naar haar in opperste verbazing. Haar donkere ogen werden daar kogelrond van maar zagen er tegelijk zó gebiedend uit dat de grotere vrouw stokte. Die liet haar opgeheven arm zakken en snikte opeens tumultueus. 'Ik heb van alles gedaan om het je naar de zin te maken,' snorkte ze, 'maar het was allemaal niet goed genoeg hè?! Toen je zuster weg was mocht je bij mij in m'n bed. Ik heb het wel gemerkt hoor als je helemaal naar de kant kroop of ik een vieze hoer was. Je hebt het me wel laten voelen hoe je over me dacht, rotstraal.' Er volgde nog een gesmoorde griezelkreet en dan de onvermijdelijke apotheose: 'Wat verbeeld jij je eigenlijk met je Haanstra; je komt ook maar uit een artiestenrotzooitje in dat smerige Den Haag!'

An veegde omstandig een speekseldruppel van Zus met haar mouw van haar gezicht. 'Etter,' gilde Zus.

Toch was An wel geschrokken. Die kijvende vrouw kon gelijk hebben. Ze schaamde zich omdat ze zich enigszins schaamde; ze was verward. Ze hád op de uiterste rand van het bed gelegen, dat viel niet eens te ontkennen. Ze beefde nu zelf ook. Maar ze hernam zich, haalde adem en zei: 'Ik dacht dat je zo'n háást had!'

Zus vloog balkend weg als een gewonde ezel.

Toch nog een overwinning van geest op vlees misschien, maar An beleefde er geen plezier aan. Ongewoon nerveus zocht ze haar zaken bij elkaar en ging afscheid nemen van oom en tante. 'Als je weggaat kom je er niet meer in,' zei oom en An antwoordde: 'Ik ga toch.'

'Hebben we je daarvoor bijna tien jaar lang te eten gegeven,' jammerde tante Marie en oom Gerard schudde het hoofd kunstmatig. Emile was er niet bij; die lag weer ziek op zolder.

An draafde over de Blauwpoortsbrug in de richting station. Ze was bevrijd uit het winkelhuis. Was ze een wrakkige man geweest, dan had ze misschien ziekte gekozen als laatste redmiddel om uit haar onmogelijkheid te raken. Maar ze was een nieuwe vrouw en sterk en gezond en in de wereld passend; ze hoefde de zin en de schuld van ziekte niet te kennen. Trouwens ze was met haar school en haar akte en haar lief helemaal niet zo ver van haar bestemming geraakt.

Wel bleef ze nog nerveus over Zus. In alle kleine en grote daden schuilt al gauw een dreinerig ongemak van schuldigheid en dat wekt of wrevelig ongeduld, of angst.

Voor angst was het te vroeg. Ze had nog geen verantwoording af te leggen voor anderen. Ze was nog onaanrekenbaar jong en vrij, al stond ze op het punt zich te binden. Met een man en een kind en schoonfamilie zou het allemaal weer anders worden maar dat wist ze gelukkig nog niet. (O du schöne Jugendzeit, had Zus wel eens op de piano gehamerd.)

Ze had alleen passend van een altijd verwachte uitbarsting gebruik gemaakt, hield ze zich al dravend voor. Misschien had ze zich losgemaakt van Zus zoals men zich griezelend zou bevrijden, diep onder water, uit de verstrengeling met een vleesetende plant.

Het was koud op het tochtend stationsplein. An had genoeg geld voor de trein, maar in Den Haag moest ze lopen naar de Bazarstraat waar haar tante woonde.

Het was al donker toen ze daar aankwam. 'Zeg nu maar niets,' zei die statige vrouw toen ze de voordeur opende. 'Ga je maar warmen bij de kachel en rust wat. Doe je schoenen maar uit; morgen praten we wel.' De stem was rustig en zonder verbazing.

An mocht daar voorlopig blijven wonen. 'Eindelijk thuis in Den Haag,' was haar stemming.

Maar al gauw begon ze naar haar vriend uit te zien. Die mocht komen kennismaken. Hij zou naar Indië gaan waar hij werk kon krijgen bij een oliemaatschappij; er werd over trouwen gesproken.

De jongen mocht de resterende zondagen voor z'n vertrek nog naar de Bazarstraat komen.

Het werd dan erg gezellig en er werd gelachen ook. De

vriend woonde nu in Den Haag bij een artiestenfamilie: twee zoons en een dochter waren aankomende toneelspelers en hij vertelde aardig over dat gezin. Een van de andere zoons had een houten been; 's morgens vroeg verstopten de twee acteurs die poot en aten al het verse brood op. De eenpoot ging tekeer in z'n bed maar was niet werkelijk kwaad, alsof hij z'n ongaafheid een klein beetje uitboette. Zelfs tante glimlachte hoofdschuddend mee bij die verhalen. An had een uitstekend jaar in Den Haag. Ze zag er bovendien haar zus Toos terug, die rijzig en mooi geworden was en die ze na een gezamenlijke ontmoeting wat weg hield van haar vriend.

Op zijn verzoek bezocht An de ouders van haar vriend. De vader, een verzekeringsagent in goeden doen, was vriendelijk. De schriele en vroegoude vrouw was eerst bits maar draaide bij. Toen de jongen eindelijk naar Indië vertrok, mocht An bij het echtpaar op de Leidse Rijnsburgerweg komen wonen. Er was een dochter van veertien die bewonderend naar haar opkeek.

An werkte daar met spons, zeem en bezem soms even hard als ze in het winkelhuis gedaan had, maar alles was anders hier. Als haar vriend in Indië goed ingeburgerd was en genoeg verdiende, zou ze naar hem toe gaan en trouwen. Beiden spaarden voor de reis: An gaf les op een Leidse school in Nuttige Handwerken. (De giechelende meiden, maar weinig jaren jonger dan zijzelf, waren met haar donkere bliksemblik in bedwang te houden.) 's Avonds werkte ze op haar zolderkamertje aan haar Indische uitzet.

Intussen brak de grote oorlog uit en de vrouw, het dochtertje en An keken vanuit de open ramen van het oude huis op de lommerrijkeweg naar die mooie Gele Rijders die voorbijstormden voor hun oefeningen in de duinen. Veel stof woei op en het huis dreunde, een wolk van paardegeur, zweet en warm leer drong binnen, maar de drie vrouwen glimlachten en zwaaiden even.

Er was weinig of geen vrees bij An dat ze door de gewelddadige wijzigingen in de wereld de man van haar keus niet meer zou kunnen bereiken.

De brieven uit de Oost kwamen slecht door maar de mobilisatie gaf enig vertier en An ging soms met haar toekomstige schoonvader kijken naar wat er in de stad te doen was aan parades, exercities, regimentsconcerten, paardenvorderingen en bulletins. De ernst ontging haar goeddeels. Ze was vol schitterende verwachting voor haar leven. Haar vriend had haar voor z'n vertrek nog de woorden van Tipperary geleerd en die zong ze nu luchthartig op haar kamertje. Het verlangen in die tekst werd door haar stilzwijgend getransformeerd naar het verre Batavia.

Op een warme dag zag de schoonmoeder een jonge vrouw onder de laaghangende bomen van de weg heen en weer lopen voor het huis. Ze waarschuwde An. 'Is dat niet je nicht uit de zaak van V. van D.?' vroeg ze nieuwsgierig.

An ging naar beneden en naar buiten. Eerst zag ze niemand, maar al gauw kwam Zus casueel en schijnbaar ingekeerd aanwandelen. An begroette haar angstig en Zus keek, slecht gespeeld, verrast op.

Zus vertelde neutraal, maar met toch even een knipperend lodderoog, dat een Leidse vrouw uit Batavia was teruggekeerd – een klant – en dat die een verhaal meebracht over Ans vriend. Die had een moeilijke tijd meegemaakt. Een jonge Europese verpleegster zou zich om hem bijna verdronken hebben.

An zweeg en knikte. Ze beklom de trap langzaam en dacht na. Ze vertelde het de nieuwsgierig wachtende oudere vrouw pas een half uur later.

'Dat wijf liegt het,' riep die verontwaardigd, 'die hele familie is trouwens half gek. Dat jij zó'n meid nou gelooft!'

Waar of niet waar, nog diezelfde maand – het was juli 1916 – vertrok An met het laatst varende kleine stoomschip de Willis naar de Oost. Alle andere passagiersschepen waren opgelegd; men reisde voor eigen risico en met vier in een tweepersoons hut.

Op de dag van het vertrek werd nog een brief uit Leiden aan boord gebracht. Tante Marie wenste haar niet het beste, Emile was alweer een jaar geleden overleden aan een maagbloeding en Zus was getrouwd met een heel goede partij. De brief was beleefd gesteld en vertoonde een zekere mate van ontzag. An vergat de inhoud met de drukte van het vertrek.

Al in de Noordzee vertoonde zich een losgeslagen magnetische mijn. Het leek of die kleine bol met tentakels zich verliefd aangetrokken voelde tot de kiel van het schip. Ze dobberde bijna schuchter naderbij. Zo slaapdronken als Zus eens naar Ans pols getast had in de nacht.

Maar God, die het enig bovenwerelds juiste gebruik van de dingen heeft, zag toe op die mijn. Vermoedelijk glimlachend om de onnozelheid van de jonge Indiëgangers, die lachend aan de railing stonden.

Van boven de kalme zee goot Hij de kapitein de juiste tactiek in de hersens en die begon buiten het krachtveld te manoeuvreren. De Willis ging op halve kracht vooruit, stopte, dan met volle kracht achteruit. De spreekbuizen gonsden en de scheepstelefoon rinkelde panisch. De kapitein was dirigent en middelaar. Hij schreeuwde.

Aan dek keken een paar officieren toe zonder glimlach. Maar de jonge emigranten en An joelden en lachten. 'Hollé!' riepen ze. 'Ja goed zo! Nou nog een eindje terug met die bak. Ja mooi!' De scheepskapel speelde intussen La Paloma en ook: Widows are Wonderfull, een aardige titel in het jaar van de Somme en Verdun. De muzikanten grinnikten om hun keus.

De mijn gaf het op en waggelde naar de horizon. Het was intussen etenstijd. De kapitein wiste zich het stromend voorhoofd, ging naar z'n hut en dankte God op z'n krib. De tweede officier verscheen net op tijd aan het diner, hief z'n glas en zei: 'Dames en Heren, ik feliciteer u.' De jongelui keken hem onzeker glimlachend aan, ze vonden dat hij overdreef.

Evenals de Russische oorlogsvloot van zoveel jaren geleden, moest nu ook de goedige Willis om de Kaap heen.

In de haven van Kaapstad staakten de jonge emigranten en 'handschoentjes' even hun luidruchtige en verliefde grappen.

'Erg wel eigenlijk hè?' zei An tegen haar zeevriendin aan de railing. Aan de hoofdkade lag een reusachtig, wit en doodstil Australisch hospitaalschip. Een lange rij brancards werd langzaam met lieren uitgeladen. De zon spiegelde laag en stekend in het rustig kabbelende water en er was een broeierige nevel boven de dokken. Ans leven bleef nog even door sterven omringd maar ze kon ertegen.

An was trouw geweest aan boord op een nuchtere en zakelijke Haanstra wijze, en dat niet alleen vanaf de evenaar zoals de meeste bruiden van het schip. Ze droeg een blouse met een matrozenkraag en mocht aan tafel naast de tweede officier zitten. 'Waar is m'n matroosje,' zei hij soms vertederd, zonder verder ook maar een seconde aan wat voor toenadering ook te geloven. Haar ogen zeiden hém genoeg.

Ze stapte op de rede van Tandjong Priok van de loopplank en snoof de vreemde geur van onbekende zoete vruchten en kruiden. Haar jonge verloofde wachtte op haar in z'n witte tropenpak en met z'n strohoed losjes achter op z'n hoofd. Hij zwaaide met een rottinkje.

Die hoed en verdere uitmonstering leek haar het symbool van een vrijer leven. Alle boenwas was uit haar neus.

Het bleek haar spoedig dat hij haar niet zo trouw was geweest als zij hem. Dat gerucht over die jonge verpleegster had ze als laster van de hand gewezen, maar bij aankomst in Batavia zwaaide een heupwiegende Indo-europese naar hem met een kleine bruine hand en gespreide kindervingers, terwijl ze zangerig z'n voornaam riep.

An nam het nog; haar lichaam, wil en geest waren nog op geen stukken na aangetast, nog amper aangesproken.

Dat kwam pas twee jaar later, toen ze getrouwd was en een kind had dat ziek lag in een broeiwarm land met te weinig hulp en middelen, met een echtgenoot die humeurig rondliep omdat z'n vrijgezellentijd nu zo duidelijk geëindigd was.

Voorjaar

Lansberge was achtenveertig en zag er jonger uit; niet direct door gezondheid of gymnastiek, maar door late volwassenheid in alles. Hij liep gewoon tien jaar achter en dat was hem aan te zien; z'n mager hoofd had kinderwangen en z'n grauwe ogen stonden moe maar bedeesd. Matiging in alles – noodgedwongen meestal – hielp ook mee de vage indruk van voortslepende onvoltooidheid te bewaren. Jarenlang – zeker tot z'n vijfendertigste – had hij gewild dat hij er ouder uit zou zien, en schaamde hij zich voor spiegel of etalageruit. Kaalheid of een buik zou hij toen niet afgewezen hebben; nu kon het hem niet schelen, ook niet dat hij al z'n kinderachtig vlashaar nog had. Hij was op weg naar Amsterdam en zag vrouwen in de trein die hem kwaad ontroerden. Ze waren van alle leeftijden en maten, maar het aardigste (of begeerlijkste) vond hij die met kleine handen, de enige eis vrijwel die hij nog meende te stellen al kwam daarbij ook snel de gedachte aan blauwe ogen op. Hij vloekte maar eens goedig binnensmonds en ging opzettelijk naar buiten kijken.

Na Haarlem, waar nieuwe reizigers instapten, was z'n aandacht in de wagon terug. Een bebrild meisje in een ribfluwelen broek met formidabele gulp ging schuin tegenover hem zitten en verder volgden alleen mannen in behaagzieke spijker- of lederpakken.

Lansberge zelf droeg een gewoon colbert en een grauwe broek met te smalle pijpen. Geen stropdas, omdat hij die nooit gedragen had; dat was dus bij hem geen teken van vorderende tijdgeest.

De koepelgevangenis na het Haarlems station draaide langzaam weg, wat hem altijd een onbegrepen notie van gericht gaf. Hij schrok van een woedend passerende trein.

Lansberge stapte in Amsterdam cs uit en keek op de stenen trappen voor zich naar mee afdalende vrouwen in spijkerbroeken. Die veerden daarbij expressief door hun heupen zodat de blauwe stof om hun achterwerk trok. Het spijkergoed was ter plaatse meestal voorzien van opzettelijk aangebrachte wituitgevreten plekken: een soort anti-versiering met religieus sociale inslag. Sommigen handhaafden die uitmonstering tot aan hun veertigste.

Nog die morgen had Lansberge, net wakker, op de kleine radio naast z'n bed een programma over verkrachting aangehoord, waarin gemaakt objectieve vrouwenstemmen (maar met hoorbare woede) dof klagende slachtoffers interviewden. Daarbij was de huidige filosofie die overal de maatschappij als schuldige aanwijst toch weer mee ingeslopen: de aanranders waren alleen maar verstoken van 'communicatie', dat nieuwste tovermiddel tegen alle euvelen van de wereld. Hun daad 'had doorgaans met seksualiteit niets te maken'. Hier grijnsde Lansberge bij de herinnering aan die stellige woorden; bij alle modieuze natuurliefde aanvaardde men de natuur niet. Mannen waren compleet anders dan vrouwen, ondanks tegenwoordig dezelfde broeken en rechten. Hij drong naar de uitgang en dacht aan een zin uit een alweer oud boek van Alexis Carrel: Fysiologische wetten zijn even onverbiddelijk als die van de sterrenwereld; ze kunnen nu eenmaal niet worden vervangen door menselijke wensen en we zijn verplicht ze te aanvaarden zoals ze zijn.

Hij liep op het Damrak en waakte er ditmaal voor per ongeluk met z'n maar weinig bewegende handrug zo'n nauwverpakte blauwe bil zachtjes te raken. Tenslotte moest alles gekocht en betaald worden in het heelal en zo'n minutieus en onbemerkt vergrijp kon hem later op de dag opbreken.

Later, want z'n vriendin kwam pas om over vijven uit haar werk en hij had nog een hele vrije middag voor zich: het was half drie.

De stad was druk zoals in de zomer, ondanks lichte regenvlagen en vrij gure voorjaarswind, maar de voetgangers waren zwijgzamer. Lansberge stak onwennig mee over bij de Dam en slenterde de Kalverstraat in om bij De Slegte te gaan kijken.

Steeds bukkend naar de onderste planken in het antiquariaat begon hij na een kwartier vaag drijvende lichtplekken op z'n netvlies te zien en als hij dan recht kwam hield hij zich in evenwicht aan de boeken. Een beetje bloedarmoede. Toch kon hij niet ophouden met verder zoeken. Hij trok een geurig oud boekje te voorschijn, sloeg het open en glimlachte: 'Maar ik ben zoo dikwerf teleurgesteld met fraaye beloften en aardige uitvluchten, juffrouw,' las hij.

Hij vond niets, ook niet voor z'n vriendin van wie hij een kaartje met titels in haar handschrift zo goed als op z'n hart droeg. Maar omdat rug en knieën waarschuwden en hij bovendien voelde dat z'n gezicht nog witter werd dan anders verliet hij de zaak en had nog één wens: te zitten. Er deed zich in de directe omtrek niet anders voor dan een soort cafetaria waar hij lang wachtte tot een humeurige vrouw aan de take hem met opgetrokken wenkbrauwen aankeek, wat scheen te beduiden: zegt u het maar. 'Koffie graag,' zei hij dan ook, 'en zo'n appelpunt.' Ze zweeg en verdween.

Lansberge voelde zich in het beste humeur. De tredgang van iedere dag was doorbroken en het zoeken in antiquariaten was eigenlijk z'n beste ontspanning. Iets vinden was geen strikte voorwaarde.

Toen hij naar buiten kwam was het bijna kwart voor vier en hij had dus nog zo'n anderhalf uur voor zich. Hij aarzelde tussen een overdekt terras op het Damrak of verder de Kalverstraat in.

Er was nog tijd voor het laatste. In een open winkelpui trad hij hoekig binnen, althans tot in het voorportaal met de hoge automaten. Even zag hij omlaag in het souterrain op de eindeloze uitstalling tijdschriftjes met rozerood vlees. Hij zocht een gulden en liet die in een der automaten glijden. De zijne weigerde natuurlijk. Hij wilde niet opvallen door z'n geld terug te vragen en probeerde de kijkkast ernaast. Daar zag hij in versleten schittering (zoals toen hij klein was in de bioscopen op de kindermatinees) wat trage beelden. Een roze vrouw stond slaperig zekere ontucht toe. Hij liet het nog voortsnorrende apparaat in de steek en wist niet of dat goed of schijnheilig was. Kwaad liep hij terug richting Dam en staarde verbijsterd naar de linker etalage van de speelgoedwinkel van Merkelbach. Er kwam angst op, die ongedaan gemaakt werd door nogmaals De Slegte binnen te gaan, nu niet voor hemzelf of z'n vriendin.

Lansberge nam plaats op een krakend bruine rietstoel in een te nauw terras tegenover de Beurs. Hij kwam terecht tussen een dame met een vroege zonnebril en een grote kale zakenman met diplomatenkoffer. Hij achtte zich onnozel. De ober dacht er juist zo over en hield pas na een kwartier even bij hem stil ten teken dat een bestelling, op dat ogenblik althans, in overweging genomen kon worden. 'Een pils graag,' zei Lansberge vriendelijk en bedacht te laat dat de lucht van bier z'n vriendin misschien zou hinderen. Hij durfde niet te herroepen. Met schrik herinnerde hij zich bovendien dat hij wat drank voor haar zou kopen, dat werd straks toch nog weer haasten.

Ongeweten oudachtig opeens, met een gezicht waaruit alle geest geweken was, wachtte hij op de pils. Maar zo was hij wél ontvankelijk. De steen van de brede stoep voor hem begon op te geuren onder een vage regenvlaag; daardoor dacht hij aan een rolschaatsend meisje uit z'n klas dat hij voorttrok op z'n fiets, zo'n vijfendertig jaar eerder. Hij voelde het zwart ribbelig celluloid van z'n toenmalig fietsstuur. Blijkbaar hadden handen een beter geheugen – zoals ook de neus – dan de voertuigen van andere zinnen. De tijd leek geen invloed te hebben op vingertoppen. De houten ornamenten van de fauteuil uit z'n geboortehuis, mét de ingelegde kronkelmotieven van de zware bekleding kon Lansberge zich hier op het Damrak niet visueel herinneren maar wel na veertig jaar navoelen in wijs- en middelvingers. En zo ruimtelijk die stoel reconstrueren alsof hij gisteren in die kamer was.

Blijkbaar heb ik als kind al vaak liefhebbend gestreeld, dacht hij met gegrinnik om opkomend beklag: geen mens valt op dat ik het nóg kan. Hij overwoog dat als hij onverwachts iets hoorde, rook of tastte uit eigen oudste verleden, hij besefte hoe intens je eenmaal geleefd had. Daarom is passief herinneren zalig en echt. Opzettelijk herinneren vervalst en is zonder intensiteit. Hier, als bij alle 'scheppen', is de wil spelbreker. Zo had hij, misschien dan té willoos, al weer weken niet aan z'n artikel gewerkt over 1673. Het was niet af gekomen voor het herdenkingsjaar. Bij De Slegte had vandaag niets bruikbaars gelegen en dat was misschien teken genoeg. (Hij dacht kwaad aan de schoenmaker en z'n leest.)

'Dan weet ik niet wat u bedoelt,' zei de grijze winkelier ongeduldig en Lansberge haastte zich een andere cognac aan te wijzen. 'Geeft u die dan maar,' zei hij, toch geërgerd, in plaats van de zaak uit te lopen.

Ze doen verdomme allemaal maar, dacht hij buiten, maar in de drukte week hij oudergewoonte uit voor iedereen. Men rekende daar ook lomp op.

Hij liep steeds sneller want de tijd drong en ten slotte stond hij in de rommelige, stille straat met hoge huizen voor de deur van de vriendin die z'n vriendin niet was, al geloofde niemand dat. Hij zocht opnieuw nauwkeurig tussen de vele naamplaatjes en belde. Het bleef stil. Ze was er dus nog niet. Hij ging zitten op een blauwstenen trapje een paar meter verder en bewaakte de deur.

Die sprong toch nog open en hij begon de kale trap, die vol lag met kranten en reclamefolders, te bestijgen. Hij hijgde wat boven in een donker gangetje en begon aan de volgende trap. Hij sloot z'n ogen even voor de zolderdeur en ademde diep in en uit. 'Ja kóm maar,' riep een vrouwenstem binnen. Maar dat was ze niet. Er giechelde een kind. De overloop rook vijandig naar potloodslijpsel en balken zoals op de lagere school.

Lansberge opende de zolderdeur en schoof langs een te gevulde kapstok. Nu drong een warme knoflookgolf hem tegemoet.

Hij zag een vrouw in een dikke ribfluwelen broek waar hij het plaatsvervangend warm van kreeg. (In thermische zin dan, met erotiek had het al zó niets van doen, hij haatte haar een seconde omdat ze Jopie niet was.) Ze roerde in een stomende pan, niet in een keuken natuurlijk, maar in een hoek van de grote woonzolder met palmen. Er klonk namaak-opstandige mandolinemuziek uit Griekenland. Daarmee herkende hij de vriendin van z'n vriendin. Ze zwaaide vanachter het gasstel. 'Ik kom zo hoor,' riep ze. Ze tilde het deksel van de pan en een bloedbrij werd zichtbaar. Een Chileense schotel, vreesde Lansberge. 'Wat maak je?' riep hij. De vrouw lachte vibrerend. 'Jopie komt iets later,' zei ze, 'het zal wel half zes worden.' 'Ja, geeft niet,' zei hij.

De vrouw ging borden klaarzetten op de lange tafel; ze glimlachte, maar niet te welwillend. Intussen was haar elf- of twaalfjarig dochtertje vanachter een plantenbak opgedoken en achter Lansberges stoel komen staan. 'Denk je om Jopies palmen, Liedje,' riep de moeder.

'Jaaaaaa ma,' knerste het kind vlak bij z'n oor. Ze zoende hem daarna op z'n wang en zei: 'Zo Lans!' Hij glimlachte gevleid.

'Mag die lullige muziek af Ma,' riep ze nog.

'Nou zeg,' zei de moeder.

'Wat wil jij dan dat er gedraaid wordt,' vroeg Lansberge gretig.

'Nou iets goeds, die Ma met d'r zielige landen, iets van Genesis zit erbij.' Ze wees naar een slordige stapel LP's op de grond.

Lansberge rook een kans voor enige wraak op mensen en zei: 'Maar dát is erg progressief hoor, Genesis; moderne akkoorden gebruiken die jongens zelfs.' Hij keek schuin naar de moeder die bestek neerlegde. 'Ja,' antwoordde het kind grinnikend, 'het is niets voor Ma.' 'Nou dan moet ze maar een beetje met d'r tijd meegaan, zet óp die plaat,' zei hij glimlachend. Het kind grabbelde in de stapel. Het volksgedrein van de mandolines hield tenminste op.

Intussen slofte iemand de trap op. Even keek Lansberge verwachtingsvol en nerveus naar de deur. Maar het was het broertje van Lied. Hij was even klein en tenger als zijn zus. Hij groette vluchtig en ging op een bank zitten. Hij had dezelfde donkere glansogen als het meisje en net zo'n smal aristocratenbekje. Lansberge vond dat hij voorbestemd leek om bij een nieuwe horderevolte als een tsarenjong doodgeknuppeld te worden. 'Waar is Jopie, Ma,' vroeg de jongen en Lansberge knikte even verstandhoudelijk. Het meisje kwam intussen opnieuw achter z'n stoel staan en legde haar luttele onderarmen kruiselings om z'n keel. 'Waar denk je aan, oompie Lans?' Hij zei: 'O, aan niks natuurlijk weer.' Ze zou door die horde verkracht en aan haar voeten opgehangen worden. Hij schrok en pakte een smal boekje van een rieten tafeltje. Het had een omslag in jaren '20-stijl: een vrouw met hoed achter een zwarthouten autostuur. Hij tikte met z'n wijsvinger op de naam van de uitgever; Liedje keek toe. 'Toen ik zo oud was als jij, en veel stommer,' begon hij, 'zag ik bij de naam Arbeiderspers altijd een grote stalen pers voor me met een geplette arbeider tussen de helften.' (Hij vernederde zich weer tegenover het schone.) 'Hè get,' riep het kind, liet hem los en wipte naar de keukenruimte. Op haar tenen hing ze om haar moeders hals en fluisterde die wat in het oor. 'Ach hij is gek, dat verzint ie maar,' antwoordde de vrouw. De jongen glimlachte genadig of licht verveeld. Ook hij keek nu en dan naar de deur.

Hoe kwamen zulke lelijke dertigers (of begin veertigers?) aan zulke mooie kinderen. De vrouw zat zeugachtig in haar broek geperst en de vader, herinnerde Lansberge zich vaag, had nog iets van direct-naoorlogse armoe in zijn lang, maar kalend haar. De natuur is bij de voortplanting vergevingsgezind.

Hij schrok opnieuw ongemakkelijk en dacht aan z'n eigen voortzetting in het vlees. Genesis zong met modieuze treurnis. Er was een half poëtische synthesizer en een harde tekst die zich jong beklaagde over de inrichting van de wereld. Hij waardeerde die klaagzang vertederd. Z'n eigen dochtertje had ook die platen. 'Nobody needs to discover me,' verstond hij.

Te midden van knoflookwalm en elektronisch geweld ging de deur open en z'n vriendin trad met aarzelende glimlach binnen. Lansberge keek onzeker in haar oplichtend grijsblauwe ogen en zag haar kleine neus met de holle lijn. Hij vroeg zich af waarom hij niet lánger gezocht, en een boekje voor haar gevonden had. Ze was klein, een kleine kin en mond, kinderwangen die waarachtig iets kleurden, ze leek een lange reeks jaren jonger dan ze was in haar spijkerbroek en trui. Ze was zalig geruststellend altijd dezelfde de jaren door dat hij haar kende. Zelfs het halflang meisjeshaar bleef gelijk.

Een kennis dus. Hij stond op uit zijn krakende rietstoel (gelijk met de jongen) en zoende haar verjaardagachtig summier op de wang. Ze knipperde komisch. De twee kinderen keken onderdrukt giechelend toe. 'Zozó Lans,' zei Jopie. 'Ja!' zei Lansberge. Hij was nerveus van verlegen genegenheid en nog iets.

Men ging eerst wat drinken. Lansberge opende z'n aktentas en overhandigde kleurend de fles cognac van het verkeerde merk. 'Niet te zuipen waarschijnlijk,' zei hij. Jopie lachte. De vriendin, die Jeannet bleek te heten, hij vergat die naam steeds, droogde haar handen en kwam erbij zitten.

Dan werd er gegeten.

Lansberge hield aan tafel nog steeds een trilling over zich tot de verwachte vraag van Jopie viel: hoe is het met je dochter. 'Goed! Goed!' antwoordde hij en hij wreef zich even in z'n handen als bij opperste gezellige ontspanning. Het werkte ook: het trillen hield op. Ze vroeg ook niet verder.

'Wil je nog een beetje,' vroeg de plaatsvervangende gastvrouw met een hoofdknik naar de geopende pan met brij. Ze hield het druipende deksel in haar hand. Lansberge had knoflook geproefd met uitsluiting van alle andere smaken of geuren ter wereld. Hij haatte snobisme. 'Nee echt niet,' antwoordde hij, 'ik eet altijd maar weinig, dank je, het is anders heerlijk.'

'Hij lust het niet hoor, Ma,' zei Liedje proesterig. (Zijn eigen kind was aardiger, maar hij lachte toch mee.)

Hij ging zitten kijken naar de twee vrouwen die kauwden als scheepswerflassers: traag met de onderkaak tegen de stilstaande bovenkaak. Proletarisch was mode. Ze protesteerden zwaar etend tegen hun afkomst, die niet arm genoeg geweest was naar hun zin.

Nog aan tafel werd er opnieuw wat gedronken en Lansberge vergat benauwenissen. Hij vertelde zelfs wat: over z'n werk. Hoe een jongere collega van z'n afdeling, als ze samen de kaartenbakken doorliepen, hem bevaderde: Je stelt je eisen te laag, zei die altijd, als je meer vraagt houden

ze er vanzelf rekening mee. (Hij keek daarbij tussen z'n oogharen naar Jopie, die het wel hoorde maar zweeg op de rand van spreken.) En verder luisterde hij naar de absoluut evenwichtige en in zichzelf rustende praat van de anderen.
'Ik was zelf af hoor,' zei Jopie.
'Nee, jij hebt de hele dag gewerkt,' zei Jeannet.
'Nee, Sjennèt,' riep Jopie opzettelijk in stadsidioom; ze sprak anders in wat Lansberge voor zichzelf hoger middelamsterdams noemde, met een goed gearticuleerde r: 'Dat tdeft' zei ze nu juist, terwijl ze 'Dat treft' bedoelde. Lansberge grinnikte vergenoegd, hij voelde zich feestelijk brutaal worden. Hij streek over Jopies onderarm, de korte blote arm die z'n leeg bord wegpakte. 'Nou zeg,' zei ze, maar heel zacht. Hij hield haar tegen aan die arm. 'Wanneer gaan ze weg,' fluisterde hij aan haar oor, 'laat je ze ook komen als je die bril op bezoek hebt!?' (Hij wist dat de helft van alle daad en woord uit jaloezie komt, dus moest hij dat affect oproepen om zich waarschijnlijk te maken.) 'Nee, dán niet!' zei Jopie plagerig. Ze keek geamuseerd en zei: 'Ze gaan zó weg.' Lansberge mompelde dat het ook eigenlijk niet veel verschil maakte. 'Niet zeuren, Lans,' fluisterde Jopie.

Na de koffie en een half uur tv voor de kinderen vertrokken de gasten. Het jongetje gaf Lansberge een koel handje. 'Dag,' zei hij. Het meisje hing met één stokarm om z'n hals. 'Nou, Lied, doe niet zo gek,' zei Jopie waarachtig. Lansberge keek haar verbaasd aan. De moeder stak hem een zakelijke hand toe. Terwijl Jopie het drietal naar beneden bracht keek hij beschaamd de zolder rond. Hij zag de planten en de blankhouten boekenplanken. Hij vond dat hij te weinig tegen die Jeannet gezegd had. *De Socialisten,* van Quack,' prevelde hij. 'Zou ze het gelezen hebben?'

Ze kwam terug. Vrede en rust. Hij drukte haar een beetje tegen zich aan. Ze maakte zich met duwende handen los.
'Nou, niet zo gek hoor.'
'Is dat gek?' zei hij. 'Het lijkt hier wel 1874 in plaats van 1974.' (Emancipatie en seksuele revolte, in werkelijkheid was er natuurlijk niets veranderd. Overal blijft bezit bezit.)
'Wil je een pils,' vroeg ze verpleegsterachtig afleidend.
Hij knikte.

Ze dronken nog wat en zaten ontspannen onderuit. Jopie op de bank. Na verloop van tijd kwam Lansberge naast haar zitten op de zachte kussens. Ze spraken elkaar open en half ernstig over hun leven: Jopie over haar vriend met de bril, die natuurlijk getrouwd was, en Lansberge over z'n dochtertje met wie hij zelf al even dagelijks verweven bleek. Ze spraken met wederzijds begrip en in feite over zichzelf. Toch zweeg hij veel: hij hield zekere essenties binnen als gold het een mystiek en onverklaarbaar geloof.

De drank (bier op cognac) ging het nog winnen en na een voor zijn doen baldadig luchtige samenvatting dat hij ook niet meer dan z'n uiterste best kon doen, draaide hij z'n bovenlijf een kwartslag, boog naar haar over en liet z'n hoofd op haar borst rusten. Hij snoof haast eerbiedig haar huid door lagen stof.
'Nou hoor!' zei ze. 'Moet dat nou.'
'Ja,' zei hij opgewekt en hij knorde behaaglijk in haar zwarte truitje. Daarop begon haar tors in toenemende mate te schokken van onderdrukt gegiechel, zodat z'n hoofd hinderlijk mee bewoog. Hij ging verstoord rechtop zitten en keek haar aan met opgetrokken wenkbrauwen.
'Nou ja zeg, daar moet ik om lachen,' zei ze met roze hoofd.

'Dat merk ik ja,' antwoordde hij.

'Ik kan er niets aan doen.'

Z'n ontroering en z'n bloed keerden terug naar hun stelling.

'Ik wou wel eens een vrouw zonder zo'n krachtig gevoel voor humor, zo een die naar het behang gaat staren als je je aan haar borst koestert en die dan betraand door je haar strijkt.' (Hij lachte.)

'Zo'n vrouw ben ik niet.'

'Ik zie het.'

'Zullen we dan nog wat eten? Ik heb nog kaas.' Jopie was niet te mager maar at graag wat.

Ze aten wat en praatten weer gewoon. Over De Slegte en het boek dat hij niet voor haar gevonden had. En of hij nou eindelijk zijn artikeltje af had voor dat historisch tijdschrift. 'Ja en nee,' zei hij kleintjes; 'het is praktisch af, maar ik wil het toch eerst eens laten lezen aan een vakhistoricus.'

'Zal ik vragen of Cees het eens bekijkt?'

'Die bril? Nou ja, nee, of ja, ik breng het wel eens mee.'

(Ze schudde haar hoofd een beetje; hij streelde, half bevreesd over haar aanbod, haar smalle pols.)

Hij begon juist iets te zeggen over z'n Willem de Derde en diens *zogenaamde* schuld aan de afslachting door het grauw van de De Witten' toen hij zichzelf onderbrak: 'Godzalme, jesis Jopie.' Ze gaapte en vroeg lui wat er nu weer was. Hij grabbelde in z'n binnenzak naar het kaartje met de tijden van de twee laatste treinen.

'Dat haal ik niet meer. En ik had nog je raad willen vragen over...'

'Nou,' zei ze lief lakoniek, 'dan blijf je toch hier slapen.'

'Kan dat?' (Hij voelde dat hij te opgewekt keek.)

'Ja, ik zou niet weten waarom niet, alleen, dat weet je, ik bedoel je kent m'n voorwaarde: geen gezeur.'

'Ja natuurlijk,' zei hij snel, 'dat weet ik toch.'

'Je kan wel in mijn bed slapen, en ik hier op de bank.'

Hij vond dat ze in haar eigen bed moest en dat hij best op die bank kon. 'Nee,' zei ze beslist, 'niet eigenwijs zijn.'

(Hij beaamde alles en vond zichzelf goed: weerzinwekkend goed.) Hij vroeg en verkreeg haar raad over z'n wicht.

Ze dronken nog één glas cognac en besloten toen te gaan slapen. Lansberge in het brede oude bed met de twee hoofdkussens, dat door een dwarsstaande kast aan het oog onttrokken was van de bank. Hij hoorde hoe Jopie zich uitkleedde. Ze verscheen in een pyjamabroek met halve pijpjes en een kort jasje. 'Nou,' zei ze afscheidachtig en zat nog even op de rand van z'n bed. Hij lag al onder het voluptueuze donzen dek en sloeg z'n arm om haar lijf ter hoogte waar het jasje week. Hij voelde een koele huid met diepe warmte daar vlak onder. Hij snoof opnieuw plechtig die huid. Ze gaapte zó dat haar kleine neus bijna verdween tussen haar optrekkende kinderkonen.

Er brak plotseling een gehaaste grijns bij hem door; hij zei snel: 'Waarom was je nou kwaad op Liedie toen ze om m'n hals ging hangen?'

Jopie keek hem verbaasd aan en dacht na met haar ogen kindachtig naar het plafond gedraaid, zodat hij alleen het wit zag.

'Deed ik dat?'

Hij lachte. 'Als je nou hoorde dat ik een vriendin had waarmee ik sliep?' probeerde hij nog.

'Dan zou ik geloof ik wel jaloers zijn toch,' antwoordde ze onverwachts (en wonderbaarlijk eerlijk, vond hij).

Hij was lui ontroerd. Het was best. Hij was tevreden. Ze maakte zich vriendelijk los uit z'n arm en stond op van de bedrand.

Ze greep in de kast en haalde iets te voorschijn met zeker lachje. Hij zat recht in het brede bed en keek.

Op geen meter afstand van hem drukte ze een pil uit een plastic strip en stak die met een vlakke hand geroutineerd in haar mond. Ze slikte. 'Weer haast vergeten,' zei ze, 'gisteren ook, kijk maar.' (Er zat werkelijk nog één zo'n roze tabletje op z'n plaats.) 'Wel ja,' zei hij, nog niet echt kwaad, 'met de complimenten aan die bril.' Ze giechelde.

Alleen in het brede bed met de twee kussens kon hij niet slapen. Ze wist best van z'n krankzinnige angst voor zwangerschap. (Niet nóg een kind de wereld op.) Vandaar die zichtbaar overgeslagen pil als afschrik? of was het alleen modieuze onverschilligheid, of nog iets anders. Treiteren verwierp hij; dat deed ze nooit.

Hij bleef wakker en had de pest aan z'n eigen lijf dat bot bleef begeren en niet van slaap wilde horen. Hij wilde bij haar liggen zonder spokenvrees. Hij had haar zo vaak lang en geduldig aangehoord over haar minnaars dat hij opeens meende daar recht op te hebben. (Maar 'recht op' dat was eigenlijk socialistengeouwehoer; in de natuur van het heelal heerst alleen noodzakelijkheid en catastrofe.) Nadat een carillon twee uur geslagen had zakte hij half weg in een hallucinatie van de trouwhartigste vriendinnentroost ter wereld (of een troostprijs toch?). Hij stond plotseling kwaad op en wilde zich aankleden en de stad in. Ze bleek ook wakker en zei dat hij niet zo gek moest doen. Hij antwoordde (al weer grinnikend, die eeuwige rol): 'Zelfs de vrome Luther vond tweemaal paren per week wel het minste, en ik heb al jaren niemand die...'

'Dat ligt aan jezelf,' zei ze geeuwend.

'Dat is niet helemaal waar,' zei hij licht gebelgd, 'dat weet je best.'

'Ga nou maar slapen,' zei ze geduldig.

Maar hij sliep niet. Met de subtiliteiten van een moe mens vroeg hij zich af of volwassenen soms afgunstig waren op z'n voortdurende beschikbaarheid voor dat kleine wezen thuis. Het was jammer dat het geen zoontje was: vrouwen schenen bij dochtertjes godbetert aan mild incestueuze gemoedstoestanden te denken. Maar hij staakte die malende gedachte. Hij begon plannen te beramen voor nu, en verwierp ze. Hij wist heel best niet verwacht te worden op die bank.

Dat maakte half kwaad. Lansberge hoorde de torenklok van half drie en drie uur nog en wentelde zich met demonstratieve zuchten om en om. Maar ook Jopie scheen wakker te blijven of ademde onhoorbaar. De handen, waarvan hij op het Damrak beweerd had dat ze zo goed strelen konden (maar Jopie had misschien niets bijzonders bespeurd) hadden impulsen binnengekregen van huid en van haar en bleven ontevreden met de afwikkeling.

Lansberge was toch nog in slaap gevallen. Hij droomde dat hij in z'n eigen stad terug was, midden op een onbekend plein in het oudste deel. Alles was eeuwen op de tijd teruggelopen (1672? het rampjaar dat eindigde als een best sprookje?) Grijze huizen in kleine baksteentjes lichtten hel op als in hoogzomer, maar dan zonder zon: ijl en schaduwloos. Hij kon niet uit dat oude uitgestorven stadsdeel raken en tweemaal doemde de gevel van Merkelbach op.

Een telefoon rinkelde; hij dacht: O God, nee; afrekening. Hij hoorde z'n vriendin ritselen als een smal dier, dan hield het bellen op. Ze geeuwde en zei ver weg: 'Ja met mij,' en 'O Jesis,' en dan: 'Ja ik kom, nee ik kom wel, nee ik heb niemand.'

Hij was wakker maar hield zich slapend. Hij kon achter de dwarskast niets zien maar hoorde hoe iets met een elastiek erin om haar lijf omhooggetrokken werd. Ze zuchtte en mompelde wat; hij lag stram van angst. Angst begon altijd met een greep op de slapen. Z'n hoofd werd er smal van. De botten van z'n onderbenen leken wel hol en gevuld met een soort lava die bros ging maken tot aan vermoeden van breuk toe.

Maar het ergste waren de gloeiende wangen. Alsof hij bloosde, maar in een spiegel bleven ze wit met hoogstens een roze vlek. Dat wangvlees werd gevoelloos als bij dronkenschap, het week skeletachtig. Toch was hij alleen daar verdoofd, de rest van zijn lijf leefde. De zolder was er roerloos van en de boeken en palmen werden grauw als bij te wijd open pupillen, zoals wanneer in de nanacht iemand onverwachts licht opsteekt.

Het was acht uur in de morgen. Lansberge stond op en wilde naar Jopie toe, maar lopen werd een bewuste en dus onzekere handeling in slecht evenwicht. Hij stootte zich aan een stoel met kleren en vloekte fluisterend. In de angst was hij ondeelbaar in het nu, er was geen wijken mogelijk naar andere tijden. Melancholie, verdriet of onvrede achtte hij luxe gevoelens met mogelijkheid tot uitwijken en afstand. Angst ís.

Als er maar niet iets met het kind was. Niet wéér. Maar zo staande naast z'n vriendin werd hij pas goed wakker en hij lachte. Want Jopie zei twee woorden: 'M'n moeder.' En toen hij haar rustig vragend aankeek: 'Ik zal erheen moeten. Ze is weer ziek. Hoor je me Lansberge, eigenlijk?'

'Ja!' zei hij krankzinnig opgewekt. 'Ik dacht even...'

Ze knikte, ging gehaast koffie zetten en bracht hem een grote kop. Ze zat weer even op de rand van z'n bed en dronk slaperig mee met starende ogen. Hij was kuis ontroerd. Ze liet hem zien hoe hij straks de gashaard op de waakvlam moest zetten als hij wegging.

'Wil je douchen?'

'Nee maar niet, dank je,' zei Lansberge ontspannen.

Ze namen vluchtig afscheid, hij duwde even met z'n hand aan haar halflang nekhaar zoals men bij kinderen doet. Hij keek nog een seconde indringend naar haar mond en vond zijn gebruikelijk en als ironie bedoelde slotwoord: bedankt voor het gebodene. Eén kleine voortand werd zichtbaar toen ze lachte; meer doorschijnend porseleinachtig dan wit.

Lansberge zat even in de rieten stoel en kleedde zich dan aan. Hij rekte en geeuwde. Hij bekeek nog eens haar boeken en ook glimlachend de slordige hoop vrouwenkleren op een stoel. Ze voelden koud aan. Tot slot deed hij de kachel uit zoals hem gezegd was en daalde de kale trap af, die hol klonk op dit vroege uur. Het bleek opnieuw koud en regenachtig in de stad.

Al lopend besefte Lansberge het best naar z'n zin te hebben, of ten minste te hebben gehad. Dat beduidde vooral ook dat hij wist zich later de vrije dag te zullen herinneren als goed.

Toch liep hij in de snerpende wind nog even langs de wallen, maar daar was op dit uur niets te zien dan ladende of lossende vrachtauto's. In feite een vrolijke bedrijvigheid. Hij wist ook best dat zijn half beledigde treurnis van de nacht eigen spot verdiende. Iets niet hebben kan ermee door, hebben is meestal erger. Of was dat misschien berebluf?

De volgende maandag op kantoor vroeg de jongere collega van de kaartenbak giechelend aan Lansberge of hij nog naar Amsterdam geweest was.

'Ja zeker,' zei Lansberge levendig, 'ja, dat is nog doorgegaan.

'Hoe was het daar?'

Lansberge glimlachte breed en in volle overtuiging zei hij: 'Erg leuk. Veel zitten kletsen met wat te drinken erbij. Daar gegeten, met nog een paar kennissen. Heel ontspannend.'

'Dus jij kan er voorlopig weer tegen!'

'Ja,' zei Lansberge, 'zéker.'

Hij loog niet; het geheugen is dikwijls groothartig en bovendien: het goede of goedaardige had die avond wel degelijk ruim overheerst. Alleen, pas wanneer al het aardige op een rij gezet wordt, riekt het voor derden al vaag naar ongeluk.

De collega zei tenminste niets, maar de manier waarop hij bevestigend voor zichzelf knikte over de kaartenla, bracht zekere consideratie over. Zoals bij een korte handdruk.

Veertien dagen later belde Lansberge Jopie op en zei: 'Ik wilde morgen langskomen, maar dan kan je zeker niet?' Ze antwoordde dat ze het inderdaad druk had en nogal moe was. Haar moeder was ook nog niet helemaal beter. Hij dacht aan de bril maar beaamde.

Die vrijdag ging hij toch naar Amsterdam, zocht naar boeken en keek, toen hij daar passeerde, haar lege straat in.

Een laatste oordeel

Ik bezocht een bejaarde tante in het plaatselijk revalidatiehuis voor ouden van dagen, een langgerekt gebouw van spiegelende ruiten en beton dat pas af was en naar vochtig zand rook. Een geruisloze lift bracht me boven.

De patiënte zat er kwiek bij en ondanks haar jaren duidelijk in het volle bezit van al haar geestvermogens. Ze schreef juist licht voorovergebogen aan een gladde kunststoftafel een brief, en ze maakte even de zin af waarmee ze bezig was.

Ik praatte wat met haar en pakte de sinaasappels uit die ik meegebracht had. Ze streek een zilverwitte lok uit haar voorhoofd en leunde nu gemakkelijk en niet onzakelijk achterover. Of ik nog wat te lezen meegebracht had.

Tegenover haar, een tafel verder, sliep een oude man ineengezakt en gedeukt bij z'n spelende portable radio. Nog verderop staarde een vrouw in een rolstoel boosaardig naar buiten waar niets te zien was dan het kalende herfstbos en de lege weg. Een statisch landschap.

Aan de inrichting was een binnen ingebouwde kleine winkel verbonden waarheen ik me even had te begeven, want tante had liever appels gehad.

De lift zoog weer geluidloos omlaag en aan de receptie, waar een jongeman huishield die het leven niet vol enthousiaste hoop scheen tegemoet te treden, vroeg ik welke gang ik moest nemen voor het winkeltje. Hij wees vermoeid met een hand en onderdrukte een boer of een geeuw met de andere.

Ik kocht appels van een bebrilde vrouw die wantrouwend vroeg of het voor het huis was. 'Voor iemand in het huis ja,' zei ik. 'Een patiënt?' snauwde ze. Ik knikte langzaam. Alle mensen zijn aterlingen, dacht ik; mannen of vrouwen, jong en oud. Maar waarschijnlijk dacht ze bij m'n traag knikken hetzelfde.

Teruggaand verwarde ik me in een gang en kwam bij een andere lift, waarmee men overigens ook best naar de eerste verdieping kon.

Op die verdieping leek het huis plotseling in z'n spiegelbeeld veranderd. Alles wat ik aan m'n rechterhand gedacht had bleek links te liggen: ik was de richting goed kwijt. Het beste was misschien een zuster aan te klampen, of nog keuriger, een broeder. Verpleegsters worden niet graag door veertigers aangesproken. Ik wachtte tot er een broeder in zicht kwam, maar toen die me voldoende genaderd was begon een ontvanger op z'n borst dwingend te piepen en hij haastte zich naar een mij onbekend doel. Van een aanrennende zuster piepte de borst evenzeer. Tegelijk dacht ik opeens de juiste richting te zien en trad een conversatiezaal binnen waar veel oude mensen bijeenzaten. Een man bewoog zich voort achter een driehoekige aluminiumkruk die hij telkens hijgend voor zich verplaatste. Het bordje 'Conversatiezaal' leek niet zo'n adequate gedachte van architect of directie: de meesten staarden of sliepen in de kunstlederen stoeltjes.

Naast deze zaal was de kleinere ruimte waar de heer met de radio moest zitten, de vrouw in de rolstoel en m'n tante.

Ze zaten er geen van drieën. Ik was helemaal verkeerd. Het was net zo'n open ruimte, maar waarschijnlijk moest ik 180 graden draaien. Door het raam zag ik alleen herfstbos en dat geeft weinig aanknopingspunt.

Wie er wel zat was mevrouw De G., die ik als kind tante Betty genoemd had. Wat was ze oud geworden: ik schatte haar op bijna zeventig en dat leek aardig te kloppen. Ze stak een hand op, zij het aarzelend. Ze herkende me, al was het meer dan twintig jaar geleden dat we elkaar gezien hadden. Met nog steeds dezelfde aardige stem, alsof ze een beetje verkouden was, zei ze 'God Bernard, wat aardig van je me eens op te zoeken.' Ik schrok maar maakte er toch nog wat moois van; ik zei: 'M'n moeders zuster zit hier ook en ik hoorde dat u hier was; ik dacht ik ga u éven groeten.' 'Allemachtig aardig,' herhaalde ze, ze glimlachte en zei: 'We zien elkaar maar zo eens in de vijfentwintig jaar geloof ik, we overlopen elkaar niet!' Ik lachte en ik moest naast haar komen zitten. 'Houdt u van appels?' vroeg ik en legde de zak van grauw papier op haar tafel. 'Hoe is het nu?' vroeg ik gehaast.

Op de terugweg naar de andere vleugel – ik wist de richting nu – kocht ik nogmaals appels bij de nog dieper wantrouwige vrouw met de bril en rende naar receptieruimte en oorspronkelijke lift. Intussen herinnerde ik me Betty maar driemaal eerder in m'n leven ontmoet te hebben.

In '53 of '54 zag ik haar voor het laatst en daarvoor nog een keer in '36, geloof ik. Maar het liefst herinner ik me de kennismaking met haar, toen ik zes was en zij een jaar of vijfentwintig.

Dat was in 1928. Ik mocht op een stralende voorjaarsdag met tante Will naar de Haagse Bijenkorf, die nog pas twee jaar bestond en die hét modernistisch paradijs was voor mondaine vrouwen zowel als voor architecten en decoratieve kunstenaars. Een bouwmeester uit die jaren heeft

Kramers schepping een 'schoone drieste zonde in het nuchtere mechaniek onzer samenleving' genoemd en zo was het ook. Ik was direct ingekapseld en bejahend verbluft. Vanaf de donkerrode draaideuren met hun schuin afhangende bronzen duwstangen als bisschopsstaven, tot de ook in roodbruin hout gebeeldhouwde trappartijen, alles fascineerde en maakte tegelijk ootmoedig en blij. De parabolische flankornamenten bij de trappen in glanzend padouk waren vol geheimzinnig houtsnijwerk: ik zag veel gebogen of knielende sfinxachtige figuren, tweeslachtige wezens ook en daartussen opeens een aangeklede kleine banjospeler. In de schemerige en haast arrogant voorname trappehuizen lichtten uitzinnige gebrandschilderde glas-in-loodramen op, immense tableaux van letterlijk honderden elkaar kruisende voorstellingen: ik ontdekte een opstijgend vliegtuig erbij en een razende locomotief. Maar vooral ook hier – zoals overal verder in het gebouw in hout, steen of glas – knielende, liggende, hurkende en zwevende vrouwengestalten, die heel vage emoties wekten, iets van licht verwijt aan de makers om zware en naakte dijen en tegelijk aarzelende instemming en bewondering. 'Kom nou maar mee zeg,' zei tante Will vaag glimlachend.

Van een nieuwmodische verrukking was ook de lunchroom op de tweede etage. Will zei: 'Zo, doe je jasje maar uit.' Ze hing het aan een sierlijke kapstok. In m'n paarsfluwelen buis met shantoeng kraag en dasje wachtte ik op wat komen ging.

Alles hier was van een warmkleurige vrouwachtigheid. Dames leken zich te kleden op het interieur, dat smal was en besloten door de grote vierkante pilaren, die een golfslagdecoratie hadden boven hun lage betimmeringen. Het was hier intiem en rustig; kelkvormig gestileerde smeedijzeren lampen droegen daartoe bij.

Ook de bedienende vrouwen waren mooi met hun dofzwarte uniform en witte schortjes. Die aan ons tafeltje knipoogde vergevingsgezind naar me, alsof hier eigenlijk geen jongens komen mochten.

Will streek iets geërgerd m'n slordige pony glad en ik kleurde. Want juist kwam daar om de hoek van een pilaar de vriendin waarop Will wachtte. Ze was klein, stroblond en mooi en zette recht koers naar onze tafel.

Die tafel was zwaar en als gemaakt voor eeuwen. Alles was breed en solide in de meubelkunst van '28 en dat gaf een traag en behaaglijk gevoel van rust en duur.

Ik begroette Betty – want zo heette de vriendin – met een onhandige handdruk maar ook met de ogen van een modern beschaafd minnaar. Een soort melancholieke herenglimlach als van Keaton. Cinema, Black Bottom en Bijenkorf beschaving. Ik achtte me in de tijd opgenomen en zag nog niet om: een eerste voorwaarde voor voldoening.

Betty zei wat verbaasd 'Dag' en hing haar kleine, capeachtige mantel aan de kapstok. Tenger en bleek naar de mode dribbelde ze wat gebogen naar ons terug. Ze was aangekleed of ze zo juist aan de boven-Nijl ontstegen was. Haar korte rok had een rand met obelisken en op haar onaanzienlijk achterste – die afknotting was mode – hobbelde het gestileerde mormel dat farao's wagen trok. Op haar platte borst (het zogenaamde 'little boy figure' door tekenaar J.J. Held in de tijd zelf voor de komende eeuwen vastgelegd) rustte een strook hiëroglyfen; men had Toet-Anch-Amon niet voor niets opgegraven. Hoewel ik toen nog die zaken niet benoemen kon, wist ik dat ze Egyptisch genoemd werden en ik achtte Betty's strakke uitmonstering even mooi als terecht. Ze was in harmonie met het heden, dezelfde tekens garneerden trouwens de tafelkleedjes in de lunchroom.

Beide vriendinnen bogen zich over de spijskaart. Will zag er sterk uit en ook wazig sierlijk, alsof ze tegelijk aan Coué en Dalcroze deed. Ze bestelden thee, die in een zwaar zilveren serviesje aangevoerd werd. Ik kreeg Ranja en een asymetrisch of wellicht expressionistisch gebakje.

De twee vrouwen spraken met hun hoofden dicht bijeen. De naar voren springende spuuglokken aan hun slapen raakten elkaar.

'Ben je nog met Hans?' vroeg Betty heel zacht.

Will glimlachte en zei: 'Ja hoor; en hoe is het nou met Leo?' Betty keek eerst hulpeloos naar haar vriendin, produceerde daarop de modieuze baby stare – over mijn hoofd heen richting Wagenstraat – en barstte dan in een enkele snik uit. Ze beet Hollywoodachtig op haar smalle onderlip en smiled through her tears. Will en ik glimlachten eerst verlegen en dan geroerd. Want het waren achteraf zo iets als vreugdetranen, geloofden we. Will greep Betty's magere bovenarm en drukte die even; 'Leo is zo vreselijk lief,' piepte Betty snotterend. Nu lachten we alle drie. Ik was volmaakt blij en niet jaloers. Voor m'n deelnemende glimlach kreeg ik opnieuw een aai over m'n pony, ditmaal van Betty. Ik duizelde.

We verlieten het gebouw door de zoevende draaideuren en ik mocht mee naar Betty's huis, in een taxi nog wel. Het werd een perfecte dag: de grote zwarte wagen met puntradiator was van een bijna beschamende deftigheid en rook sterk naar leer en nieuw rubber. Will en Betty giechelden een beetje bij het instappen maar ik probeerde slaperig te kijken alsof ik zo iets gewend was. De chauffeur grinnikte even in z'n glascompartiment.

Het was zonnig in de drukke stad. Tegen het eind van de rit tikte Betty tegen de scheidingsruit voor zich en de chauffeur stak begrijpend een witgehandschoende hand op. Hij keerde de wagen en stopte dan. Betty grabbelde nerveus in haar minuscuul kralentasje.

We liepen een voortuin door met een laag hek aan een nieuwe straat met sprieterige boompjes. Betty opende een okergele buitendeur die toegang gaf tot een marmerportaal en een trap waar het naar nieuwe rietmatten geurde. Een oude dame stak haar hoofd om een deur maar glimlachte niet. Boven was Betty's kamer: even volmaakt als de Bijenkorf, maar dan in het kleine en lichte.

Er waren zilveren gordijnen met zwarte bloemen en drie bolle zijden schemerlampjes met zwarthouten kralen. Op een doek aan de muur hingen foto's door elkaar van filmsterren: vrouwen met diepe pothoeden en zware ogenschaduw. Ze hadden volslagen nerfloze zeepgezichten, maar dat kan ook aan de rigoureuze retouche van die jaren gelegen hebben. Van de mannelijke sterren herkende ik Chaplin wel. Een bandleider in jacquet en met krulhaar kwam ook op vaders platenhoezen voor: Jack Hylton. Het waren tijdschriftenknipsels in groen, blauw of sepia. Eronder stond een bankje met een koffergrammofoon.

Ik werd aan een kleine ronde tafel gezet met poten als langwerpige houten kralen en mocht de jaargang 1927 van *'s Gravenhage in Beeld* bekijken. Ik bladerde geïnteresseerd maar bleef opletten op het gedempt spreken van de twee vrouwen. Ook wel keek ik verbaasd naar een reproduktie boven me van een wonderlijke abstractie waarin ik toch een verheven figuur meende te ontdekken; jaren later zou ik weten dat het 'De Bruid' was, van Thom Prikker. Het geurde hier zacht naar nieuwe verf en parfum, en naar het leer van een poef.

Dat spreken van de vriendinnen was eerst van een vertrouwde en geruststellende natuur: het ging over crêpe de Chine, velours-chiffon, popeline en crêpe georgette. Later, bij smalle glaasjes likeur, werd er gefluisterd over Leo en Hans. De toon van Betty leek nu ongeruster, ze stelde haastige vragen aan de oudere en wijs glimlachende Will. Gelukkig volgde een stadium van ontspannen gegiechel en ten slotte slaakte Will een beschaafd gilletje: 'God dat kind, dat moet naar huis hoor.'

We draafden naar een tram; Betty bracht ons weg tot de halte. 'Altijd bij elkaar blijven hoor,' fluisterde ze daar een beetje smekend naar Will, die ongeduldig antwoordde met jáhá.

Op het station troffen we tot m'n humeurige spijt een stoomtrein; ik had voor deze dag op een meer zeitgemäsze elektrische gehoopt. 'Ik kan er ook niets aan doen zeg,' zei Will. Het kon niet allemáál volmaakt zijn.

In de trein, die naar natte kolen rook, dacht ik aan Betty. Als die lachte trok ze haar wangvlakken op en dan werden haar wazig blauwe ogen spleetachtig. Ik probeerde het ook eens. 'Wat zit je nou gek te doen jôh,' zei Will. Ik denk dat we moe waren.

De lucht was al grauw en de zon weg toen we thuiskwamen. Moeder was boos van ongerustheid. 'Zijn jullie soms ook nog naar die Betty geweest?' vroeg ze kregel toen tante Will weg was. Ik knikte. 'Wel allemachtig,' zei moeder, 'die is geloof ik getróúwd met die vriendin! Moesten ze weer niet gaan dansen in Des Indes? Dat doen ze geloof ik zowat iedere middag!' Ik schudde voornaam van nee.

Het zou acht jaar duren voor ik Betty weer zag. Intussen waren de goede jaren allang voorbij en alle dingen raakten met de wereldcrisis kleurloos en versleten. Kleur leek onpassend en gordijnen, behang en vrouwenkleren kregen vale pasteltinten. Zelfs wat nieuw was zag er oud uit.

Ik kwam binnen in grootmoeders kaal geworden bovenhuis in december '36 en trof een heel gezelschap. Het kan kerstaanloop geweest zijn – er hing wat fletse versiering en het geurde vaag naar dennetakken – of er was een verjaardag gaande. Ondanks werkloosheid, de Spaanse burgeroorlog en Hitler was het er gezellig en men dronk ontspannen en gestadig. Grootmoeder ging tevreden grinnikend rond met zoutjes.

Eerst herkende ik Betty niet maar ze had nog haar kleine, verkouden stem toen ze me begroette. 'Dag,' zei ik aarzelend, want ik was een onnozele puber van veertien geworden die eruit zag als twaalf maar zich toch te oud achtte om nog tante te zeggen.

Van de schitterend ranke Betty uit de Bijenkorf was al niet veel meer over: ze was over de dertig nu en begon dik te worden. Ze was vaal van huid en vaal van kleding. Ze was niet meer in de tijd, al had ze lusteloos geprobeerd haar haren te moderniseren. De pony en spuuglokken waren weg en een halfslachtig soort watergolf maakte haar oud.

Ik keek geërgerd en bezorgd naar haar, ten onrechte misschien want Betty was opgenomen in het gezelschap, scheen zich haar kwade metamorfose niet bewust en lachte zich nu en dan een spleetoog.

Tante Will en oom Hans waren er en nog een onbekende die Wim genoemd werd. Will was nog laatdunkend mooi, slank en weinig veranderd; ze had een plaats uitgezocht bijna bij de deur en ver verwijderd van Betty. Die zat tegen een tochtig raam geplakt en hoewel er buiten natte sneeuw viel scheen ze het niet koud te hebben. Ze had blosjes op haar wangen, die een beetje pafferig geworden waren. In de zuinig verwarmde kamer kon je af en toe haar adem zien.

Nog meer dan haar vale kleding trof me haar tolerantie met de toon van die Wim en soms de rest van het gezelschap. Ik had haar op die dag acht jaar geleden pudiek deftig gevonden, en ervoor gewaakt een onnet woord te laten vallen in haar Haagse kamertje. Nu leek alles anders. Er was misschien niet alleen een economische neergang gaande.

Wim speelde de pias en was voortdurend aan het woord. Al lachte men om hem, toch viel hij uit de toon hier want hij zei taartje in plaats van gebakje, z'n o was niet altijd even strak en toen het over z'n kantoorwerk ging, sprak hij van tiepen in plaats van typen. Op Will na deed men of men dat niet merkte. Die neep haar lip en zuchtte soms expressief of trok een wenkbrauw op. Eenmaal keek ze geërgerd naar Betty of die het helpen kon.

Het gesprek kwam als vanzelf op de mogelijkheid van een nieuwe Europese oorlog. Daarmee zou het wel loslopen en zo niet, nou ja. Dat zien we dan wel weer. Intussen liet men het zich smaken. Grootmoeder bracht koppen tomatensoep binnen die met baldadig gejuich begroet werden. Ze glimlachte verlegen. 'Zó van Colijn,' zei ze triomfantelijk. 'Die sloebers van werklozen moeten het toch niet! Elf centen een literblik en kijk eens even wat een rijst en gehaktballen!' 'Ja mens,' antwoordde Will, 'de Hollander vreet liever aardappels.' (Ze keek daarbij een seconde in Wims richting.) 'Tja verdomd,' zei Hans, 'rijst vinden ze goed voor de Moren!'

Nadat de desolaat in de vrije verkoop gebrachte regeringssoep gegeten was, stelde iemand om de tijd te doden een spelletje voor. Men besloot eenstemmig tot zo iets als 'Het hangt aan de muur'. De flessen gingen daarbij weer open en de gesprekken sukkelden nog even door.

'Zo gaat het toch ook niet, met die miljoenen werklozen overal,' zei iemand en Wim riep: 'Mooi kanonnevlees!' Ik ving nog wat fragmenten op: 'In Spanje verbranden de regeringstroepen de kerken.' 'Franco's soldaten verkrachten de militievrouwen en hangen ze dan op.' 'Ja maar die rooie vrouwen hebben van de zomer tweehonderd gevangen priesters doodgestoken.' Men kwam weer op gang. 'Hè god laten we nou ophouden over die oorlog daar,' riep Will en dat hielp. Men begon eindelijk aan het spel, met welwillende veronachtzaming van m'n leeftijd. Wim trok nog een pruimenmondje. 'Zeg Will,' zei hij, 'ga jij eerst eens even een kleine boodschap voor me doen.' Geschrokken keek ik naar Betty, maar die grinnikte waarachtig. Will trok haar wenkbrauwen hoog op en haar enig antwoord was een verwerpend stootje lucht door de neus. Er ontstond een half gemompelde discussie of die opdracht wel uitvoerbaar was. Betty stond verkneukeld van haar plaats bij het raam op, boog zich over Hans en fluisterde iets in z'n oor. Die keek lui liggend in z'n fauteuil naar het plafond en stootte één lach uit. 'Wááát?' vroeg tante Will nu toch nieuwsgierig maar ze kreeg geen antwoord. 'Denk nou maar aan dat schaap hier,' zei grootmoeder ongedurig en Hans antwoordde: 'Nou die weten tegenwoordig meer dan je denkt.'

Eindelijk begon het spel. Hans werd als eerste de gang op gestuurd. 'Als het maar niet te lang duurt,' zei hij namaakverstoord, 'want het is daar verrot koud.' 'Neem Betty dan mee, ha ha ha,' riep Wim hem achterna. 'Maar dan word ik weer zo móé,' antwoordde Hans. 'Nou schiet op nou maar,' zei tante Will zonder een spoor van een glimlach.

De koppen van de achterblijvenden werden bij elkaar gestoken om het te raden onderwerp vast te stellen. Wim had al iets: Hans' eigen grote teen. Hahaha ha ha.

Zo werd er al gauw weer 'kom maar' geroepen door allemaal minus Will en Hans kwam binnen op z'n tenen met opzettelijk dwaze reigerspassen. Hij trok er Buziau-wenkbrauwen bij.

'Is het lichamelijk of geestelijk, liefje,' vroeg hij aan Betty.

'Zo lichamelijk als de pest,' hinnikte ze.

'Kan je erop zuigen?' Die vraag werd onder gesmoord gegiechel aan Wim gesteld. 'Als je erbij kunt,' antwoordde die.

'Zit er een nagel op, Bernard?'

Ik knikte en zei zacht ja, alsof ik me te verontschuldigen had. Inderdaad was het spel daarmee uit want Hans gokte goed: 'M'n grote teen.' Of hij had aan de deur geluisterd.

Een volgende meldde zich vrijwillig voor de gang. 'Nee laat mij nou,' riep Wim, 'dan kan ik meteen even naar achteren; Will, ga je mee?' 'Hè verdomme zeg hou nou op,' siste Will nu goed kwaad. Wim veinsde dat niet te horen en zei lacherig: 'Wáát, ophouen? nóg langer?'

Will stond op terwijl de anderen nog lachten. Ze ging de gang in en kwam even later terug met haar mantel over haar arm. 'Ga je nou wel weg?' vroeg Grootmoeder snibbig.

Ik vond ze allemaal aardig en kinderachtig, alsof ik zelf gedronken had. Bij hun grappen van daarstraks had ik mat en vergevingsgezind geglimlacht: een nare opa van veertien. Nu dacht ik bovendien bijna hoofdschuddend: dáár heb je het nou al. Want Betty en Wim stonden ook op – elkaar onheus aankijkend – en begonnen afscheid te nemen. Ze zeiden dat het hun tijd werd. Nu pas begreep ik, onnozele, dat Wim Betty's man was. Met die Leo was het blijkbaar niets geworden. Ik werd een beetje boos op haar.

'Nou tot kijk zeg,' zei Wim, nu zonder clownsgezicht. 'Ja hoor,' antwoordde Will moe en zonder haar ogen op hem te richten. Betty stond nog bij het raam en keek benard naar Will. Het leek of ze weer een losse snik zou gaan afgeven, zoals toen in de lunchroom van de Bijenkorf. Ze kreeg alleen rode ogen en knipperde. Misschien wilde ze iets zeggen, maar het werd een benepen gepiept 'Tot ziens'. Het klonk of er een vraagteken achter stond. Wim was al bij de deur en wenkte haar met een proletige ruk van z'n hoofd; ze volgde.

Pas toen ze de buitendeur had horen dichttrekken begon Will haar mantel aan te trekken. 'Ze glijdt wél af,' zei ze nog over haar vriendin. 'En wat ziet ze eruit, met die bietekop!' Grootmoeder keek niet vriendelijk. 'Dat zal wel komen omdat ze zich geneert voor die vent,' mompelde ze.

Oom Hans en tante Will vertrokken; grootmoeder en ik bleven alleen achter en we gingen nog even dichter bij de haard zitten. Het was bij half zes. 'Ja jôh,' zei grootmoeder, 'je moet maar denken: het zijn maar grote mensen.'

Ik meende grootmoeder best te verstaan: volwassenen hadden het maar moeilijk. Dat moeilijke was waarschijnlijk een niet aflatend soort mislukkende halve erotiek, en in hun strijd hadden ze haast geen tijd voor wat anders. De halve afwijzing van die Wim kwam me overigens niet onjuist voor en ik was niet boos op Will.

De laatste keer dat ik Betty terugzag was in '53 of '54. De jaren in die bleke epoche hadden zo weinig reliëf dat ik ze niet zo onderscheid als die in m'n kindertijd.

Ik was toen dertig en zij vijftig ongeveer. De welstand had nog niet erg doorgezet in die kleine jaren en ik trof haar dan ook in een van de goedkoopste vrijgezelleneethuizen van de stad: het 'Hollandsch Eethuis' in een nauwe, geasfalteerde steeg. Het was een inrichting die zelfs ik toen meestal vermeed: het eten was niet zo slecht, maar er hing een atmosfeer van kalm ongeluk en decent verzwegen mislukking. Het was er rustig. Hier kwamen geen kakelende verkoopsters of kantoormeisjes, maar oudere gescheiden lieden, uitgerangeerde zangeressen of niet meer schilderende schilders. Althans zo bont wilde ik het toen zien: de onbehoorlijke fantasie van een jongere.

Waarom ik er toch wel kwam was omdat men er z'n bord een tweede maal kon volladen zonder bijbetalen. Het eenheidsmaal van de dag – met puddinkje – kostte een gulden; liep men dan nog naar een luik dat uit kwam op de keuken, dan verscheen daarachter een man met een niet zeer witte voorschoot die nog een kwak eten op je vuile bord wierp. Die faciliteit bracht zekere beschamende extra miserabiliteit aan het huis toe, een locaal dat bovendien erg hoog en verveloos leek: misschien was het vroeger een school geweest. Een migranten eethuis uit een vroege Chaplin.

Op een winteravond in een der beide genoemde jaren dat het er erg vol was (waarschijnlijk omdat zuurkool met worst op het menu stond en chocoladepudding) stapte ik hongerig van het glimmend asfalt naar binnen en nam plaats aan een van de lange schraagtafels zonder tafelkleed. Ik moest aanschuiven op de houten bank en kwam zo naast een dikkige, grijzende vrouw te zitten die al gegeten had. Ze droeg een onmogelijk brilletje op de punt van haar neus en staarde op haar leeg bord. De groezelige man in overall die m'n vier kwartjes opstreek en in ruil daarvoor voorlopig alleen een mes en vork bracht, tikte haar op de schouder en zei: 'Hier niet gaan zitten slapen hoor, dat ken niet.'

De vrouw schrok op en keek door dat tikken in mijn richting. 'Hé, dag Bernard,' zei ze met een verkouden geluid en toen herkende ik haar met een gegeneerde schok. 'Dag, eh, mevrouw,' zei ik, want ik durfde toen geen Betty meer te zeggen. 'Ik ga gauw nog wat stamppot halen,' zei ze, 'dan kan ik nog even blijven zitten zie je; hou je m'n plaatsje even vrij?'

We babbelden toen wat; ze was gescheiden en het ging best wel zo. Ze gaf Engelse conversatieles aan zo iets als weesmeisjes of ongehuwde moeders. Het gesprek was gejaagd want de bordenruimer in overall loerde op haar. Haar tweede klomp stamppot was op en nu moest ze wel weg. 'Kom straks een kop koffie bij me halen,' zei ze op luchtige toon maar met benard afwachtende blik. Ik dorst niet weigeren en we spraken af terwijl ze haar mantel aantrok. 'Tot straks dan?' zei ze onzeker; ze had haar onaangeroerde chocoladepuddinkje kennelijk voor mij achtergelaten. Ik at m'n bord leeg en verslond de twee puddinkjes die het formaat bezaten van een omgekeerd mokkakopje. Onwijs als negerinnenpoppeborsten hadden ze naast m'n bord gestaan, maar menig bleke volwassene keek met afgunst naar die overdaad. Men onthield zich maar net van commentaar.

Er restte me nu nog een half uur dat ik vanwege m'n voortdurend geldgebrek op straat doorbracht. In de regen bekeek ik de etalages van de intussen gesloten winkels en ik gaapte. De mode voor beide geslachten uit die jaren vond ik afzichtelijk: bizarre schoudervullingen en wijde slobbercolberts deden iedere man eruitzien als een bosaapachtige souteneur. Ik schuilde lang in een winkelportiek met m'n natte fiets aan de hand. Den Haag was doodstil om half acht 's avonds.

Ik begon naar die koffie uit te zien. En dat niet alleen vanwege de lafenis en de warmte. Sinds een aantal jaren had zich een nostalgische belangstelling voor de jaren twintig van mij meester gemaakt en alles uit die tijd – de tijd van m'n ooms, tantes en Betty – boezemde me een intense en wrokkige belangstelling in. Alle dingen uit die epoche waren levend en nieuw geweest; in het nu van '50 was alles doods, onbestemd en vooral lelijk. Al slenterend naast m'n fiets bedacht ik met klimmende begeerte, dat Betty misschien nog wat aardige dingen over had uit haar 1928 kamer. Vaak had ik teruggedacht aan haar lampekappen, kleurige doosjes, asbakken of siervoorwerpen. Want al groeide m'n affectie voor '20 wankel uit in de richting van *Wendingen, i 10* en *Dada,* daarnaast bleven die kleine zaken ook nagejaagde tastbare tekens uit een betere wereld. En – hier versnelde ik m'n pas – er had een stapeltje grammofoonplaten gelegen in haar oude kamer bij de koffergrammofoon; wie weet wat daartussen zat als er nog wat van over was. Ik werd een verzamelaar en verzamelaars gaan over lijken als het moet.

Handelswaarde hadden de dingen die ik zocht toen nog niet en menigmaal had men mij bevreemd toegevoegd: al die ouwe rommel! Je moet een beetje met je tijd mee gaan! ('Een béétje?' antwoordde ik dan zo smalend mogelijk, of: 'Het ís m'n tijd niet'.) Soms inspecteerde ik zolders of kasten van familieleden, die dan onveranderlijk riepen: wat moet je daar nou in godsnaam mee.

Ik drukte op de bel van een bovenhuis aan een beklemmend gelijkvormige negentiende-eeuwse straat even buiten het centrum en Betty trok direct open. Er was een hoge kale trap waar het naar groentesoep rook.

Van haar kamer schrok ik. Tegen de effen gesloten gordijnen tekenden zich twee korsetkleurige fauteuiltjes af met uitstaande blankhouten pootjes en daartussen stond een laag tafeltje op ijzeren stangen met een glazen blad in de vorm van een televisiescherm. Niets had kleur, ook de verf niet, die crème was of bijna wit. Het was hier wel degelijk 1954, een nulpunt erger dan de crisisjaren.

Betty – als ze deze kamer had ingericht of zelfs maar aanvaard – had geen ik meer. 'In een huwelijk moet de wil van een der partijen kapot,' schreef Schopenhauer ongeveer. Ze leefde nog, maar die Wim had haar opgeslokt. Een weerzinwekkende rest van hem in haar had die kamer van meubels, gordijnen (egale lappen zonder tint) en verf voorzien. Er lag een pastelkleurig vloerkleedje met als enige decoratie een dun, lusvormig motief: een soort strop. Je zou er zo je nek in steken.

Ik kon niet geloven dat dit alles Betty's keus zou zijn maar net toen ik wilde vragen of dit een tijdelijke huurkamer was zei ze: 'Ik heb het maar een beetje rustig gehouden, m'n inrichting.'

Ik knikte eens vriendelijk maar zei toch: 'Ja, het is niet zoals je kamer van vijfentwintig jaar geleden!' Er klonk waarschijnlijk teleurstelling in mee want Betty antwoordde: Dat is geweest, dat is al zo lang passé die donkere kleuren en zo. Dit maakt veel lichter hoor. En ruimer.' Ik zag het niet en zweeg. Effen, pastel en egaal, er was misschien geen betere typering voor deze jaren.

We wachtten tot het koffiewater kookte en Betty gaapte zo, dat haar ogen helemaal dichtgingen en traanden. Ontragische tranen natuurlijk: het leed was geleden waarschijnlijk. Misschien had Will gelijk gehad en was ze steeds meer 'afgegleden'. Misschien ook wilde ze alleen maar steeds in de mode zijn, of die nu mooi of lelijk was. Zoals iedereen haast. Ze ging 'een beetje met haar tijd mee' zoals men dat van mij geëist had.

We dronken koffie en Betty vroeg vriendelijk naar m'n werk en ik naar het hare. Het verleden boeide haar niet, zoals het hoort. Ze vroeg vaag naar Will die ze niet meer zag en hoe het toch met Hans was. Ten slotte verzamelde ik moed en vroeg als terloops naar haar oude grammofoonplaten. Ze zei te geloven er nog een paar te hebben in een kast op zolder en ik bloosde gemeen van hebberige verwachting. 'Help me straks onthouden dat ik er even naar kijk voor je weg moet,' zei ze. Ik vergat dat niet en zat vrij ongeduldig de tijd uit.

Met m'n jas al aan keurde ik zo op de valreep een jammerlijk stapeltje platen. Er was er niet één uit de gezochte periode bij: het was verbijsterende rommel van kort voor en zelfs vlak na de oorlog. 'Dit is zeker nog van je man geweest?' vroeg ik kregel. Ze wist het niet meer. Uit beleefdheid nam ik een Zarah Leander van haar aan, dat enge wijf dat bovendien een hele of halve nazi geweest moest zijn. Ik dankte en we namen afscheid. 'Kom nog eens aan,' vroeg Betty. Ik beloofde het. Bij m'n eigen huis liet ik de plaat zachtjes in de gracht om de hoek zakken.

Op m'n kamer bleek m'n vriendin humeurig op me te wachten. 'Waar blijf jíj nou,' zei ze verbaasd. Ik vertelde dat ik een vrouw ontmoet had – 'Ja, een ouwe hoor! van over de vijftig' – die ik vroeger gekend had en dat ik er niet onderuit kon bij haar koffie te drinken.

Het gezicht van m'n vriendin vertrok. 'Wat een onzin,' zei ze, 'er niet onderuit kunnen komen; hoezo dan niet!' Ik zweeg en haar wantrouwen groeide. 'Wie is dat dan en wanneer was dat "vroeger"?' wilde ze nog weten. Ik legde alles glimlachend uit, maar ze lachte niet mee. 'Daar ga je toch niet wéér naar toe hè?' zei ze tegelijk zielig en dwingend en ik antwoordde laf: 'Welnee! Natuurlijk niet.' Ik hield woord.

Met m'n brokkelig verslag ben ik nu weer terug in het revalidatieoord – twintig jaar later – waar ik immers opnieuw op weg was naar m'n oude tante Will, die, onbekend met m'n ontmoeting, wachtte in háár hoek van de uitgestrekte eerste etage.

'God man waar blijf je,' zei ze toen ik nogal hijgend aan kwam zetten met m'n nieuwe appels. 'Ja,' zei ik weifelend, 'ik werd opgehouden door iemand, en wie, nou dat raad je nooit.' Ze stootte wat lucht door de neus om m'n onnozelheid te onderstrepen. 'Nou dan wéét ik het wel!' zei ze met opgetrokken wenkbrauwen en een glimlachje. 'Heb je al die tijd bij die vrouw gezeten?'

Ze wist dus dat Betty hier was. 'Die vrouw' heette het nu. Enfin, ik kon Will moeilijk iets verwijten, zelf had ik het er niet beter afgebracht tegenover haar vroegere vriendin.

We spraken nog wat over Betty. Ik vroeg aarzelend iets. Je moet aan de ene mens niet te veel laten merken dat je in de ander belang stelt, ook al zijn ze samen opgeteld zo'n honderd veertig jaar oud.

'Tja,' zei Will, 'wat zal ik je over haar zeggen. Het was een aardige meid vroeger.'

'En later?'

'Ja god,' zei Will met een kregel schouderophalen, 'die stumper heeft het inderdaad niet makkelijk gehad. Maar ja, ik weet het niet hoor. Ze was altijd bang weet je. Die vrouw is altijd bang geweest iets of iemand te verliezen. Eerst bang dat haar moeder zou sterven, dan bang dat ze mij kwijt zou raken, dan weer bang dat die Leo zou weglopen en dan nog weer angst om d'r huwelijk. Ja, en zo raakte ze alles kwijt hè. Ik wéét het niet hoor; op zo'n manier haal je de dingen naar je toe.'

Ik zweeg. Het was een beetje genadeloos gezegd vond ik. Of was het soms gedeeltelijk waar?

Het was zomaar een oordeel over Betty's leven, hield ik me voor; misschien wel een laatste, naar menselijke maatstaf. God, laat er nog een ander criterium mogelijk zijn, verzuchtte ik in stilte.

'En dan was ze in de oorlog nog zwanger ook, en dat ging natuurlijk weer mis,' vervolgde Will hoofdschuddend en met zuinige mond. 'Altijd wat daar.'

'Jaja,' zei ik, nu op mijn beurt wat kribbig, want ik had er genoeg van.

We zwegen en ik wist opeens niet goed meer waarom Betty daarstraks zo vriendelijk tegen me geweest was in haar spiegelbeeldruimte aan de verre andere kant van deze steriele eerste verdieping, die in niets meer aan welk verleden ook herinnerde. (Het was laat in de tijd hier en inrichting noch mode waren hier nog van belang, zoals op een andere planeet.) Want de eerste keer dat ik haar zag was ik zes en ik trok volop alle plezier aan míj bij die ontmoeting; de tweede keer, bij grootmoeder, was ik puberaal kritisch geweest en teleurgesteld in haar verschijning en gedrag. De derde keer kwam ik in feite om te zien of er nog iets te snaaien viel en nu, vandaag, bezocht ik haar per vergissing. 'Hoe kwam ze zo met die Wim getrouwd?' vroeg ik nog.

Will zuchtte. (Een zwakke echo van haar fraaie 1936 zucht.)

'Eigenlijk kwam dat misschien wel door Leo,' begon ze raadselachtig. Er volgde een verklaring die Will geërgerd uitsprak, met een strenge blik naar de vloer, alsof haar vroegere vriendin zich daar nog aan haar voeten bevond. Betty had aan Leo's lip gehangen en kreeg jongensachtige revolutionaire theorieën binnen over haar milieu en opvoeding. Toen Leo weg was trouwde ze met zo'n eerlijke gewone jongen waar Leo theoretisch mee dweepte en die natuurlijk de pest aan haar kreeg. Ze lachte niet om z'n grappen en hij niet om de hare. 'Ze deed haar best en al gauw werd ze net zo grof in haar mond als hij, maar dat schijnt toch nooit het echte te zijn. Nooit echt genoeg. Ze hadden elkaar door. Ze verweten elkaar stilzwijgend afkomst en opvoeding.'

'Je mocht hem niet erg hè?' vroeg ik maar eens.

'Nee,' zei tante Will direct. 'Zonde van die vrouw.' Ze boog haar hoofd tot bij m'n oor en lispelde: 'Hij boerde hardop. Had een voortdurend harde stem en sjacherde altijd. Hij was gierig ook. Zulke mensen denken dat ze volkomen verontschuldigd zijn als hun smoezelige daden wat geld opleveren. Hij rook naar ongewassen goed vond ik altijd.'

'Nou nou,' zei ik, gedeeltelijk om de stroom te stuiten. Ik dacht aan de zacht geparfumeerde meisjeskamer van Betty. Ze had een parfumflesje daar gehad met een dop in de vorm van een gestileerde negerinnenkop, waarop zijachtig imitatiehaar. Josephine Baker geloof ik. 'Je bent nooit meer naar Betty toegegaan, toen ze getrouwd was?' vroeg ik nog.

'Ja waarachtig wel,' zei Will, 'en dat heb ik geweten. Eén keer ben ik er nog geweest; in de oorlog was dat. Ze woonden in zo'n verveloze Haagse achterafstraat, ergens bij het Goudenregenplein. Betty was dik geworden en ze zei haast niets meer; ze vond het niet prettig dat ik aan kwam. Ze gaapte voortdurend en ze beefde een beetje. Ze was bang voor die vent en voor mij. Hij ging direct met een smoel de kamer uit toen ik binnenkwam. Betty dorst niets tegen me te zeggen; op m'n vragen antwoordde ze met "goed" of "best" maar ze keek me niet in m'n ogen. Op een gegeven moment kwam die man toch weer binnen en met een ruk van z'n hoofd gebood hij haar mee te komen. Ze verdwenen in de keuken.'

Op dit moment van haar verslag werd Wills aandacht afgeleid door een verpleegster die recht op mij af kwam. 'Wat is er zuster?' vroeg ze verstoord en ongeduldig. Het meisje, dat haar mond al opende om me iets te zeggen, wendde zich nu tot Will. 'Meneer moet afscheid nemen, mevrouw,' zei ze op neutrale toon, 'het is de hoogste tijd.'

Wills wenkbrauwen vlogen omhoog en met een plotseling hol en sissend oude vrouwengeluid antwoordde ze: 'Zeg kom nou! Als ik eens een keer bezoek heb wil ik daar even rustig mee kunnen praten, wat krijgen we nou. Vooral als dat bezoek eerst tegen z'n wil ergens anders op de etage aan de praat gehouden wordt. Dat gaat allemaal maar van mijn tijd af.'

Ik keek gegeneerd op het tafelblad. Uit een ooghoek zag ik de verpleegster met een gebelgde kleur vertrekken. 'Verdomme,' zei Will, 'als je ze nodig hebt zie je die meiden niet, dan staan ze met elkaar te giechelen op de gang. Waar was ik nou?'

'Je vertelde dat Betty mee de keuken in moest met die Wim.' ('Die Wim' leek me goed geplaatst hier.)

'Ja juist. Jij luistert tenminste. Ze verdwenen allebei in de keuken en ik hoorde een gesmoorde kreet van Betty. Ze kwam weer gehaast naar binnen en lachte zo'n beetje alsof er niets aan de hand was. Ik zag een soort blauwe plek op haar arm maar die was misschien al oud. De deur sprong open en die vent schreeuwde zo iets als "Was dan bij die vuile flikker gebleven". (Will keek even rond of niemand deze woorden opgevangen had maar de oude man tegenover haar sliep over z'n radio.)

'Daar bedoelde hij natuurlijk Leo mee,' vervolgde ze. 'Tegen mij riep hij "Sodemieter naar je eigen soort en blijf daar", en wat denk je dat die vrouw doet?'

Ik haalde m'n schouders op en mimeerde nogal moedeloos interesse.

'Die staat van haar stoel op en stottert tegen mij: "Ja, donder op nou zeg." Ik had natuurlijk wel medelijden met haar maar je begrijpt, ik ben weggegaan en nooit meer teruggekomen.'

We zwegen allebei.

Even later nam ik bedrukt afscheid. Ik wenste tante Will het beste en vroeg haar of ik de brief moest posten die ze beëindigd had, maar ze antwoordde dat die voor iemand in het huis bestemd was.

Buiten was het al donker en de bomen ruisten voornaam. Ik trapte kwaad tegen een kiezelsteen. Het was ergerlijk dat dit me verteld was en vooral dat ik ernaar gevraagd en geluisterd had. Ik wilde dat ik een boom was.

Twee weken later ging Will opgeknapt naar huis en was er voor mij geen aanleiding meer naar het revalidatiecentrum terug te keren. Ik geloofde het verder ook wel met die oude vrouwen en bemoeide me met m'n eigen zaken.

Een maand later moest ik voor die zaken in Den Haag zijn en toen er tijd over was bezocht ik de Bijenkorf nog even. Ik zag al gauw dat daar veel veranderd was. De koninklijke draaideuren had men vervangen door blikke exemplaren met ordinaire goudlak, de trappehuizen waren van alle luister ontdaan en de lichthof was verdwenen en volgebouwd. Veel decoratief werk in padouk en brons van beeldhouwers als Hildo Krop, de Rädeckers en Van den Eynde was gesloopt.

Natuurlijk dacht ik bij die rondwandeling door het gebouw aan Betty en hoe ze het maken zou. Op weg naar huis nam ik me voor haar nog één keer te bezoeken. Ik vroeg me af of Will haar nog opgezocht had, voor die naar huis ging.

'Meneer! Uw tante is hier allang weer weg hoor,' riep de jongen aan de balie me verongelijkt na terwijl ik langs hem glipte op weg naar de lift. Ik knikte dat het me bekend was en zwaaide even mallotig achterom met een mooi ingepakt doosje perziken.

Betty begreep het niet erg, toen ik opdaagde in haar afdeling. Ze zat er nog of ik niet weg geweest was.

'Is er iets met Will?' vroeg ze geschrokken. Ik bloosde plaatsvervangend. 'Nee hoor,' zei ik opgewekt. 'Ik kom voor jou, eh, u.'

Ze keek met vage argwaan naar me en het gesprek stokte. Op mijn beurt bekeek ik Betty eens beter, terwijl ik onzeker grijnsde. Ze was eigenlijk erg wit en opgeblazen in haar gezicht. Alsof ze een soort ongekanaliseerde doodsengelenmoedermelk in zich om droeg. Ze was tegelijk jong, oud en onaf.

Het leek wel alsof ze uit m'n bezoek wilde lezen dat ik een idioot soort verantwoording over haar leven kwam opeisen. Ze begon tenminste stotterend te verklaren hoe ze hier verzeild geraakt was: iemand trapte jaren geleden op haar wreef en nu nog... Ik stopte haar met de eerste (maar niet de beste) vraag die me voor de mond kwam: of Will haar nog opgezocht had. Betty keek angstig. 'Nou nee,' zei ze op vergoelijkende toon, 'eigenlijk niet, maar dat geeft toch niet!?' Nu bloosde zíj licht, alsof ze zelf te kort was geschoten. 'Maar ze heeft me vanhier uit geschreven en het beste gewenst.'

We zwegen onhandig. Betty giechelde opeens. Met haar vroegste spleetogen op het lege, koude tafelblad gericht zei ze met haar meest verzonken keelpijnstem dat Will 'nog steeds een beetje boos' op haar was. 'Ze schreef dat ik vroeger altijd met haar Hans zat te vervelen, maar dat deed ik alleen om Wim jaloers te maken, dat weet ze best.' Ik grijnsde conspiratief en probeerde me grootmoeders woonkamer te herinneren.

Weer stokte het gesprek. Wat verder te zeggen. Ik stelde me voor dat ik plompverloren gevraagd zou hebben waarom ze nog zoveel jaren bij die man gebleven was en tegelijk verzon ik haar antwoord. Ook hier stond een kleine radio te spelen: elektronische modegeluiden voor pubers.

Ze zou geantwoord hebben: 'Ik hield van die man. Ik ben bewust en bedoeld mee afgedaald met hem, als een soort handreiking denk ik. Ik wilde me best klein maken en een beetje "niets" worden, zodat híj alles werd. Maar een man kan niet van "niets" houden natuurlijk en uiterste ootmoed wordt al gauw hoogmoed misschien. M'n volledige meegaandheid deed waarschijnlijk aan als neerbuigendheid of weet ik wat; of toch nog als kritiek op z'n afkomst, alsof ik te kennen gaf groei van zijn kant onmogelijk te achten. "Afglijden" heeft jouw familie dat genoemd Bernard, maar daar kan jíj niks aan doen.'

In werkelijkheid zei Betty: 'Zijn ze al opgeschoten met de bouw van dat nieuwe winkelcentrum daar aan het begin van de weg?'

Dát interesseerde haar. Ze zat hier eindelijk veilig. Er viel in deze lege ruimte niets te verspelen.

We babbelden nog even en het verleden kwam er niet in voor. Ik hoefde niet bang te zijn dat ze zou vragen of ik die Zarah Leanderplaat nog had. Betty zei dat ze hier best nog een tijdje wilde blijven; als ze voldoende opknapte kon ze een eigen kamer krijgen in het aangrenzende rusthuis.

'Zo?' zei ik. Pas toen durfde ik haar die perziken te geven.

'Ik dacht bijna dat je ze weer mee terug zou nemen!' zei ze en glimlachte er onheroïsch bij met haar ogen vrijwel dicht.

Een jonge hulpverpleegster met humeurige voren om haar slordige mond naderde onze tafel en monsterde Betty met opgetrokken bovenlip. 'U mot gewogen worden dalijk,' zei ze geërgerd, alsof die maatregel bij voorbaat op verzet zou stuiten. Nog voor ze uitgesproken was rees Betty moeizaam op haar armen steunend overeind, kleurde en zei iel: 'Ja, zuster, we houden op hoor, ik zal meneer, eh, ik kom direct.' Ze keek me benard en zenuwachtig aan. Ik nam afscheid, hartelijk maar snel.

Zand en grind

I

Thomas had de juffrouw z'n wandelkostuum in kleine ruit laten klaarleggen. Hij bekeek de structuur van de blauwe serge bij het raam, pakte z'n tafelbel en de juffrouw verscheen opnieuw. Ze keek hem nauwelijks in het gezicht.

Thomas verzocht haar zonder verontschuldiging toch maar z'n donkergrijs pak af te borstelen: dat met de omgeslagen pantalon. De oude vrouw richtte even haar schelvisogen op hem en knikte. Ze veegde een vermoeide gewichtsloze haar van haar voorhoofd en verdween. Het was vier uur in de middag.

Thomas wachtte aan z'n enorme bureau waar alleen het *Financieel Nieuwsblad* op lag en trommelde met de vingers. Hij was groot en recht en z'n in het midden gescheiden haar was nog zwart. Z'n bruingele ogen boorden kwaad onder forse oogleden en wenkbrauwen.

Hij stond op en zocht in z'n linnenkast een slap maatoverhemd uit. Effen donkerblauwe zijde was mode, met een strop in dezelfde kleur. De juffrouw klopte.

'Hè god, wat nou weer,' riep Thomas die z'n opdracht vergeten was. De oude verscheen gehaast en legde het gewenste op de ottomane. Thomas bestelde nog z'n mahoniekleurige bottines en witte slobkousen maar herriep dat. Het moesten lage zwarte schoenen zijn.

Hij staarde opnieuw. Het was mei en goed weer; slobkousen waren te gekleed. Maar een licht fantasievest kon hij wel aandoen.

Hij deed z'n sjamberloek uit en ging zich kleden in z'n aangrenzende slaapkamer. Hij modelleerde z'n forse maar puntloze snor en bewerkte z'n coiffure met Recrinol. Hij boog daarbij diep het hoofd en de lange glimmende haarhelften hingen voor z'n ogen voor hij ze opnieuw messcherp scheidde met z'n enorme kam. Voor de spiegel stak hij behaagziek z'n zware onderkaak extra vooruit.

Om half vijf verliet hij z'n kamers na een dubbelzinnige blik op z'n Jozef Israëls: een strandgezicht. Z'n nieuwe wijde raglanjas had hij nog verwisseld voor een getailleerde grijze; hij droeg er een vilthoed bij. De wandelstok was met dit nieuwe seizoen gelukkig net niet uit de mode geraakt; dat dankte hij de Engelse officieren die bij honderdtallen door de stad flaneerden met hun sprieterige stokjes.

De huurauto met chauffeur wachtte. Thomas vond dat zakelijker, hoe duur ook in deze tijd, dan een rijtuig en zo arriveerde hij in z'n lichte ongedurigheid nog wat te vroeg bij het Kurhaus. Hij liep nog even over de boulevard.

De zee rook fris en zilt. Er speelden al kinderen aan het strand en Thomas keek naar de bonnes die het jonge volkje begeleidden en die zelf nu en dan bukten in het zand om mee te graven of een bal op te pakken. Jonge moeders zaten in strandstoelen en glimlachten. Er liepen wat Tommies met Scheveningse meiden aan de zeereep. De koetsjes gingen nog niet in het water.

De zee was kalm en iets nevelig; er was geen schip te zien. Wat achter de horizon gebeuren mocht, of diep onder het oppervlak, bleef een vertelling uit een andere wereld. De pier was al aardig bezet. Een strijkje op een terras jengelde If You were the Only Girl in the World.

Thomas betrad de Kurhausbar en verbaasde zich over de nieuwe binnendecoratie. Het zag er mooi en modern uit. Waar haalden die kerels die goede houtsoorten vandaan! Er wáren nog wel slimme lieden. Het was druk en een pianist speelde gedempt; Engelse liedjes natuurlijk.

Een heer aan een tafeltje stak groetend z'n hand op. Thomas knikte opgelucht: D. was ook niet te gekleed al droeg hij een zwart pak met wit overhemd. Vanwege het stijfselgebrek had ook hij een liggende boord, wat vergeeflijk was.

De heren begroetten elkaar vormelijk. Thomas knipte met de vingers en de ober, die hem scheen te kennen, naderde zorgelijk. Veel van menu of wijnkaart, van gedistilleerd zelfs, was niet leverbaar. Voor de heren was er overigens nog wel wat Schiedammer met een hapje, een géén Posthumaworst.

Thomas begon gedempt over het wederzijdse project te spreken; met de Duitsers opnieuw in het offensief moest haast gemaakt worden. De bedoeling van de Engelse raid op Zeebrugge was niet te duidelijk. Men grinnikte. Beide zijden vierden Zeebrugge als een overwinning.

Men keuvelde nog even maar dan hernam het gesprek zich. Er waren belangrijker dingen dan tien vleesloze dagen per maand, de afsluiting van het elektrisch licht na middernacht of de stroom surrogaten met zonderlinge namen: mooie kleine affaires maar niets voor Thomas of D.

'En hoe zit het nou met de pillendoosjes,' vroeg D. dan ook met een forse grijns. Thomas glimlachte wat ingetogener en keek daarbij even naar de omringende tafeltjes.

Ook hier nogal wat kakiuniformen. Maar men was in andere dingen verdiept: in de pianomuziek, in de comsumpties, of in de meegebrachte distributiebonnen, vrouwen of avondbladen.

Hij streek wat over z'n forse neus. 'Het is mooi dat de Engelsen het telegrafisch verkeer weer vrij hebben gegeven,' begon hij. 'Die chicane, alleen vanwege onenigheid over grind, was nou niet direct fair play te noemen, maar de Britse pers was dan ook niet zo overtuigd van onze goede trouw. Loudon heeft de woorden fairness en fair play goed gebruikt trouwens. In ieder geval is de zaak opnieuw in behandeling.'

Hij pauzeerde gewichtig en D. knikte vergenoegd.

'En nu willen ze arbitrage,' vervolgde Thomas. 'Nederland ook; die vindt dat de rechtmatigheid van doorvoer moet afhangen van "het karakter der transporten". Is dat mooi gezegd of niet!?' De heren lachten.

Thomas stak z'n grote kop naar voren en fluisterde: 'Natuurlijk gaat het alleen om de vraag of een zekere hoeveelheid van het doorgevoerde zand en grind nu, of een beetje later, voor oorlogsdoeleinden gebruikt wordt. Onder ons: al wordt het materiaal niet tot pillendozen verwerkt, dan maakt het bij voorbeeld ander materiaal dat daarvoor dienen kan vrij.'

D. knikte verfijnd en Thomas stak nu een grote gele wijsvinger op. 'Nu lijkt ons een onderzoek geboden naar de "waarschijnlijke bestemming" van die rotzooi, door een onpartijdige, ten dele niet-Nederlandse commissie van deskundigen.'

'En dan zit jij, met je internationale achternaam en uiterlijk zeker in die commissie?' vroeg D. giechelend.

'Je hebt het geraden,' zei Thomas. 'De Duitsers zullen

graag toestaan dat er aan het westelijk front hier en daar gecontroleerd wordt door een paar vertegenwoordigers van dat gemengde lichaam, als het hun wat spul oplevert.'

'En zou jij zo'n vertegenwoordiger willen zijn?'

'Ja natuurlijk, waarom niet!'

'Heb je dan verstand van die materialen?'

'Er ligt zand zat hier in Scheveningen. En grind kan ik in m'n voortuintje bestuderen. Als jij de schepen hebt, heb ik straks de papieren.'

'Ik help het je wensen.'

Over veel details zou nog gesproken moeten worden maar D. wilde voor vanavond toch nog weten of Thomas niet bang was, zo dicht aan het front te komen. Die grijnsde haast ontuchtig en met geweldige kraaiepoten. 'Ik trek wel een oud pakje aan,' antwoordde hij. There are Smiles that make You happy, speelde de barpianist.

Er volgde nog menige bespreking met verschillende heren in Des Indes of House of Lords en zelfs op de Witte. Thomas was niet veel thuis in deze zonnige meimaand en z'n hospita schudde haar slonzig hoofd omdat ze met falende vrouwelijke intuïtie vermoedde dat er een, natuurlijk veel te jonge, vrouw in het spel was. Meneer glimlachte zo geheimzinnig. Overigens dacht iedereen in dit broze zonlicht bezield te worden door ingenieuze ideeën, of door nieuwe krachten, terwijl misschien alleen een vage uitbotrest van de natuur diep-in zich nog roerde. De 'uitgeputte mensheid van '18' – zoals de kranten schreven – verwachtte met haast bovenzinnelijke hoop van dit voorjaar de verlossing: een aardige vrede maar mét een overwinning der Entente.

Zo zei men het en zo stond het te lezen, maar in Den

Haag en Scheveningen was er niet veel van te merken. Men handelde, dronk en zong in de bloeiende nachtclubs en danslokalen en mooie vrouwen vleidden zich aan charmante kakiuniformen. Het was hier gezelliger dan in Parijs.

Thomas was er zeker van dat hij zo'n vrede meewenste, maar z'n gedachten gingen toch uit naar het door insiders veel waarschijnlijker geachte eindpunt in 1919. Alleen die drieste Haig, een koppige Schot, scheen op dit jaar te mikken, maar dat kon hem best eens z'n toch al wankele carrière kosten. De Engelsen waren niet te blij met hun nieuwe opperbevelhebber.

En wat waren de Duitsers nog sterk! Een doorbraak aan het tot één fortificatie vergraven Westfront, wie had dat gedacht. Een hap grind zou overigens niemand veel nadeel brengen, en het kleine landelijke en persoonlijke voordeel, daarvoor zou Thomas groot risico lopen. Lévensgevaar, meneer.

11

Het werd nog het eind van de maand eer Thomas, helaas met een zekere G., een dunne oude man waar hij niet veel hoogte van kreeg, op weg ging naar het krijgstoneel in Noord-Frankrijk, waarbij 'zoveel als doenlijk' een transport grind zou worden gevolgd via Nederland op weg naar z'n bestemming. Er waren wat onprettige berichten over grote troepenbewegingen achter het front maar met een tegenaanval van de Entente zou het zo'n vaart niet lopen.

Thomas had de juffrouw gezegd wat vakantie nodig te hebben en daar die tegenwoordig alleen binnenslands genoten kon worden wees hij erop dat hij een eenvoudig wandelkostuum van node had en makkelijke schoenen. Vanwege het officiële karakter der zending nam hij toch een geklede jas en bolhoed mee. De juffrouw glimlachte droef. Ze zei: 'Moet u uw fototoestel niet mee hebben meneer,' maar meneer antwoordde dat hij zo weinig mogelijk bagage wenste mee te nemen. Dat was ook zo. De Duitse autoriteiten hadden alleen een verschoning, scheergerei en een notitieboekje toegestaan. Thomas' binnenzakken puilden overigens al op voorhand van alle mogelijke Sonderausweisen, brieven en dermate gecompliceerde passen, dat hij er zelf geen wijs meer uit wist. Ook had hij bij de Haagse Betonmij nog een drukwerkje over grindbeton gehaald.

De sector van het front die gecontroleerd kon worden zou ergens tussen Montdidier en Noyon liggen en Thomas hoopte nu wél dat de nog altijd volijverige Duitse krijgsmacht bij z'n aankomst weer een stuk zuidwaarts opgerukt zou zijn. De Fransen en Engelsen trokken ten slotte steeds terug, 'met de rug tegen de muur naar het einde', zoals Haig niet te vrolijk gezegd had in een dagorder bij het begin van het Duitse offensief.

De reis van Thomas en G. ving aan op de Merwede bij Sliedrecht met een bijna symbolische vaart op een sleepboot die een lange rij rijnaken trok met grind. De snelheid was laag en Thomas gaapte vervaarlijk in de nevelige rivierlucht. De ochtend was koud en de schipper en diens vrouw zwijgzaam. G. deed niet veel meer dan z'n lorgnet poetsen. De schippershond liep alle slepen op en neer en kefte liederlijk. Maar de heren kregen wél echte keteltjeskoffie.

Via de Zeeuwse eilanden werd ten slotte bij invallend duister de Wester Schelde bereikt en daar overnacht. De volgende morgen was er urenlang oponthoud bij de Schelde-ingang door controle in alle betekenissen. Oude Duitse soldaten staken humorloos hun oude bajonetten in het grind. En met de papieren werd het natuurlijk helemaal chinoiserie. Thomas' humeur daalde. Eindelijk zette men koers naar Antwerpen.

Op een vervuild en verslonsd havenemplacement werden enkele van de grindslepers door rimpelige werksoldaten in spoorwagons overgeladen. Urenlang klonken hun zenuwachtige castratenstemmen.

De afgevaardigden Thomas en G. zaten intussen zwijgend in een wachtkamer met gehavend pluche. Nu en dan kwam een grijze officier in slobberig geworden Feldgrau argwanend binnen, vroeg of de heren al iets te eten was aangeboden en verdween op het ontkennend antwoord. Het leek meer controle dan bezorgdheid. Tussen de beide heren werd vrijwel geen woord gewisseld.

Ten slotte kwam een Sanitäter met een geërgerde snor het tweetal ophalen en begeleiden naar het hoofdstation waar een korte Rode Kruistrein gereed stond, maar mét een restauratierijtuig.

In de nog koude en zeer stil wachtende trein kregen de heren hard en zwart Duits brood, waartegen Thomas opeens donderend protesteerde. Een heel jonge tweede luitenant vloog kleurend met de borden weg en bracht later een redelijk maal van gebakken kartoffelen en salade. Een oudere Militär, ook kleurend maar meer van ingehouden woede, deelde mee dat de grindtrein inmiddels naar het Zuiden vertrokken was en dat de Rode Kruistrein op zekere afstand zou volgen in verband met mogelijke luchtraids. De commissieleden schrokken een beetje van dat woord maar lieten niets blijken. Thomas zei nog dat hij aannam dat het Duitse Heir voor een veilige overtocht zou borg staan. De officier boog met paarsige kop en lichtende ogen.

Brussel werd vrij vlot bereikt maar dan volgde een eindeloze rit bij druilerig licht en een weinig opwekkend landschap. Veel geconfisceerde Renault camions vervoerden troepen en honderden paarden werden door landloperige soldaten opgebracht. Af en toe zag men op de kleine wegen vervaarlijke stoomlocomobielen, die onder lappen verborgen monsterkanons voortzeulden.

Aan de nacht scheen geen eind te komen. Telkens stonden de wagons met gegil van remblokken stil. Soms werd eindeloos gewacht, zoals op het knooppunt Halle. Slaapverwekkend siste de geduldige locomotief.

De volgende morgen liep de trein Mons binnen en dan ging het door een landschap van toenemende verwoesting in de richting St. Quentin. Maar al voor die stad, of wat ervan restte, bereikt was hield de spoorweg op. De afgevaardigden werd verzocht over te stappen in een gereedstaande legerauto; in het open veld rond het noodperron rook het naar brand. De lucht boven de stad, verder weg over de Somme, was grauw als in de winter.

Over een rammelende pontonbrug kruiste men de rivier. Ergens knetterde traag vuur in de lucht en Thomas keek verschrikt op. Het was maar een brandende kabelballon. Op de verwoeste spoorweg stonden uitgebrande goederenwagons.

Het was in St. Quentin dat Thomas pas een uitgesproken tegenzin in z'n missie begon te bespeuren. Tussen de ruïnes werd gegeten in een noodbarak met onaangenaam invalide geraakte Duitse officieren, zodat het karig voedsel hem helemaal niet smaakte. Al bij binnenkomst had hij die sloebers amper begroet, alsof ze niet langer tot het mensenras behoorden. Het was niet fatsoenlijk zonder benen aan tafel te zitten. Bovendien ergerde die sullige G. hem door z'n stuntelig Duits en deftig oudeherenkuchje. Tijdens hun opwachting bij de Ortskommandant stond de magere G. erbij als een betrapte schooljongen. Het was overigens van een sardonisch geestige precisie dat, vrijwel voor de deur van de Ortskommandantur, de enige vrachtauto met grind 'aus Holland' trouw gevolgd was vanaf het Somme noodstation. Het was misschien niet véél na de zeven schuiten vol op de Merwede, maar je kon er een aardig pillendoosje van draaien. Thomas zou erop toezien dat het niet gebeurde.

Na het oponthoud in St. Quentin ging het naar Noyon, het einddoel, vlak voor de linies. Men reisde weer gedeeltelijk per spoor: de lijn was grotendeels hersteld. Het landschap veranderde zienderogen in een maankraterveld zonder zelfs nog boomstronken. Onherkenbare zaken van menselijk vernuft staken uit de modderige aarde. Met spookachtig lelijke machines werd nog aan de lijn gewerkt door zwetende soldaten in naakt bovenlijf. Door de openstaande ramen van de trein drong gedurig een zoete lucht binnen. 'Lijken, hoop ik,' dacht Thomas, 'en geen gifgasresten.'

Thomas en G. dachten dat het wat onweerde toen Noyon naderde, maar ze slikten op tijd die amateur-mening in. Ze hoorden het front.

Na het overleggen van de papieren aan de hoogste bezettingsautoriteit van die stad (een nerveus gehaaste zestiger, die zo te zien niet veel op het grote offensief betrouwde) werd de commissieleden kwartier toegewezen in een Frans hotelletje. De grindauto was nog niet in de stad gearriveerd en G. had daar idioot naar geïnformeerd.

Het hotelbedrijfje, gedeeltelijk ingestort en provisorisch hersteld, leek een plezieriger onderkomen dan dat in St. Quentin: het werd door een kale Fransman gedreven met z'n twee niet onaardige dochters. Voor de volgende dag stond een inspectie op het programma van de inmiddels verlaten, maar nog 'in de oorspronkelijke staat van verdediging' verkerende linies ten zuidoosten van de stad.

Thomas amuseerde zich voor het eerst, die avond. Omdat hij wist dat hij gunstig afstak bij de onnozele oude G., zocht hij des te driester de aandacht te trekken van de oudste dochter, een smalle zwarte met donkere steekogen die Henriette heette. Hij liet zich bij voorkeur aan tafel door haar bedienen en glimlachte er zo bij dat z'n hele kop van gekerfd coromandelhout leek; in onbewuste korte handelingen bewerkte hij zelfingenomen knevel en haarcoupe. De jonge vrouw gaf overigens amper blijken daardoor getroffen te zijn.

Maar Thomas had altijd geluk in die zaken (zowel als in andere) en al die eerste avond laat kwamen de Engelsen hem te hulp. De commissie had zich vrij vroeg te bed begeven, maar Thomas kon niet slapen. Of dat nu van het saaie bloemetjesbehang in de kleine kamer kwam, of van de warmte, of van de vage lijklucht die tot hier doordrong of de eindeloze paarden- en vrachtwagenprocessies buiten, óf misschien van de donkere dochter, hij wist het niet. Maar hij hoorde plotseling hoe buiten in de lichte zomernacht alle verkeer verstomde en dat haastige laarzen zich nog repten tot een vreemde stilte intrad. Hij kwam overeind in z'n bed en er werd op de deur gebonkt. Hij sprong eruit en opende de deur; tegelijk trok een ratelend gebral over het dak. Een stuk luchtafweergeschut, onaangenaam dichtbij, gaf een donderend salvo en het huis trilde. Een schim riep in het Frans: 'Volgt u mij, dit is een luchtaanval.' 'I guess so,' antwoordde Thomas in verwarring. Op de trap zag hij voor de schim uit twee kleinere gedaanten met dansende haren snel afdalen: de beide dochters. G. volgde sloom achter hem. Er werd in een kleine gang onder de trap 'geschuild'. Thomas stond naast de lijkbleke G. maar zocht een betere positie bij Henriette. En toen wat later een kleine bom omlaag gierde, nog aardig ver weg anders, drukte hij het meisje mannelijk beschermend tussen z'n brede borst en de achtermuur. Ze was er niet kapot van maar glimlachte niettemin. Hij herhaalde het gebaar met enige overdrijving toen de vlieger op de terugweg opnieuw recht over het hoteldak scheen te scheren en het afweerkanon z'n laatste dreunende blaf liet horen.

Er was geen elektriciteit meer hier en G. had bij het licht van een blaker Thomas streng aangezien, alsof die tot de orde geroepen moest worden als commissielid. Dat beviel Thomas slecht.

Op de terugweg naar boven sprak Thomas nog met het meisje. Hoewel hij wist dat het gevaarlijk kon zijn, meldde hij haar dat hij geen Boche was, maar lid van een internationaal lichaam. Ze keek hem vaag aan en vroeg waar hij dán vandaan kwam. 'Dat mag ik helaas niet zeggen,' antwoordde hij. Maar omdat hij er een lief 'Bon courage' op liet volgen en een zeer warme handdruk, dacht Henriette allicht dat hij een afgezant uit een bevriend land moest zijn. En dat was toch ook zo, vond Thomas. Ze kuste hem en hij haar; een kleine Entente Cordiale, en hij stapte een half uur later met een oudstrijdersgezicht bij haar in bed. Dat de kleinere zus, met een gewoontezucht, daarbij het vertrekje verliet en zolang in Thomas bed ging liggen, deerde hem niet. Toen hij in de nanacht naar z'n kamer terugkeerde vond hij dat kleinere lichaam in kinderslaap. Thomas wekte haar met een vertederde reuzengaap en streelde haar daar waar het niet mocht. De jongere zus opende haar ogen en keek in de eerste schemering naar hem alsof ze het té veel eer vond. Haar bruine ogen glansden veulenachtig. Dat is wel iets voor morgennacht, dacht hij, tilde haar uit bed en zette haar in de kleine gang op haar voeten, met een klapje toe voor haar bol achterwerk. Op dat moment opende de derde deur van de gang en G. keek dom ogenknipperend en met extra wijkende kin toe.

De volgende morgen aan het ontbijt van hard bruinbrood en Ersatzkaffee vertelde Thomas G. terloops dat hij die nacht even naar beneden moest, u begrijpt, en dat bij terugkomst een of andere kleine hoer zich in z'n bed genesteld had. Stel u voor! 'Ik pakte dat wezen op en zette haar buiten de deur natuurlijk; u zag dat geloof ik?'

'Ja,' antwoordde G. effen. Het viel Thomas mee dat de man z'n notitieboek niet pakte om het op te tekenen.

'Hebt ú geen last gehad van dergelijke aardigheden?' vroeg hij G. nog. Die schudde het hoofd voornaam of verdrietig, dat was haast niet uit te maken.

Die middag zou naar het voormalig front vertrokken worden. De heren kregen ieder een paar laarzen uitgereikt.

Maar eerst slenterden ze samen nog wat overbodig rond in het gemutileerd Noyon. Het was er stampvol troepen in Feldgrau; munitie-, proviand- en ambulancewagens tolden door de stad. De paarden riekten haast even krachtig als de walmende vrachtwagens en de knetterende motoren van panische koeriers. Officieren reden kwaad in hoge, open auto's. Er stonden veel aanwijsborden in gotische letters op straathoeken, maar het stratenplan was verward geraakt door puin en afzettingen. De beide heren konden hun onderkomen overigens gemakkelijk terugvinden als ze letten op de grote, vierkante torenrest van de Romaanse kathedraal. Henriette had hen daarop gewezen.

Vroeg in de middag kwam de gedeukte stafwagen die het duo naar de voormalige frontlijn ging brengen voorrijden. Een jonge officier controleerde opnieuw de papieren, álle papieren. Z'n oppasser-chauffeur wachtte buiten half slapend aan het stuurwiel.

De tocht viel Thomas niet mee. Vele wegen waren vernield door granaattrechters en telkens moest de chauffeur wonderen van stuurmanskunst verrichten. Eenmaal was een mijngat zo reusachtig, dat over een smal plankier als noodbrug gereden moest worden. Ten slotte was er geen weg meer – alleen gaten en gruis – en na nog honderden meters te voet door aarde en modder bereikte men een diep loopgravenstelsel van parallelle en elkaar snijdende gangen, sommige zigzaggend en alle voorzien van resten zandzakken, geestige opschriften en onderkomens uit hout, plaatijzer en – soms – beton.

Van de eigenlijke 'pillendozen' vooralsnog geen spoor. Wel wees de officier de heren op een onder een camouflagenet en takken verborgen cirkelvormig *stalen* huisje voor een scherpschutter; merk Krupp. Hij zweeg daarbij veelbetekenend. Staal maak je niet van grind.

Men liep kilometers af door en langs loopgraven die talloze instortingen vertoonden. Bij het gestadig pseudo-onweer in de verte leken de verlaten onderkomens te suizen van stilte en ze stonken naar vocht en onheil. Menigmaal ging de officier de heren voor opdat ze niet in prikkeldraad zouden raken of op blindgangers zouden treden. Thomas keek kwaad; het zinde hem hier niet. Hij glimlachte opgelucht toen ten slotte een soort verwoest depot opdook met daarbij een doorgangskampje voor krijgsgevangenen waaruit lui en ongelijk Brits gezang opklonk.

Het depot zelf was verlaten en bood een desolate aanblik. Er lag een hoog opgetaste, onherkenbare massa verwrongen metaal en hout. Er waren vage delen bij van wagens en affuiten en uit de loop van een verwoeste mortier kroop ongedierte. De gebroken spaken van wielen wezen als botten omhoog.

De grond was hier bezaaid met granaathulzen en dunne ijzerstaven die Thomas iets te zeggen hadden. En al speurend zag hij dan ook wat hij niet zien wilde: een half verpletterde, scheef weggezakte betonmolen. Hij zei tegen G.: 'Hé! Kijk daar eens!' en wees honderd tachtig graden de andere kant op naar een vliegtuigrest, die apart bewaakt werd door een oude Duitser met een lege mouw. De oude salueerde weinig bezield en Thomas lichtte z'n bolhoed. 'Sehr interessant,' zei hij op het wrak wijzend. De Duitser antwoordde niet. 'Jij hebt misschien liever je arm terug,' zei Thomas in het Hollands, stak z'n neus omhoog en lachte schurend naar G., die naderbij gesloft was. De lorgnet van G. vonkte dom.

Intussen hernamen de Tommies, die zonder helm en met de cap op het achterhoofd op de aarde achter prikkeldraad lagen, hun baldadig gezang. Thomas waagde zich dichter bij de afzetting en verstond:

> *Wash me in the water*
> *That you washed your dirty daughter,*
> *And I shall be whiter*
> *Than the whitewash on the wall.*

Thomas luisterde, iets geschrokken, niet verder. Hij had even aan ziekte gedacht. Hij staarde het terrein over in de vier windrichtingen. Vlak bij het 'Engelse' hek inspecteerde hij nog een dug-out en tikte er met z'n wandelstok op. Aan de buitenkant van het gescheurde bouwsel zat een groene drab. Vanachter de omheining keek een Tommie mee en Thomas vroeg hem met opgetrokken wenkbrauwen wat die groene vlek te beduiden had. 'Just blood sir,' antwoordde de krijgsgevangene met een geeuw. Thomas knikte. Dit was in feite geen omgeving voor hem.

Tot slot werd die dag aan het gewezen front nog één echte, onvervalste en Duitse pillendoos ontdekt; het geknakte machinegeweer stak er nog uit. De Duitse officier wees het bouwseltje aan. Het was duidelijk van steenslag – en dus niet van grindbeton. Thomas en G. noteerden dat in hun boekjes. Laat terug in het hotel in Noyon sprak G. zowaar eens tegen Thomas aan tafel. Hij zei fluisterend: 'Ik heb redenen om aan te nemen dat men daar in die sector volop grindbeton gebruikt heeft; ik zag een betonmolen en een voorraad staven voor de bewapening ervan.' Thomas schrok maar bleef rustig. 'Dat kán,' zei hij effen, 'maar óns grind hebben we er niet in zien malen.' Ik moet die vent kwijt, dacht hij.

En in z'n bed dacht hij dat opnieuw. Maar hoe! Bij een

wandeling in de stad hem plotseling alleen laten? Bij een volgend bezoek aan de loopgraven hem in een verlaten magazijn opsluiten? Thomas glimlachte vermoeid. Dat was allemaal romantiek. Hij had eigenlijk al een beter plan.

Intussen was hij te vroeg in bed gestapt, hij kon niet slapen en verveelde zich. Hij pakte een kaars en het eigele boekje dat hij op de stoffige bovenste plank van de mahonie klerenkast had zien liggen als hij daar 's avonds z'n bolhoed deponeerde.

Het bleek *Sous l'oeil des barbares* van Barrès te zijn. Hij had iets over die vent gelezen in de *Nieuwe Rotterdamsche*, het vorige jaar, op de Witte.

Hij bladerde een beetje verveeld. Het woord *l'âme* stond hem tegen. Maar nu zag hij exaltatie, dandyschap en zelfanalyse aanbevolen als kenmerken van de ware individualist. Zozo. Nou, hij had al eens iets van exaltatie bespeurd als hij door het chaotische Noyon liep en aan Henriette dacht. Hij bladerde glimlachend verder. Het zou later op de Witte geen kwaad kunnen te zeggen: Ik heb in Frankrijk Barrès bestudeerd. En zie nu eens hoe aardig: een manier om verdorring van de ziel te bestrijden, ja tot een délire lucide te geraken was: zich vaderlander te voelen. Maar dat deed Thomas óók al! Het wegwerken van G. behoorde daartoe! En hier, dat was ook sterk: een actief leven in de maatschappij, hoezeer alle doeleinden ook als beuzelachtig erkend werden, dat geeft de ziel nieuwe beweging, nieuwe smart of verrukking. Zo'n leven leefde Thomas nu wel degelijk en dan was hij dus geen barbare. G., dát was een dode barbare! Die had 'algemene' waardeoordelen. Net als Keizerpaladijnen en Marx-adepten.

Vermoeid doorliep hij de laatste bladzijden van het grauwe oorlogspapier. 'Scheppen in extase', ja, daar ontbrak het Thomas misschien wat aan; hoewel, medescheppen aan een internationaal traktaat, dat was ook best wat. Thomas achtte z'n levensweg en z'n plan met G. hier in druk bevestigd, doofde de kaars en sliep tevreden in.

In de nanacht hoorde hij in halfslaap een urenlange donderende kanonade uit het zuidoosten. Hij gaapte zich tranen. Heel vroeg in de morgen slipte Henriette z'n kamerdeur binnen, ze was bleek en beverig. De Boche zou zijn doorgebroken tot aan Château-Thierry toe, in een grote punt in het front. Ze kon niet weten dat in die punt nieuwe, zij het wat onervaren Amerikaanse divisies stonden opgesteld. Thomas wist dat ook niet en troostte haar.

Bij het nu volgende ontbijt keek G. Thomas extra verachtelijk aan en zweeg weer mokkig. De heren moesten evenwel toch weer samen naar het front. Het regende wat en Thomas vloekte sissend.

Een eindweegs in de richting van Coucy-le Chât werd kennis gemaakt met een ander commissie-duo: een dof mompelende Turk (waarvan de Duitsers ook niet veel last zouden hebben) en een figuur die nog het meest op een Engelsman leek, al was dat onwaarschijnlijk te noemen.

Er werden ervaringen uitgewisseld in een daartoe opgeknapte loods, waarbij de Duitse begeleiders zich decent terugtrokken. De pseudo-Engelsman, lang en grijzend, legde z'n bolhoed op een schap en nam de leiding. Hij wilde blijkbaar korte metten maken en stelde dat het nu wel duidelijk was dat het Duitse leger tijdens het laatste offensief nog uitsluitend gebruik maakte van de onverwoestbare en handig per spoor te verplaatsen *stalen* mitrailleurschutters-versterkingen.

De vergadering leek daarmee afgelopen maar G. richtte

zich zenuwachtig op, liet z'n notitieboekje uit z'n handen vallen en daarna bijna z'n lorgnet en zei in z'n schoolduits dat hij toch betonmolens gezien had, en dat er toch beton verwerkt werd in de onderkomens en...

'Maar die bevatten toch geen eigenlijke áánvalswapens meneer,' beet Thomas hem toe, 'dat zijn alleen onderkomens, schuilplaatsen, het internationale Rode Kruis...'

De namaak-Engelsman beaamde en suste in accentloos Duits. Men stelde een gezamenlijk 'voorlopig rapport' op waarin tot de conclusie werd gekomen dat de aanvoer van zand en grind vrijwel zeker niet voor oorlogsdoeleinden kon gebruikt zijn, daar... enzovoort.

Die avond in Noyon had Thomas een dubbel plan voor de nacht en hij bracht het ten uitvoer. Hij moest nu echt van die lorgnet zien af te komen.

Hoewel geen Engelse vliegers hem bijstonden zocht hij zich te verstaan met de kleinere Française, die Marie zei te heten. Hij vertrok ogen en snor net zo naar háár als tevoren naar haar zus en hield z'n onderkaak als een baanschuiver vooruit. Hij zag de zussen samen snibbig fluisteren aan het buffet. Het lukte niet erg.

Later op de avond zag hij geen andere tactiek dan weer bij Henriette in bed te stappen, onder voorwendsel door verdrietig noodlottige hartstocht overvallen te zijn. Maar door welgeacteerde oververmoeidheid liet hij het daar bij tederheden, waarbij de lof van het Franse land, nu even niet meer dan een voorwereldlijke puinhoop overigens, gezongen werd. Henriette stond ten slotte toe dat de verweerde strijder pour la Démocratie z'n eigen bed opzocht. Daar trof hij Marie weer poesachtig slapend, en hij zette haar ditmaal niet buiten de deur.

Hij fluisterde Marie toe dat hij haar niet alleen mooier en gevulder, maar ook interessanter en zeker intelligenter vond dan haar grote zus; volwassener ook in zekere zin. En dat het met die laatste eigenlijk uit was. Onder z'n opnieuw melancholiek ernstige strelingen sprak hij andermaal over het Franse Vaderland. En nadat hij met haar geslapen had in zekere bezorgde vertedering (doorgaans vreemd aan z'n avonturen) fluisterden ze nog wat. Thomas wilde weten of ze niet een groot geheim werk wilde doen voor La Patrie, iets wat hij haar zus eigenlijk niet kon opdragen. Marie straalde weer fluwelig. Ze keek haast scheel van liefde. 'Alles wat je wilt,' zei ze, 'al moest ik op m'n blote voeten naar het front.' Nou, zo'n vaart liep het ook weer niet. Haar opdracht viel in eigen ouderhuis op te knappen, maar veel tijd was er niet te verliezen.

De volgende dag was een vrije voor de commissie. 's Morgens speelde Thomas nogal gaperig een partij schaak met de kale hotelier maar 's middags werden de beide afgevaardigden uitgenodigd de begrafenis (met militaire eer) bij te wonen van, godbetert, een Engelse vlieger die even buiten Noyon afgeschoten was. Terwijl Thomas humeurig z'n hoofd ontblootte speelde een Duits muziekkorps 'Es ist bestimmt in Gottesrat' en hij kreeg heimwee naar Den Haag. Wat haalden die dikke Duitsers een dikke tonen uit hun blaasinstrumenten. Hij dacht aan de danslokalen in Kurhaus of Palace en hoe de geïnterneerde Engelse gastmuzikanten daar ragtimes bliezen met veel slanker en eleganter toon. Het verschil in nationale mentaliteit kon niet bondiger gedemonstreerd worden, vond hij.

Die nacht in het hotel liet Thomas iedereen met rust. Maar dat deed Marie niet. Ze verliet na middernacht de gezusterlijke kamer in de richting van het privaat beneden, maar bij terugkomst verdween ze geruisloos achter G.'s deur. Ze zag de oude man onrustig slapen en aarzelde. Ze wist wat haar te doen stond als hij wakker werd: hem beminnen. Maar ze bad de goede God dat hij als een os zou slapen.

De onnozele sliep en smakte babyachtig met de lippen, alsof hij een voorsmaak had van zo dichtbije genietingen. Marie tastte op stoelleuningen naar z'n colbert maar vond niets. Stekend angstzweet brak haar uit en ze smoorde op tijd een kreet toen ze zichzelf in de spiegelkast zag opdoemen. Buiten snorde en rommelde vaag de eeuwige oorlog.

Juist toen ze de kamer maar weer verlaten wilde, veerde G. als een spook overeind. Marie stond bevroren met de deurknop in haar hand. Hij riep hol 'Wie is daar,' en ze kreeg, onmiddellijk van haar schutsengel, een inval. Ze zei: 'Ik moest u waarschuwen voor een Engelse vlieger, maar hij is al weer weg, geloof ik.' Ze mimeerde luisterende aandacht met een opgeheven wijsvingertje. 'Ik hoor niets meer,' zei ze. De oude kuchte en draaide zich op z'n zij. Marie stond nog twee minuten onbeweeglijk tot hij snorkte en sloop dan naar de spiegelkast. Ze opende die millimeter voor millimeter, tastte naar een colbert en greep alle papieren in beide binnenzakken. Stormachtig zalige vreugde overviel haar. Ze had moeite er niet direct mee naar Thomas te rennen. In plaats daarvan sloot ze zorgvuldig kast en kamerdeur, bezocht nog eens symbolisch het privaat en liep met bonkend hart naar Thomas' kamer.

Die was wakker, rukte de papieren uit haar handen en sloot ze een voor een bij kaarslicht in z'n koffer. 'En waar is z'n notitieboek nou?' siste hij. Marie begon haast te janken maar hij zei dat het zo misschien ook wel ging. 'En nu als een haas naar bed,' zei hij, 'maar: eerst nog weer naar beneden op en neer.' Ze giechelde gesmoord en gehoorzaamde.

Thomas vond het allemaal wel wat vervelend om te doen (hij was een fatsoenlijk mens) maar Krieg ist Krieg en je deed het voor het vaderland. Zíjn vaderland, bedoelde hij ditmaal.

Al aan het ontbijt knaagde z'n toch zo soepel en volwassen geweten. Hij zag de kleine, teerhuidige Marie in gedachten voor een vuurpeloton staan, net als z'n landgenote Mata Hari. Hij keek schuins naar de met tegenzin etende G. die opnieuw geheimzinnig zweeg.

'Het is tenminste droog vandaag,' zei Thomas ongewoon vriendelijk. G. keek blindachtig door z'n lorgnet naar buiten en knikte.

Voor de middag stond een bezoek aan een betonverwerkend object op het programma, waar ongetwijfeld vertoond ging worden welk vreedzaam gebruik de Duitsers van grindbeton maakten, liefst ten behoeve van de arme Franse burgerbevolking natuurlijk. Thomas kleurde plotseling van ergernis: juist bij déze gelegenheid, zo gunstig voor Nederland en Thomas, zou G. geweerd worden – en wie weet ingesloten – wegens het niet bij zich hebben van de verlangde papieren.

Het leek bovendien of de traag kauwende G. gedachten kon lezen want hij zei: 'Ik kan vanmiddag niet mee naar dat bouwproject, want m'n papieren zijn weg.'

Nu was het zaak, hoogste verbazing te laten blijken. Thomas schoof z'n stoel krakend achteruit en riep: 'Wát zegt u!? Uw papieren? Hoezo weg? Dat kán niet!' (Het kwam direct bij hem op te 'helpen zoeken' en ze dan in godsnaam maar te 'vinden' ook nog.)

'Wat een ramp,' voegde hij er werkelijk enigszins verslagen aan toe, 'laten we direct gaan zoeken.' G. stemde verrast toe. 'Ik kom direct,' riep Thomas en verdween even naar z'n eigen kamer.

Beide heren zochten broederlijk en met een eigen soort kalme vertwijfeling in het keurig aan kant gehouden verblijfje van G., die overigens z'n gewone vage blik behield. Alleen vertoonden z'n oudeherenwangen nu een eng appelblosje. Zoals tbc-lijders wel hadden. Hij zocht dom en Thomas ergerde zich alweer. De gekaapte papieren brandden – en puilden verdacht – in z'n binnenzakken. 'Het is vast die meid,' zei G. opeens lijzig, 'die zat 's nachts aan m'n deur met een smoesje over Engelse vliegtuigen.' Het angstzweet brak Thomas uit. Nooit liet hij zich meer op idote missies sturen; het Nederlands handelswezen zocht het verdomme voortaan maar zelf uit. Met die bezopen spiegelkast, die al z'n handelingen registreerde, was er geen enkele gelegenheid de papieren ergens terug te leggen.

Tot Thomas' verbijstering vertrok G. na het zoeken rechtstreeks naar de Ortskommandant, om het euvel te melden. Thomas vroeg zich woedend af wat hem te wachten stond. Huiszoeking in het hotel, à la bayonnette? Verhoor van de eigenaar en z'n dochters? Zou Henriette ervan gehoord hebben en Thomas aangeven, vanwege z'n voorkeur voor Marie? Thomas, niet voor kleinigheden vervaard meestal, trilde als een oud wijf.

Maar de glimlachende goden duldden hem nog en goten hem nog eenmaal een idee in. Hij knikte. Zo moest het, en niet anders.

Z'n dagelijkse morgenwandeling in het trieste Noyon zou hij ook best alleen kunnen doen en hij pakte wandelstok en bolhoed en verdween. Het kwam op een juiste tijdrekening aan. Hij slenterde wat rond en begaf zich langzamerhand, via de gotische straathoekpijlen, in dezelfde richting als G.

Tegenover de magistrale maar scheefgezakte deur van het herenhuis dat de letters Ortskommandantur droeg en waar vanuit een bovenraam de keizerlijke vlag slap omlaaghing in zachte voorjaarsregen, stelde Thomas zich enigermate verdekt op achter een half ingestorte winkelpui. Het ging erom niet op te vallen bij de twee wezenloos starende oude schildwachten.

Na ruim twintig minuten wachten (waarbij het toch beter leek het onnozel kinderachtige gezicht te trekken van iemand die op z'n vriendje wacht en zo iets deed hij tenslotte ook) zag hij eindelijk G. het gebouw verlaten met een opgeruimde blik. Waarschijnlijk had hij nieuwe papieren gekregen.

Des te dringender Thomas' plan. Hij vervoegde zich bij de schildwachten, liet enkele van z'n (eigen) papieren zien en verzocht krachtig een zeer dringend onderhoud met de Ortskommandant persoonlijk.

Er werd getelefoneerd en na een kwartier verscheen een invalide soldaat die Thomas de weg wees.

Boven, in een riante kamer vol goed-Germaanse attributen als vlaggetjes van Turnverein, Sängerbunde en keizerlijk garderegiment, alsmede een hoopvolle wereldbol en een naakte bronzen Germania op het bureau, zat een mager geworden aristocraat in tadellos uniform die Thomas met opgetrokken neus een van de vederlichte Tonetstoelen aanwees die blijkbaar op snelle verplaatsing van het front berekend waren. Thomas wilde z'n passen overhandigen maar de officier mompelde 'Schon gut' met een getergde handbeweging. En dan vertelde Thomas z'n verhaal. Hij, Thomas, was ten volle verantwoordelijk voor de tijdelijke inbeslagname van G.'s papieren. Hij vertrouwde die man geenszins. Die G. was duidelijk weinig deutschfreundlich en leek de goede zaak te saboteren door, uiteraard denkbeeldige, grindbetonvondsten undsoweiter. En nu legde Thomas de zuchtende officier de papieren van G. voor. Die streek ze op en stak ze in een bureaula. 'Na also,' zei hij en stond op; het onderhoud was afgelopen. 'We zullen het onderzoeken,' zei de Duitser nog mat. Thomas dacht nu of nooit; hij liep wat rood aan maar ging zo breed en hoog mogelijk staan. 'Eén vraag nog,' snerpte hij de oude soldaat toe, die hem nu voor het eerst in de ogen keek. 'Ik heb bij mijn inbeslagname de coulante medewerking gehad van het hôteliersgezin, en ik moet er als non-combattant commissielid wél op staan dat die geschikte mensen, die deutschfreundlich zijn, geen haar gekrenkt wordt.' De officier boog met één opgetrokken wenkbrauw, pakte een zilveren vulpotloodje van z'n bureau en zette een krabbel op een blocnootje.

Thomas verliet het gebouw met gemengde gevoelens. Wat hij niet allemaal voor z'n medemens over had. Buiten was hij zelfs zenuwachtig te noemen.

In het hotel zei G. hem koel: 'Het is in orde; ik heb nieuwe papieren, de zaak wordt onderzocht,' en die middag stonden beide heren, geduldig aantekeningen krabbelend, in het bedrijf dat pregefabriceerde betondelen leverde voor 'eenvoudige arbeidershuisjes'.

Buiten het fabrieksgebouw stond demonstratief dezelfde vrachtwagen, die bij St. Quentin grind had ingeladen vanuit het treintransport. Of het was althans een wagen van een zelfde merk en uitvoering.

Die nacht sliep Thomas onrustig. Hij wilde naar huis. Door de idiote filosofie van die Barrès had hij domme dingen gedaan en steeds als hij marcherende patrouilles langs z'n raam hoorde, hield hij de adem in. Eigenlijk moet hij Henriette inlichten, maar die zou hem de ogen uitkrabben vanwege Marie. Hij zou Marie zelf zeggen, dat als ze gepakt werd voor verhoor, ze onmiddellijk z'n naam mocht – nee móést – noemen.

Met dat doel zocht hij haar de volgende morgen voor het ontbijt, maar hij zag haar nergens. Hij kreeg een wee, bijna verliefd gevoel godbetert en stamelde op z'n kamer 'O kleine Marie'.

Aan tafel meldde G. triomfantelijk dat die kleine hoer opgepakt was, van haar bed gelicht, vroeg in de morgen; Thomas kon die zak wel vermoorden.

Dat was onnodig, want G. meldde nog terloops dat voor hem de missie beëindigd was en dat hij over een uur afreisde naar Holland. Hij gaf Thomas geen verdere uitleg en nam vast afscheid.

Thomas wandelde, als gewoonlijk maar nu alleen, wat door het Noyon dat hij nu wel uittekenen en uitbraken kon. Het werd ook voor hem hard tijd voor Holland. Bovendien leek het erop dat het offensief verzand was en wie weet kwam het front nu weer dichterbij. Er heerste steeds nerveuzere bedrijvigheid in de stad.

Hij kreeg z'n zin. Voor wat de laatste middag bleek te zijn, stond nog één laatste bezoek aan het 'front' op het programma; ditmaal in iets meer westelijke richting tot bij Lassigny. Het echte front was hier niet meer dan een kilometer of twaalf verwijderd en het gedreun zowel als de vage stank namen onbehoorlijk toe.

De begeleidende officier was ditmaal wat gehaast en ongeïnteresseerd en het commissielid eigenlijk ook. Men hield het vrij snel voor gezien. Vooral ook omdat men op zeker ogenblik een hol geluid als van een verre expressetrein door de lucht gehoord had, gevolgd door ratelende donder en een luchtverplaatsing die ook hier bij de oude loopgraven een rukwind met papieren en stuifzand veroorzaakte. 'Frans 30 cm spoorweggeschut,' zei de Duitser grinnikend alsof hij vond dat hij Thomas tuk had. Dat hem ditmaal een gasmasker was uitgereikt zinde Thomas ook amper. Hij had het ding moeten opzetten onder z'n bolhoed en een groep Duitse geniesoldaten, zelf zonder masker bezig met het herstellen van ingestorte stellingen, had gegiecheld toen hij langs kwam.

En dan kwam men op de terugweg ook nog langs een verlaten verbandplaats. Er lagen nog onzegbaar besmeurde flarden en attributen en Thomas huiverde nu toch. De gezamenlijke pijn en angst van die kleine ruimte leek nog altijd als een nevelzuil op te stijgen maar men moest natuurlijk de grote lijnen blijven zien, dat deed Foch ook. Toch had hij een kinderachtige bloed- en jodiumhallucinatie.

Thomas zag voornaam bleek. Goddank dat hij de volgende middag zou afreizen. In Noyon diende hij alleen nog z'n definitieve rapport te maken en dat de Ortskommandant te tonen voor hij het mee naar Holland nam. Een tweede zuigende explosie, daarginds, deed hem z'n pas aanmerkelijk versnellen. De Duitse officier glimlachte fijntjes.

In de late namiddag terug in het hotel was Thomas bijzonder gedeprimeerd. Waar was die rotmeid nou. Hij durfde niemand naar haar te vragen. De oudere zus en de kale vader zagen grauw als varkensblazen.

Ook was het dom geweest een onbekende tot vijand te maken. Wie was G. eigenlijk en wat zou die hem thuis in Den Haag voor schade kunnen doen. In z'n kamer begon Thomas zich waarachtig een beetje achtervolgd te voelen en hij schrok mallotig toen er op z'n kamerdeur geklopt werd. Met een kwaaie ruk trok hij open, een ruk die in dezelfde seconde voor intuïtieve hartstocht kon doorgaan want Marie stortte naar binnen en sprong om z'n hals. 'Oh, aah,' riep ze. 'O lieveling, m'n grote kalme held.' Thomas hoestte ongemakkelijk. 'Je hebt me gered! Je hebt jezelf aangegeven om míj te sparen! Oh, hoe kan ik je dat vergelden!' Ze keek scheler dan ooit van vlakbij in z'n grote kop.

Ja, zo was het ook. Thomas had een prachtig offer voor haar gebracht. Hij was vaag ontroerd. Hij herinnerde er haar echter aan dat hij morgen 'helaas al weer' moest afreizen. Marie drukte de reus aan haar kleine boezem en glimlachte fluwelig door haar tranen. 'Ik ga met je mee,' piepte ze innig verheugd en hees. 'Ik laat je nooit meer alleen. Vraag een uitreisvisum voor me, ik zal altijd...' Thomas hoestte opnieuw vervaarlijk. 'Maar m'n kleintje,' zei hij wit, 'dat zal... eh... voorlopig niet gaan. Ik krijg nooit vergunning; ik... eh... bovendien, m'n missie...' Ze huilde enigszins. Thomas streelde manmoedig. Dat was nog erger dan 30 cm spoorweggeschut. Van het woord 'voorlopig' had hij, als eerlijk man, spijt. 'We zullen zien,' zei hij nog. Had hij zich maar bij Henriette gehouden, die met een geldstuk te kalmeren viel zoals het volwassenen betaamt.

Die nacht weerde Thomas, tot zijn eeuwig credit, Marie. En Henriette. Die later samen sissend ruzieden op hun kamertje.

De volgende morgen leverde Thomas z'n volledig uitgewerkte gegevens in die niets bezwaarlijks – integendeel – over de zand- en grindbestemming bevatte. Z'n bevindingen werden vergeleken met die van de Turk en de 'Engelse' heer uit Coucy-Le Chât en gecoördineerd. 'Na also, das wird die Engländer beruhigen,' zei de Ortskommandant met zekere glimlach en terwijl het eindrapport in veelvoud werd overgetypt opende hij een geldkistje met een gestileerde adelaar en overhandigde de drie heren de overeengekomen envelop met inhoud. Hij boog vormelijk. Thomas moest nu alleen nog maar even wachten op de wat trage, eenarmige typist voor z'n kopie.

's Middags om een uur stond hij aangetreden in de kleine hotelhal en iedereen nam gereserveerd afscheid. Marie drukte hem daarbij een briefje in de hand. En hij drukte Henriette een briefje in de hand: een tien markenbiljet. De hotelier was nog het beleefdst: Thomas had zo juist twee peperdure flessen wijn van hem overgenomen.

III

Thomas was moe. Gedurende de lange nachtelijke treinreis staarde hij op z'n door Marie glanzend gepoetste schoenen en dacht aan niets.

Thuis in Den Haag verwelkomde de oude juffrouw hem met een klein grijnsje. 'Ik heb over uwé ingezeten,' bekende ze met voor haar doen ongebreidelde spraaklust. 'Dat was niet nodig geweest,' beet Thomas haar toe. 'Ik haat bemoeienis met mijn particulier leven.' De oude schoof weg.

In de netjes op volgorde gestapelde dagbladen op z'n bureau zag Thomas dat de Engelse regering intussen niet langer stond op internationale arbitrage inzake de zand- en grindtransporten; dat zij de Nederlandse regering vertróúwde (in een soort ruil voor gestolen scheepstonnage, of, zoals Thomas tussen de regels meende te begrijpen, omdat Engeland goede reden had te wensen dat Nederland niet met Duitsland in ernstige moeilijkheden zou raken). De transporten gingen door.

'Amen,' mompelde Thomas.

Wie nu meent dat hij zich wat verslagen voelde vergist zich; hij had z'n envelop en hij kreeg z'n Nederlands honorarium nog. De volgende dagen bestelde hij twee nieuwe geklede kostuums en een dozijn maathemden in verschillende tinten. Z'n vaderlands lompe wandelstok verving hij door een Engels twijgmodel en hij bestelde in een grote boekhandel *Un homme libre* van Barrès. Dat laatste artikel was evenwel niet leverbaar en hij liet het er maar bij.

In een van die nieuwe strakke maatpakken verscheen Thomas in de Vieux Doelen, op een tea voor en door Engelse officieren met muziek en zang door de 'Timbertown Follies', die aardige jonge Engelsen – geïnterneerden uit een barakkenkamp in Groningen – die feestelijk het land doorkruisten met hun cabaretprogramma.

Het was stampvol in de Doelen, tout La Haye en veel diplomaten, prachtig getailleerde kakiuniformen en schitterende vrouwen.

Thomas was er alleen maar amuseerde zich. Hij lachte breed om die vier Britten in hun witte pierrotpakken, om hun grappen en om de travestie van de jonge zeesoldaat Morgan met diens zwarte kousen, lange zwarte handschoenen en kort wit rokje.

Hij neuriede zelfs bij If You were the Only Girl in the World, dat het deftig publiek trekkerig meezong alsof dat intussen het Entente-volkslied geworden was. Bij Every little While I feel so Lonely, door Morgan met meisjesstem gezongen, zag Thomas waarachtig even de schuwe paardeogen van Marie voor zich, die ogen met een vochtig gelukswaas dat net zo goed een achtergehouden traan kon zijn. Vervelend. En toen de Britten later in pittig tempo Oui oui Marie zongen geneerde hij zich opeens, zij het een beetje.

Maar hij vergat dat. Zulke aardige nieuwe muziek leek bijna een oorlog waard. Zoals ook andere kunsten zich schenen te vernieuwen. Hij was trouwens doodziek van die vroegere Weense walsen.

Het briefje van Marie dat haar naam, adres, telefoonnummer en nog iets bevatte, had Thomas al voorbij St. Quentin uit het coupéraam geworpen. De snippers lagen op de oude – intussen weer nieuwe – slagvelden. Noyon was alweer Engels en nog verder verwoest. Ze was dus met de beste wil van de wereld niet te bereiken en misschien al dood.

Zo leefde Thomas voort naar de wapenstilstandsdag. Er waren twee heren die hem niet meer groetten maar daartegenover werd hij door een paar vrienden bewonderd. Hij was een dekselse kerel, een van de weinige met oudvaderlandse handelsspirit, moed, enz. Bescheiden, bijna wat verlegen voegde Thomas op zo'n zwart etentje daaraan toe dat het allemaal best meegevallen was. Maar dat

Noyon natuurlijk wél onder geschutsvuur had gelegen. Zwaar spoorweggeschut. God man, de aarde beefde wáár je liep.

Thomas had zich beter moeten oriënteren vóór z'n missie. Op een avond dat hij rustig thuis zat – de juffrouw had juist warme chocolade binnengebracht – werd er gebeld en onaangekondigd bezoek verontrustte Thomas. Het was D., z'n oude zakenvriend. Die kwam hier nooit; nu stond hij al binnen en zonder in de voor hem toch vreemde kamer rond te kijken stak hij gehaast van wal.

'Luister Thomas, die G., die jij eruit gewerkt hebt in St. Quentin...'

'In Noyon,' zei Thomas al geprikkeld.

'Nou ja Noyon dan. Dat is een proféssor G.; een vent van de Hoge Raad, nee, van het Internationaal hof van Justitie, heb ik gehoord. Ik hoop niet dat die iets tegen ons kan beginnen vroeger of later, je had beter...'

'Ja,' zei Thomas, 'ik weet het.'

Sinds die avond schrok Thomas een beetje als er gebeld werd en ook bij de postbestellingen. Die oude man met z'n lorgnet moest ergens in Den Haag rondlopen.

Hij stelde zichzelf gerust. Het waren oorlogsomstandigheden en nood breekt wet. En bovendien hield Thomas van het verdiende bedrag een aardigheidje over, zo nodig, voor z'n vriend De B., een uitstekend advocaat.

Maar met de komende novemberstormen, kort na de elfde alleen op z'n kamer, in een ongelooflijke stilte die overal intrad, klonken die argumenten wat zwak. Ook vielen nu zekere bronnen weg en met de Russische papieren was het misgegaan, sinds de gepeupelregering daar. Het raspoetinachtige spook Marx waarde door Europa en ook daar kon Thomas niet om lachen. De nieuwe meesters zouden even genadeloos zijn.

Thomas was rillerig naar bed gegaan. Een kou waarschijnlijk. Voor het eerst dacht hij over de oorlog na. Die was uit de hand gelopen toen de legers zich in de aarde ingroeven. Hij was absurd geworden, een wraak van het irrationele, een straf misschien voor de hoogmoed van positivisme en materialisme. Oorlog is zinloos, hoorde men nu alle dagen zeggen; maar misschien waren rigide denksystemen zinloos, want die leidden tot oorlog, die 'voortzetting der politiek met andere middelen'. En hadden de Fransen zich dan maar onder de voet moeten laten lopen, of die Duitsers zich laten einkreisen? Je wist het niet. Maar het was natuurlijk géén vertoning geworden, met die loopgraven.

Die nacht had hij een koortsdroom. Hij droomde dat hij dorst had en een grote fruithandel in de binnenstad inliep. Het was er stampvol en er brandde weer feestelijk volop licht. Maar toen Thomas de glazen winkeldeur door was viel al dat licht uit. In het pikdonker bewoog niemand en tussen de meer geweten dan geziene zwijgende lichamen meende hij G. te bespeuren.

Thomas ontwaakte huiverend, wilde niet ziek zijn en zeker niet door die oude vrouw verpleegd worden. Misschien had hij de Spaanse griep en nog iets. In paniek dacht hij aan het lied van de Engelse krijgsgevangenen bij het verwoeste depot aan het front en belde in de vroege morgen z'n arts. Een geheel nieuwe tijd was begonnen; een tijd van onzekerheid.

De goden aarzelden mogelijk. Maar ze mochten Thomas. Hij dacht en deed als vrijwel iedereen maar zonder ethisch zeveren. En naar Fichte bestaat de zedelijkheid daarin, dat de mens z'n eigen wezen moet handhaven en er congruent aan moet worden. Dat had Thomas uit z'n studententijd onthouden.

Hij herstelde snel en in januari '19 had hij voorlopig, net als de rest van Europa, alleen zin in uitgaan, dansen en muziek.

Een dubbel incident

Op zomerzondagmiddagen bevond ons gezin zich meestal direct achter de hoogopgeschoven ramen van het bovenhuis aan de Leidse Rijnsburgerweg. Geuren van aarde, klinkers, bomen, verbrande benzine en stoom drongen feestelijk binnen. Mijn vader staarde dan misleidend ernstig naar het fietspad aan de overkant, waar roodverbrande meisjes vanaf een uur of vier begonnen terug te keren van het Katwijkse strand naar de binnenstad. Hij volgde ze soms even met de ogen, maar altijd zo of hij afkeuring in de zin had. Dikwijls uitte hij die ook: 'Kijk eens éven hoe die daar zich heeft toegetakeld!' zei hij dan van een niet te mooie meid in wonderlijk geachte strandkledij. Moeder, aan het andere raam, keek mee met schuddend hoofd en vader bleef buiten verdenking.

Ook m'n zus, die in die jaren een fondsbril droeg en niet graag buiten kwam, zat de zondagmiddagen mee uit. Ze staarde mee door vaders raam, even ondoorgrondelijk als hij, en soms vonkte haar bril in de al wat dalende zon. Zelf telde ik doelloos hoeveel auto's per uur passeerden en ik mompelde monotoon de merken: zesentwintig Fords, veertien Chevrolets, drie Auburns, één Voisin, vier Studebakers, drie Chryslers, één Hotchkiss, enzovoort. Ik had het er druk mee, maar meestal kwam al gauw landerig ongenoegen op om verspilde tijd: ik had beter kunnen gaan tekenen of 'iets maken' van het grote karton, dat achter in het weekblad *Het Leven* lag ter versteviging bij de verzending. M'n werkzame ouders zagen dat ook liever.

De opstelling van ons gezin was niet anders op die julizondagmiddag van 1929. Vader had juist met een knip van z'n vingers m'n zus opdracht gegeven een glas jenever voor hem in te schenken 'mét een tik', zodat het half vijf geweest zal zijn. Al sippend van het glaasje keek hij weer naar de stromen vermoeide fietsers op weg naar huis. Ik hoopte dat er een ijswagen langs zou komen, maar dan een 'goeie', waarmee bedoeld werd dat het geen schepijs mocht zijn, dat tyfus of de ziekte van Weil kon opleveren, maar verpakt banketbakkersijs. Het waren witte karren met 'IJsco' in rode letters, en geen bel maar een bronzen gongetje, dat de kakigeüniformde ijscoman beroerde met een bijpassend houten hamertje. Het verkeer ruiste en claxonneerde, de uitpuilende trams van zee dreunden, het laaghangend groen van de weg geurde zwaar, de rails flonkerden en we werden moe van de frisse lucht en geeuwden.

Ook de terugkerenden buiten waren blijkbaar moe. Er werd op de fietsen gekibbeld en achterop meegevoerde kleine kinderen blerden niet zelden met wijd open monden onder witte zonnehoedjes. Soms sliepen die kleinsten ook met hun rode hoofdjes in een onnatuurlijke knik achterover.

Moeder schudde afkeurend het hoofd. Vader nipte stil van z'n glaasje in de vensterbank. We kregen niet te koele Ranja en een zoute krakeling.

Plotseling, om over half zes, een panisch schurend geluid aan de overkant, gevolgd door kletterend metaal, een gil en een doffe bonk. 'O god,' riep moeder. 'Dát dacht ik wel,' zei vader. Hij zette z'n glas neer, stond snel op, en gevolgd door een ongelovig verbaasde blik van moeder verdween hij en rende soepel en haast geluidloos de trap af. Beneden op de stoep keek hij even ernstig naar links en rechts voor het verkeer, streek z'n haar model achterover en glipte tussen auto's en motoren naar de overkant. Daar lag een meisje in het wit op het fietspad uitgespreid als een blei; haar vriendin stond gekromd met de handen op de knieën en had schrikogen.

Vader had een optimistisch glimlachje. Hij zei iets tegen de meid op de grond, boog zich over haar heen en bood haar z'n arm. Ze trok zich huilend overeind aan z'n tennispullovermouw. Ze strompelde en vader sloeg een arm om haar middel; hij hielp haar zorgzaam oversteken. De vriendin had hij blijkbaar opgedragen de fietsen op slot te zetten en mee te komen. Een oude heer, die de beide slachtoffers een pepermuntje had willen aanbieden voor de schrik, werd door vader met een beweging van het hoofd weggehoond. ('Een pepermúntje!' hoorden we hem grinniken.)

De voordeur ging open en terwijl moeders wenkbrauwen rezen klonk gestommel van drie paar voeten op de trap. Ik verwachtte de kamerdeur te zullen zien opengaan en vader te zien binnenkomen met die meid aan z'n arm. Onze ijzeren Philipsradio speelde zachtjes; op zondag zond de Avro en er was blijkbaar een kinderuurtje gaande: Antoinette van Dijck zong tenminste beschaafd Pa ik wil een voet – balll, een voet – balll, een voet – balll.

Onze pa kwam allerminst op dat geluid af. Moeders zwartbruine ogen sperden toen we de deur van de ongebruikte achterkamer hoorden opengaan. Vader verdween daar met z'n jeugdige buit. We luisterden; er klonk alleen gemompel en dan een giechel. Moeder stond resoluut op en wij kinderen volgden.

Schaapachtig, als begingen we een onwettige storing, betraden m'n zus en ik de achterkamer. Daar lag, op onze wijnrode canapé, een mooi meidje van een jaar of zeventien uitgestrekt in behaaglijke rust. Ze had een glas citroenjenever in haar hand en keek daarnaar met wijde groene ogen. De minder fraai uitgevallen vriendin zat, nog wat na trillend, op een stoel naast haar.

Vader had een ontspannen, zonnige blik, een gezicht dat we nog haast alleen van verjaardagen kenden of van vroegere dansavonden bij de grammofoon met kennissen. Hij was ze'n oudste zelf: dat van vergeelde foto's uit Indië, in tropenpak met rijsttafelende vrienden en vriendinnen, of met een vlinderstrikje aan de piano van de Soos.

Hij stond nu over een fles Springbok gebogen, ontkurkte die, en schonk ook de vriendin iets in. Ter verklaring – meer voor moeder dan voor die meisjes – zei hij: 'Hier, drink maar eens op, dat is goed voor de schrik. Beter dan een pepermuntje!' De meidjes lachten bête.

Moeder kuchte veelbeduidend en pas toen richtten de twee slachtoffers de nerveuze en te sterk geschaduwde ogen op haar. 'O dag mevraaauw,' zeiden ze geschrokken. Hun uitspraak liet naar onze maatstaven te wensen over maar het scheen vader niet te deren. Hij bleef opgewekt zorgzaam. 'Nog eentje!?' vroeg hij baldadig aan het bijna wellustig liggende meisje en ze hief als antwoord haar leeg glas naar hem met een geknakt stengelpolsje. Hij pakte het glas en schonk grinnikend. Vrouw en kinderen bestonden niet.

Moeders donkere ogen werden donkerder. Ze wendde zich af en verliet de kamer met het gezicht dat uitdraagt: ik ben eigenlijk gék, daar te blijven staan. Ze beduidde ons mee te gaan, maar terug in de voorkamer bedacht ze zich. 'Ga jij eens kijken of je je vader ergens mee helpen kan,' zei ze me niet te vriendelijk en ik vertrok opnieuw, en bedremmeld, naar de achterkamer.

Daar was het tafereel licht gewijzigd. Vader zat nu aan het voeteneind van de canapé, bekeek een blauwe plek op het naakte onderbeen van de gevallene en was intussen aan een anekdote uit z'n vak bezig. 'Die vent lag óók voor Pampus op straat, ik kom net aanrijden met m'n Fordje van de zaak, met honderd fles Samos erin, en ik zeg: lust je een...'

Toen zag hij mij. Z'n glimlach bestierf. 'Wat kom je doen, schlemiel?' vroeg hij met moeite hilariteit voorwendend. Ik wist het niet en de meiden glimlachten wee. Er ontstond enige stilte.

Die stilte redde vaders halfuurtje. Want in de verte hoorde hij en ook ik – een bekend zomers geluid: de nog zwakke maar onmiskenbare toon van het behamerde ijscogongetje.

Vader sprong op en tastte in z'n vestzakje. 'Als de bliksem,' zei hij tegen me, 'haal voor allemaal een ijsje; eens kijken: twee, vier, vijf stuks.' Ik was al bij de deur toen hij me opeens jongensachtig verlegen nariep: 'Vraag je moeder even of ze óók wil.'

Die knikte, waarop ik naar beneden stormde en op de fiets verdween. De ijsman bevond zich zeker nog op twee kilometer afstand en ik ontdekte hem bij 'Pomona'. Daar stond hij stil te midden van een stroom mensen die juist een sportveld hadden verlaten. De wagen werd bestormd en ik smakte m'n fiets neer om erbij te kunnen komen voor alles op was. Ik drong tussen de zwetende mannen en grote jongens met petten en vorderde slecht. Ik werd er wanhopig van want ik dacht dat vader haast had.

Ten slotte was ik beverig aan de beurt en keek vol spanning naar de zinken laadjes van de kar, die angstig leeg begonnen te raken. Twee ijsjes kwamen nog uit het achterste stuk van een la maar gelukkig trok de ijsman een nieuw register open: z'n laatste.

Zeer tevreden met m'n gelukte aankoop vloog ik naar huis en wachtte ongeduldig tot de stroom auto's minderde en ik kon oversteken. Ik zag de onbeweeglijke schimmen van zusje en moeder achter de nog altijd open bovenramen, waarvan het opgeschoven glas de lage zon stekend kaatste. Het was nog warm. Lauw ijs droop uit het papieren zakje. Wat keken die twee strak, en dat bij zo iets feestelijks als ijs.

M'n zus trok de buitendeur open en ik stormde naar boven, naar de achterkamer. Vader zat daar nog altijd op de canapé en hielp nu het liggende meisje overeind zitten. Hij zette een groot paars sierkussen in haar rug. Ze bloosde.

Vader zei ditmaal niets – niets! – dat ik zo lang weggebleven was en pakte het zakje ijs aan. Hij deelde uit en de meiden zogen slobberend en zwijgend, en met één vogelklauwhandje onder het ijs voor de druppels. 'Hier,' zei hij tegen mij, 'de rest is voor *jullie;* vóór opeten.' Ik gehoorzaamde.

In de voorkamer was de radio uit en moeder en zusje aten óók zwijgend het ijs, maar het was een andersoortig zwijgen dan in de achterkamer.

'Dat wordt me toch een beetje te gek,' zei moeder binnensmonds toen haar ijs op was. Ze bette haar mond met een klein zakdoekje, en stond vastberaden op. 'Ik moet trouwens zó voor het eten gaan zorgen,' zei ze er nog achteraan of ze zich te verontschuldigen had.

Ze verdween naar de achterkamer, waar we haar stem iets korts en gebiedends hoorden zeggen boven gemompel. De achterkamerdeur ging open. 'Ja,' hoorde ik vader in de gang nogal laf antwoorden, 'ze kan nou best wel weer fietsen hoor, niet Willy?' Willy bevestigde dat en zei nog bedeesd niet geweten te hebben dat het al zo laat was. 'Heb je geen horloge, meid?' vroeg vader vriendelijk. 'Nee meneer.'

Vader ondersteunde nog voor het laatst het demonstratief hinkende meisje, terwijl de lelijke vriendin met gebogen hoofd van verlegenheid – maar mét een conspiratief grijnsje – aan de afdaling begon. Vader bracht ze nog tot op de stoep. 'Hebben jullie je fietssleuteltjes nou?'

'Ja hoor, eh, meneer.'

'Nou, het beste, en niet meer onderuit hoor.'

Gegiechel. Vader en ik glimlachten mee.

Boven, vóór, keken ook moeder en zus naar de overkant, waar de meisjes traag en een beetje dom op hun fietsen stapten. Buiten rook het zoet naar beginnende zomeravond; het verkeer suisde slaapverwekkend voort.

Aan tafel, een half uur later, heerste enig stilzwijgen. De lepels en vorken klikten afwachtend.

Voor ik naar bed moest verdween ik in pyjama de gang op en liep op de tenen de al half donkere achterkamer binnen. Ver weg was door de balkondeuren het trage lint van de elektrische trein uit Amsterdam te zien. Ik keek terug in de kamer naar de roerloos lege canapé. Terwijl de trein dof rommelend de overweg bij het station passeerde, rook ik vaag een aandreinende vleug meidenzweet met goedkoop parfum. Ik huiverde; toch waren de balkondeuren gesloten.

Twee maanden later kregen we logés. Mijn oom Rolf en tante Nan, die uit Indië gerepatrieerd waren en die nu op zoek gingen naar een goede vestiging voor ooms artsenpraktijk.

Hij was een 'Indischman', klein, tenger, oosters bedaard en nogal mysterieus voor ons Leidse verstand. 's Avonds had hij last van het kille Hollandse klimaat binnen ons oud, tochtend huis. Wáár hij ging sleepte hij gemoedelijk een kleine, wit geëmailleerde oliekachel mee.

Op een van de eerste avonden van hun verblijf zat hij in onze huiskamer, het kacheltje aan z'n voet, en vertelde over Berlijn. Direct na '18 had hij in die stad z'n studies uitgebreid en praktijk opgedaan. Over de gruwelijke kaakverwondingen van het front – zijn specialiteit – zweeg hij.

Over wat hij zag in die stad sprak hij bedekt, maar hij voorspelde met luchtige ernst: 'Berlijn zal tot op de laatste steen verwoest worden, als Sodom en Gomorra.' We glimlachten beleefd – oom was nu eenmaal een beetje excentriek – en ik vroeg, toch wat bleek: 'Wanneer dan oom?' Hij grijnsde onaangedaan aziatisch alsof hij schik in het geval had en antwoordde: 'Ik zal het nog nét meemaken.' (Het zou uitkomen: tijdens de gevechten om Arnhem, zestien jaar later, stierf hij rustig aan de ziekte die hij jaren meedroeg; Berlijn was toen al grotendeels verwoest.)

Oom had van z'n Berlijnse en Indische jaren – hij was militair arts geweest op bijna alle eilanden – een oosters kalm en goedgehumeurd cynisme over gehouden dat wij kinderen bewonderden. 'Je hoest je hier een bloedspuwing,' zei hij over ons oktoberweer en aan tafel noemde hij de Hollandse andijvie onbewogen 'Dajakkersslijm'. Op onvaderlands openhartige wijze verhaalde hij – ook tijdens een maaltijd – over de syfilislijders onder Jan Soldaat die hij in Indië in rijen had te behandelen. Vader grinnikte langdurig.

Tante Nan was een grote, blonde, heel mooie maar ook heel nerveuze vrouw en moeders enige zuster. Ze lachte soms te snel om een grap van haar donkere echtgenoot of van vader, alsof ze bang was in begrip te kort te schieten. Maar haar kort hinniklachje werd dan direct gevolgd door een zenuwfrons, waarmee ze geschrokken naar de gezichten van de mannen keek. Want ze was van een hoge kuisheid en zou niet hebben willen lachen om dubieuze aardigheden. Vader kon niet een van z'n handelsreizigersmoppen kwijt die dagen, maar oom Rolf trok zich weinig van haar preutsheid aan. Hij vertelde z'n praktijkverhalen terwijl tante oogknipperend en met afwerend vies gezicht trachtte niet te horen. Ze geneerde zich tegenover moeder.

Zo zat de familie op die avond in oktober '29 bijeen aan tafel en luisterde naar oom. Terwijl hij de goedbedoelde rijsttafel van enorme hompen sambal voorzag, ('We gaan tóch allemaal naar de verdommenis door die New Yorkse beurs'), en hij z'n bier op het oliekacheltje voorverwarmde, verhaalde hij van een militair-hiërarchisch incident op Java, waar hij als legerarts vergeten was z'n uniform te completeren en in de nanacht de bergen in trok met z'n tuniek over z'n pyjamabroek teneinde de vrouw van een sergeant te verlossen. Tante Nan, al nerveus van de novemberstorm die ons oude huis deed kraken, verzocht hem binnensmonds het verhaal niet af te maken en aan de kinderen te denken maar hij babbelde rustig voort. Hij kwam aan het hoogtepunt van z'n vertelling toen er gebeld werd. Het was bijna half acht.

Moeder stond met een verbaasde wenkbrauw op, ze liep

naar het trapgat en trok de buitendeur open aan het koord langs de leuning. Er klonk gesnik van diep beneden.

Omdat dit ongebruikelijk genoemd moest worden ging ik nieuwsgierig meekijken en zag een korte man staan met een verlegen blos op het gezicht. Hij kuchte en trok een nasnikkend meisje naar binnen. Ook tante Nan verscheen in het trapgat.

Terwijl de wind herfstbladeren naar binnen blies zei de man nederig dat hij de vader van het meisje was; hij gaf een ruk aan de arm van z'n kind en snauwde: 'Pak uit.' Het meisje bukte, diep blozend, over een tasje en haalde iets te voorschijn. De man pakte het aan en wachtte; het meisje snikte opnieuw overvloedig en tastte nogmaals in het kniptasje. Het was iets nog kleiners ditmaal.

De vader liep, nu ook vuurrood, een paar stappen de trap op naar moeder, die een paar treden gedaald was. Hij overhandigde de glinsterende voorwerpen. Van zo dichtbij zag ik dat het een gouden dameshorlogetje was en een minuscule ring met een steentje.

'Dat komp ons niet toe mevraauw,' zei de man ootmoedig en moeder antwoordde toonloos: 'Ik begrijp het al.' Het meisje, dat ik nu eindelijk herkende als Willy van het fietsongeluk, zweeg met haar groene ogen naar de granietvloer van de vestibule.

Moeder bedankte de man, kwam binnen met een paarsrood aangelopen tante Nan achter zich en legde de beide sierstukjes op het witte tafellaken naast haar bord. En terwijl vader sterk verbleekte en oom bijna welwillend toekeek pakte tante Nan bevend van diepverontwaardigde drift een nog volle bierfles en haalde uit naar vaders in schaamte gebogen hoofd.

Het was een flitsende slag, die z'n schedel had kunnen

breken. Maar de kleine toean dokter was snel; in één aapachtige beweging ving hij vuist en fles in z'n pezige bruine hand. 'La grande hystérie,' grinnikte hij, een opmerking die hij vaker gebruikte bij de onverhoedse reacties van z'n nerveuze vrouw. En terwijl moeder gelaten naar de tafelrand keek, siste haar zus nog onverstaanbaar in vaders richting. Ze stond nog als een wraakfurie overeind toen ik met een mij opgedragen glas water voor haar aankwam. Oom Rolf ging in de logeerkamer rommelen in z'n koffer en kwam met broom terug.

Doordat moeder een enkele snik ontsnapte werd tantes drift in zusterliefde opnieuw opgeladen en ze viel nog eens uit, nu weliswaar met de blote hand voor een eenvoudige oorvijg. Oom sloeg ook deze actie af. De terugwijkende Nan wierp echter het oliekacheltje bijna om zodat een roetwalm opsteeg in een geur van petroleum en warm bier. 'Je komt hier handen te kort,' zei oom opgewekt waarbij hij ook nog lenig z'n kachel opving en rechtzette.

Zelf met een koele vrouw gehuwd scheen hij niet ondersteboven van vaders vergrijp en nadat hij de broom opgeborgen had begon hij omstandig z'n kachel weer aan te steken en zichzelf nieuw bier in te schenken. Van z'n handelingen ging een sterk verzoenende rust uit. Z'n doorzichtig geelbruine ogen verrieden niets.

Hij sprak sussend. M'n zus, even kalm als hij, bette met een vaatdoek bier en petroleum van de vloer.

Wij kinderen werden de kamer uitgestuurd; het was trouwens tijd om ons uit te kleden en te gaan slapen. Toen we een kwartier later nieuwsgierig als oude wijven in onze pyjama de huiskamer naderden om welterusten te wensen, hoorden we oom nog vaderlijk zeggen: 'Die meiden dóén het er nu eenmaal om.' Hij wist ongetwijfeld beter, maar een vleug wijsheid ging hem waarschijnlijk boven een vleug waarheid. Toen we binnenkwamen leek de familie alweer in harmonie verenigd.

Hoe oom, met z'n wegwerpende woorden en casuele gebaren dat zo snel bereikt had wisten we niet, maar moeder, tante en zelfs vader keken verlegen glimlachend en dankbaar naar hem op als gecorrigeerde schoolkinderen.

Aspiraties

I

Een lage herfstzon, die ook de stoeptegels schaduwranden liet opwerpen, brak na half negen door boven het emplacement. De Roo had eigenlijk al honger maar wilde tot elf uur wachten met z'n eerste brood.

Tussen de hoge punten van het hek – hij moest om ze te bereiken op de onderste dwarsbalk gaan staan en zich rekken – werd de lucht nu blauwer.

Nog steeds trok een stroom fietsers langs, al werden de rijen dunner; er waren veel geeuwende kantoormeisjes bij met boze ogen. De Roo werd collegiaal gegroet door een bakker en een tramconducteur te voet, een ervaring die hem vermaakte. Naarmate de massa's achter hun bedrijfsmuren verdwenen steeg z'n stemming: het leek op vakantie. Na negenen werd het stil en klaar; het rook nu naar winterzon, vers brood en gras. En natuurlijk naar koud ijzer en roest.

Dat kwam van de roestkratertjes die tot pulver verstoven onder De Roo's staalborstels en vijlen. Van de hoogste dwarsbalk van het hek stoof het als een bruine nevel in z'n gezicht en om half tien riep een loopjongen al nikker naar hem.

Het werk viel hem niet mee: knoestige teer- of meniebulten lieten zich niet gauw wegbreken en de staande spijlen moesten stuk voor stuk van boven tot onder worden bekrabd. Om de verbindingsbouten van ieder hekdeel en bij scharnieren en spiraalveren had zich groteske aanslib gevormd; witte schilfers hingen aan stofdraden te schitteren in de zon. Bij schel tegenlicht moest De Roo met de vingertoppen op donkere, door heg overwoekerde plaatsen natasten of z'n gereedschap goed werk gedaan had.

Omdat z'n vertaalwerk niet opschoot en de huur van kabinetkamertje en schrijfmachine nog niet klaar lag, had De Roo de voorafgaande week opgebeld in een cel. De stem aan de lijn had hem de keuze gelaten tussen ontroester en meniër; werk in de buitenlucht zonder op de handen gekeken te worden en een aardig loon. De Roo koos het eerste omdat de menie, zo had de stem gewaarschuwd, nogal in de huid drong. Over z'n eigenlijke beroep moest hij tegenover de baas dan maar zwijgen.

Zo was hij op de eerste maandag van oktober op weg gegaan in een van de aannemer geleende te wijde overall; hij begreep zelf niet hoe hij om zeven uur uit z'n bed had kunnen komen. De gebruikelijke huiver bij het zien van half morgenlicht ontbrak waarachtig, maar dat was misschien vanwege het nieuwe of omdat hij wist geen echte slaaf van maatschappij, vrouw of kind te zijn zoals z'n medefietsers. Hij zou, overigens, dit werk gewillig ondergaan als een soort symbool van z'n zucht naar het laatste of laagste, of minste. Wat deze idiote hang ook te betekenen mocht hebben.

De dag vorderde slecht. Het was jammer te moeten vaststellen dat, hoewel hij opzettelijk geestdodend werk gekozen had zodat ondanks die gangbare benaming de geest daarbij levendig zou kunnen blijven, hij bij z'n eentonig schrapen niet veel verder kwam dan zich de juist gelezen uitspraak te herinneren dat het goed is werk te doen waarvan men een afschuw heeft. Alleen 'interessant' werk is geestdodend, had hij de vorige avond overwogen: het eist de geest op en verbruikt haar. Blijkbaar stelde hij zich aan z'n hek een boeiend geestesleven voor want hij was jong – net dertig – en hield er dus denkbeelden op na. Hij wilde zich het betreffende hoofdstuk voor de geest halen maar alleen de regel 'Als een eekhoorn in een kooi' kwam boven. De Roo probeerde zich althans te herinneren waarom het ook weer nuttig was werk te doen dat tegenstond, maar juist nu had hij al z'n aandacht nodig voor een vergaan slakkehuis dat dicht langs de grond aan een spijl hechtte. Hij hurkte en borstelde en intussen telde hij het aantal spijlen dat hij per uur afdeed, om het tempo niet te laten verslappen.

Hij ging even staan om z'n spieren te strekken en hield zich voor – aangestoken door die niet afgekomen vertaling – dat z'n arbeid geen zin mocht hebben, wilde die het beoogde effect bereiken. En het verdragen van het monotone, van de niet vorderende tijd, was ook alvast niet slecht. Als afschuw voor materie en tijd heilzaam was, dan was roest goed: roest was zowel materie als tijd en een symbool van het een in het ander. Hij glimlachte zelfingenomen bij deze vondst en had er nog aan toe kunnen voegen dat waarschijnlijk het begin van het hek alweer geroest en begroeid zou zijn vóór hij aan het eind kwam, zodat er voor gebrek aan zin ook gezorgd was.

Nog één uur en de eerste halve dag zou om zijn. De Roo nam een snee brood met koek uit z'n aktentas en keek naar de rangerende goederenwagons, die dom rammelden en traag op elkaar stootten. In een uur kon hij drie en een halve meter hek af hebben; vierentwintig spijlen en twee dwarsbalken met de profielijzers die zo'n hekdeel markeerden. En er was zeker drie kilometer hek langs het emplacement.

Om twaalf uur precies zette De Roo zich nederig op de stoeprand en at de rest van z'n brood. Nog nooit had een fles melk – aan de wagen gekocht – zo goed gesmaakt en ook de ontbijtkoek leek hier een delicatesse. Maar er lag wel een lange middag voor hem en hij begon armen en rug aardig te voelen. Om half drie was er van 'geest', hoe vrij gehouden ook bij dit werk, al niet veel sprake meer. Des te meer van slonzige moeheid en een infantiel haken naar de klok van half vijf. De Roo probeerde het kijken op z'n polshorloge uit te stellen tot er weer twee heksegmenten klaar waren. Ook was het een aardig spel te schatten op welk punt van de straat hij, om bijvoorbeeld drie uur precies, beland zou zijn. Misschien wel bij het haast idyllische witte baanwachtershuis.

Maar aan dat witte huisje zou hij pas de volgende morgen om half elf toe zijn. Hoewel hij die nacht als een blok geslapen had begon z'n tempo toch te zakken; de onoverzienbare lengte van straat en hek werkte verlammend. Toch ging hij door met vierentwintig keer knielen en vierentwintig maal reiken boven z'n macht per uur. Werken om te eten en eten (iets meer dan anders) om te werken. Als een eekhoorn in een kooi, bleef hij nu en dan mompelen met een passend droeve voor om de lip. Misschien voldeed hij zo aan die zucht tot een nulpunt, waarvan hij zich niet kon voorstellen dat die louter door dat Franse boek ingegeven zou zijn. Hij had die titel bovendien zelf gekozen uit een kleine stapel nog te vertalen werk. In ieder geval was dit nog eens wat anders dan de gesprekken met z'n vroegere leraar Frans, een kleine kalende Hollander met een Franse alpinopet. De Roo zou willen dat iemand eens kwam kijken hier; desnoods de namaak-Fransman. Eigenlijk zou een controle van de baas hem niet onwelkom geweest zijn langzamerhand.

Een schitterende koffiegeur drong bij het baanwachtershuis tot hem door. Achter de kleine ramen met bonte poppegordijntjes zag hij een vrouw bezig met ketel en kopjes. De Roo kleurde door z'n roestmasker: waarschijnlijk zou hij zo'n reinwitte kop aangereikt krijgen door die vrouw. Ze was statig mooi en het zou hem niet makkelijk vallen daarbij de juiste toon te treffen. Hoewel, in z'n nieuwe nederigheid hoefde hij misschien alleen dank u te zeggen.

Maar hij kreeg niets en ze zag hem niet. Ze draaide sierlijk met haar dampend dienblad de keukendeur uit naar emplacement en rangeerders. De Roo vloekte binnensmonds en vroeg zich af of het door z'n roetgezicht kwam, of dat z'n vermomming juist niet goed genoeg was en hij door de mand viel als pseudo-spoorwegwerker.

Werken, alleen om te bestaan. Heb je nou je zin vroeg hij zichzelf op weg naar huis tussen de drommen zwijgende fietsers die van stoplicht tot stoplicht met hem optrokken. Thuis waste hij zoals de eerste dag een half uur lang handen en gezicht zonder het gewenste resultaat. Menieresten staken in de poriën van voorhoofd en kin, maar de lompe lijfsmoeheid gaf ongekende voldoening. Na het avondeten in z'n vaste cafetaria, waartoe de lange weg naar het centrum nog eenmaal heen en terug gereden moest worden, ging hij gekleed op z'n opklapbed liggen en werd pas in de nanacht wakker.

De daarop volgende woensdag was gelijk geweest aan de vorige dagen, behalve toenemende spierstramheid en een al te plotselinge roetnevel waarvoor hij te laat z'n ogen dichtgeknepen had: één oog traande en knipperde lang en De Roo probeerde een ringvinger schoon te poetsen aan z'n roetzakdoek om in dat oog te wrijven. Na wat panische manipulaties bedaarde het oog en keek hij naknipperend de straat in, die hij intussen wel kon dromen. Hij leek sinds maandag nog vrijwel op dezelfde plek te staan, zag hij tot z'n verontrusting. Achter het hoge hek bleven af en toe treinen vertrekken uit de zwarte stationsoverkapping; in z'n rug was de straat met de hoge huizen, waarin open trapportalen als muilen, onveranderd. Verderop wachtten een stille garage met gele pompen en de gesloten tramremise.

De Roo vond nu zelf dat alle mensen 'hoger' waren dan hij; een conducteur die met z'n kaartjesblik en een pak brood onder de arm uit de remise kwam had hem trouwens minzaam gegroet met een preuts deftige stemvertrekking. In plaats van de beoogde grote deemoed waarvan z'n Franse boek sprak, en die hem voor inspiratie van omhoog waardig zou maken (waartoe? om beter te vertalen?) voelde De Roo zich steeds humeuriger en hebberiger worden. Hij likte onspiritueel z'n bovenlip schoon van korrelig vuil toen een meid op hoge hakken en melkwitte benen vlak langs hem tripte.

Maar de kleine kinderen die op hun vrije middag uit de holle muilen van de overkant kwamen, waren aardig. Twee kleine meisjes keken ernstig op De Roo's handen; ze stonden met hun poppebuiken vooruit en hun handen op de rug te zwijgen. De Roo werkte juist op z'n hurken; hij draaide z'n hoofd om en knikte wee glimlachend, zoals beschaafde volwassenen doen. De kinderen schrokken even, maar één vroeg lief wat hij deed en waarom. Hij legde het uit en ze knikten kort. De dikste van de twee, die een fondsbrilletje droeg met vlakke glazen, lispelde haast onhoorbaar aan De Roo's oor of hij een tak met rode besjes wilde afsnijden zoals er bij het witte baanwachtershuis tussen de spijlen staken. Hij deed het graag en gehaast – die vrouw had hem toch geen koffie gegeven – en het kind bleef medeplichtig kirrend wachten. Ze bedankte scheel en met één opgetrokken schouder en verdween. Eén brilglas vonkte in de zon. Een groezelige moeder kwam juist van de overkant om de kinderen op te halen. Ze glimlachte niet.

Twee kleine jongens hielpen een uur lang zwijgend. Ze wachtten steeds waardig of De Roo bevelen wilde geven, wat hij nu en dan deed, en dan vielen ze op het hek aan met een afgedankte, en tot op het hout versleten staalborstel. Van hun kale nekken staken de kolommen knobbelig wit uit.

Zo op z'n knieën werkend was De Roo niet groter dan die kinderen en hij had even een gewaarwording van oudste begin. Hij was nu ook dicht langs stoeptegels en aarde maar enig besef van hevig direct leven keerde niet mee terug. Hij bleef een dertiger met gewaarwordingen uit de tweede hand en geleende themata.

Om half vijf op weg naar huis overviel de Roo een dreinerig gevoel dat hij zelf verheven achtte: ik hoor nu tot die duizenden die moe naar huis gaan om te zitten, te eten en te gaan slapen. Misschien was het verheven om massaal 'niets' te zijn, noem het verstorven of levend begraven, maar hij begon er wel genoeg van te krijgen.

Hij waste zich weer lang in z'n kabinet, verkleedde zich en zou de tram nemen naar het centrum. Maar eerst maakte hij een restje jenever op want hij was te moe om trek in eten te hebben.

Of het door z'n lege maag kwam werd niet duidelijk maar de jenever sloeg driemaal meer aan dan anders en maakte hem humeurig en begerig.

Hij trok de buitendeur achter zich dicht en wist op hetzelfde ogenblik geen sleutel bij zich gestoken te hebben. Maar de deur sprong weer open: ze was niet goed in het slot gevallen. Dat was een meevaller en misschien zou het nu ook met andere dingen vanavond wel goed lopen. Hij slofte de trap op en pakte z'n sleutel.

Buiten ontnuchterde hij niet; hij werd baldadig vrolijk: hij vond dat hij morgen zo'n vlak langs fietsende kantoormeid een vijl in de spaken kon steken, zodat ze hem als een gebraden eend in de schoot zou vallen. Maar goed, dat was maar aangeschoten onzin natuurlijk.

In z'n straat was hij, zeker door de gestadige najaarsregen, de enige voetganger en ook dat verbeterde z'n stemming. Z'n slappe kin hoefde hij nu niet te verbergen en hij zag geen buren die gegroet dienden te worden. Zo liep hij op de eerste straathoek nog bijna tegen een onbezorgd in de regen slenterende vrouw met kind op. Hij mompelde wel iets, maar te zacht en te laat hoewel hij het kind met z'n schouder onzacht geraakt had.

Het was slecht verlicht in z'n buurt, bovendien verspreidde hij een eigen neveligheid door de jenever, ook inwaarts; hij dacht tegelijk vreeswekkend en verward. De straat had de neiging te gaan rondspinnen en z'n hoofd ook. Onbezorgd was die vrouw in haar blauwe mantel, ondanks het weer, het was te horen aan haar stap. (Drank maakte De Roo nog niet gelaten, maar extatisch, hij wilde bewogen woorden rijgen.) Maar ze had dan ook dat kind en bovendien nog een opdringerig soort onschuld. Zó kan je rustig slenteren, op weg naar eigen huis. Ze 'hoeft' niets, ze hoeft aan geen eeuwigheid te denken want ze wordt wel liefgehad op aarde. Maar een man moet betalen, z'n ik is geen liefde, bij god nog lang niet. En vervolgens vroeg De Roo zich af waarom hij niet terug naar huis ging om desnoods zonder vreten die vertaling af te maken. Maar dan zou hij morgen aan z'n hek beroerd worden misschien.

Hij wachtte lang en als enige bij de halte en stapte naar behoren doorweekt in de haastige tram die ijskoud was en waar het tochtte van voor- naar achterbalkon. Ik mag lijen dat ik ziek word, dacht hij, en daar was al geen woord meer uit z'n Franse boek bij.

Al schokkend in die vrijwel lege tram door de verveloze negentiende-eeuwse winkelstraat die uitgerekend naar een achttiende-eeuwse Hollandse schilder vernoemd was, dacht hij aan het kind waar hij tegen aan gelopen was. Dat had niet de montere onnozelheid van de moeder. Met die leeftijd was het allemaal anders gesteld. Ondoorgrondelijk oud en hard had het nog gladde muizegezicht naar hem opgekeken. Vormen en ziel nog recht en hoekig. Ook de liefde moest nog van buitenaf aangebracht worden. De Roo keek in de bevende tramruit naar z'n vaag hoofd. Als hij zo mager was, waarom had hij dan zo'n dikke strot?

Toen de Roo z'n vaste cafetaria binnenkwam, grijnsde hij opnieuw opgewekt. De bijna vergeten huissleutel was inderdaad een goed voorteken geweest: 'het stel' zat er weer de schotel van de dag te eten. Ze zaten aan een van de langere metalen tafels en hij schoof zo dicht mogelijk bij.

Het tweetal dat nu al een paar dagen De Roo's belangstelling had bestond uit een meisje van een jaar of zesentwintig en een jongen van misschien achttien. De Roo had nog niet veel gesprek kunnen afluisteren maar hij vond dat ze elkaar genegen waren op de slordige en ontspannen manier van broer en zus. Ze keken niet naar elkaar en waren niet verplicht attent: het meisje ging zelf haar schotel halen. Ze 'converseerden' ook niet. Maar er moest iets beters zijn dan welke wens bij elkaar in het gevlij te komen, dan welke vrees iemand te verspelen, dan welke zorg minder te lijken dan men was of waarvoor men wilde doorgaan. Ze deden belangeloos elkaars wil. Of zag hij dat nu zo door dat boek?

Het meisje zag in die jongen geen man (ze zou zich geërgerd hebben aan z'n onnozelheid) en hij in haar een soort kameraad, anders zou hij haar die zware bril niet vergeven hebben. Ze leken wel oude echtelieden en De Roo bewonderde hun gelatenheid.

Langer dan tien minuten kon hij in dit druk bezet bedrijf z'n spagettischotel niet rekken. De enige manier het geluidloos tafereel nog langer bij te wonen was nog een kop koffie te gaan halen, met het risico z'n zitplaats te verspelen. Bijna verloor De Roo z'n serene stemming toen bij het voorzichtig teruglopen met de volle kop niet alleen z'n plaats bezet was maar bovendien het paar opstond om te vertrekken. Hij keek ze na. Misschien waren ze weer op zo'n onzichtbare wenk opgestaan. In ieder geval had z'n belangeloos verzonken kijken hem een tweede kop koffie opgeleverd, een overdaad die hij zich anders niet toestond.

Het regende ook de volgende donderdag en het werd koud. Het voortdurende dreunen van het straatverkeer bezorgde De Roo een druk op z'n schedel; de trams huilden soms in de bocht bij de remise en de buffers van de goederentreinen bonkten vinniger. Soms gromde een dieselloc op alsof hij kwaad was. Het koude zonlicht was verdwenen. Wandelaars kwamen er haast niet aan deze kant van de straat.

De Roo moest zich nu iedere morgen verzetten tegen een opkomend gevoel z'n eigen opgave te gaan verliezen. In z'n dromen, vlak voor de hatelijke wekker, miste hij afgemat lege laatste trams naar een onbekend thuis of doel. 'Je doet het zelf,' zei hij huiverend aan z'n wastafel en dat leek voorlopig het enige waar hij definitief gelijk in kon hebben.

Op de fiets naar de stationsstraat en aan het hek liet hij zich gehoorzaam nat regenen en hij vond dat hij de hete pijn tussen de schouderbladen uitnemend verdroeg, al zanikte hij er inwendig over. De kou hoorde erbij en om springende handen gaf hij ook al niet, maar het was de trage tijd die hem het sterkst vijandig werd. Hij was begonnen per minuut tot zestig te tellen, maar opzettelijk te langzaam, zodat z'n horloge op z'n hoofd in zou kunnen lopen. Dan weer dacht hij onder het overal in de straat hoorbare schrapen: ik ben te ver gegaan, ik heb aanleg voor wat anders en stel me aan. Van de andere kant: hij moest toch geld hebben en op geen enkele sollicitatie kwam antwoord. Ook zag hij er eindelijk uit als een volwassene in de slobberoverall, en hij was gedegradeerd uit eigen keus, gestraft misschien. Hoe kon men denken dat arbeid iets anders was dan straf. Zich bruikbaar of nodig te weten was ijdelheid.

Er klonk het bijna geruisloos uitlopen van een zware motor achter hem langs de stoeprand. Een motor die op een standaard gezet werd. Zware gelaarsde voetstappen. De Roo borstelde als een gek.

Het was de baas, een korte zware man zonder voorhoofd en met een idioot kindermondje. Hij kraakte van het leer.

Tegenover de baas moest men leren laf te zijn; iedere rest aan ik was een teveel aan mens en een te weinig aan ontroester. Simone bij Renault. De zware man groette niet maar keek kwaad naar het hek. Hij stak een weerzinwekkend worstige wijsvinger ondersteboven uit en voelde bij een kruispunt van dwarsbalk en spijl. Hij keek naar die wijsvinger.

'Je mot het nou ook weer niet té goed doen natuurlijk,' zei hij met een hees hoog geluid dat eerder bij een wasvrouw paste. 'Zo schieten we niet op, zo gaat 't veels te langzaam jonge.'

Hij keek De Roo met fletsblauwe geroerd ernstige ogen aan. Zonder een zweem van een glimlach. Als een volksmoeder die haar dochtertje inlicht dat haar gedrag vreselijke gevolgen voor de rest van haar leven kan hebben.

De Roo knikte ook ernstig en beloofde beterschap.

De man installeerde zich starend op z'n motor waarvan de bazig uitpuilende accessoires vonkten in de waterzon. Hij vertrok. Het mondje stond open.

Die avond haastte De Roo zich om op precies dezelfde tijd in z'n eethuis te zijn (ditmaal weer op de fiets, nat werd je toch), maar het gewenste resultaat bleef uit. Het jonge stel was er niet. Er zaten alleen stille oude mensen die het bestek geduldig uit het papieren servetje rolden als herstellende zieken. Het was een grauwe dag zonder directe tekens voor heil of onheil. Hij was vroeg weer thuis en voor hij ging slapen pakte hij gaperig z'n notitieboekje en schreef maar liefst, gedachte en citaat verwarrend:

Donderdag 4 nov. '54.
Pijn als gymnastiek van het oneindige.
Als een eekhoorn: leegte zonder compensatie, dicht bij verlossing.
Is mijn beweegreden zuiver? Ja, want het is noodzakelijkheid.
Werken om te eten en omgekeerd: geen aardse eindigheid, niets oppervlakkigs om zich van te ontdoen.

De Roo staarde er verwezen naar, sloot het opschrijfboekje en ging als dood slapen met een half goed geweten.

De wind en regenvlagen op vrijdag maakten het natte roet op de Roo's handen bijna onafwasbaar. Ook door kleine wonden van uitschietend gereedschap zag hij er vies uit. De tijd ging misschien iets minder traag, maar z'n natgeregend brood smaakte niet en de schouderpijn dreigde permanent te worden. De meid met de witte benen was niet meer teruggekomen en benard voelde hij de dreiging opkomen van een kwade genoegdoening voor alles. Zo werd z'n kijken naar langsfietsende kantoormeisjes al minder 'belangeloos' al kwam er geen vijl aan te pas natuurlijk. En werd het hem niet gegund met 'het stel' z'n maaltijd te gebruiken, dan zou hij zich wel een ander klein genoegen verschaffen, al haast vanzelf van minder allooi, dat moest men dan maar weten. Ontwording – als hij décréation tenminste juist vertaald had – of niet. Toen hij die avond, te laat door halfslachtig gedraai bij de ingang van een avondschool (dat geen bijzondere gezichtspunten had opgeleverd) in z'n cafetaria in de rij stond voor z'n dagmenu à 75 cent, ontdekte hij voor zich een miezerige gestalte in een manteltje dat hem bekend voorkwam. En de vrouw die overdreven blijmoedig de bestelling door het kind uitgevoerd zat af te wachten, was wel degelijk de moeder van de straathoek uit z'n wijk. De blauwe mantel hing over haar stoel. Het was zaak nu argeloos te doen en straks met z'n volle dienblaadje bij die twee aan tafel aan te sluiten. De Roo had haast en vervloekte lispelend het trage jus lepelen van de bediende met z'n kwartiermuts. 'Geen jus meer, geef maar mee,' mompelde hij. De man aan het buffet keek dom verbaasd. 'Geef nou maar,' zei De Roo.

Hij sloot aan met één stoeltje tussenruimte en het leek of de kleine dichter naar haar moeder schoof. Ja god zeg, dacht De Roo kwaad, ik kan op straathoeken niet door de muren kijken. Vanuit z'n ooghoeken bekeek hij het wicht vijandig, terwijl hij schrikachtig in z'n soep lepelde, die krankzinnig heet bleef in de hoge metalen kop. (De habitués hier wachtten verlegen met die soep tot na hun eten, tot na het puddinkje zelfs vaak.) Het kind scheen niet te kunnen glimlachen; heel anders dan gekke Corrie, die overigens dertig moest zijn en die hem op de hoek van z'n straat wel eens met haar achterlijke grijns om ansichten vroeg voor haar verzameling.

Ook dit tweetal at zwijgend, en De Roo keerde korzelig huiswaarts.

Op zaterdagmorgen aan het emplacement kon De Roo niet zo koud of spiermoe zijn of er school een giechelig nieuw (of oud) soort plezier in hem: het was vandaag maar een halve dag. Vrijheid, zo eenvoudig als vrijaf hebben.

Maar die vier uren kwamen niet om. Hij hoopte met verbeten chagrijn dat zekere Marja, die hij zich van z'n middelbare school herinnerde, toevallig langs zou komen. Hij wilde al z'n werk – ook dit laagste – opdragen aan iemand, aan een ander wezen.

Even leek het of hij op z'n wenken bediend ging worden. Een nogal lange meid met iets liefs in haar kop riep hem aan: de ketting was van haar fiets gelopen en of hij dat even 'maken' wilde. De Roo was ontroerd en worstelde verontrust met die ketting: als hij het goed deed wist hij niet langer doorzien te worden. Hij tilde (meer geïnspireerd dan de laatste weken bij het vertalen) het achterwiel op en bewoog de trapas. De ketting liep direct op het tandwiel. 'Alsjeblieft,' zei hij, zelf verrast, en het meisje zei 'ja bedankt' en reed weg. (Samen bukkend bij het wiel had hij haar onopzettelijk in het gezicht gezien; met mooie wijdliggende ogen keek ze in leeg vertrouwen terug, zodat hij schrok. Hoe kon zo'n schoongewassen wezen zo tolerant kijken naar een kerel met een slappe vuile hals. Of was dat vanzelfsprekende superioriteit, voelbaar gemaakt? De Roo wist het niet.)

Om elf uur kon De Roo niet meer, iedere beweging bij het reiken en knielen leek hem de spieren door te snijden, althans zo beliefde hij het voor zich uit te prevelen. Hij zette zich op de stoeprand en dacht met royaal zelfbeklag aan z'n wachtend kabinet. Hij klaagde zich recht op een huwelijk af met z'n gezanik om koffie, maar zekere latere inlichtingen zouden misschien nog voor weerwerk kunnen zorgen. Op een afstand van vijf of zes meter waren de hekdelen die hij schoongemaakt had niet van de rest te onderscheiden en hij had nog geen tweehonderd meter klaar. Er was niets dat hem nog echt leek in z'n leven tenzij dan die moeheid, die althans in harmonie met het boek was. Zoals ook de griezelende afschuw voor de halve insektelijken die aan z'n gereedschap kleefden. Toen hij ten slotte in een baldadige roes die gereedschappen inpakte – om één minuut over twaalf, hij had die ene minuut er als een heilige bijgenomen, nu hardop seconden tellend – dacht hij bevrijd en feestelijk: we zijn te klein voor alles, om God en eeuwigheid lief te hebben, om alles op niets te zetten. Hij wenste zich brutaal een vrouw die voor hem kookte (een biefstukje bijvoorbeeld) en die hoofdschuddend maar met een glimlach z'n vieze overall zou aanpakken en in een emmer water zetten. Eindigheid. Hij was niet eens een echte werkman. Hij wilde z'n loon gaan halen en meteen opzeggen. En z'n eigen werk opnemen, goed of fout. Hij had honger zonder bovennatuur en wilde naar het badhuis in z'n buurt. (Dat opzeggen viel nog tegen. De man met de kleine mond trok z'n wenkbrauwen hoog op en herinnerde De Roo eraan dat hij dat een week vooraf moest doen. Zo zat hij er voor nog een lange week aan vast.)

De Roo lag in het groen lijkende warme water van z'n openbare badinrichting, te midden van koude tegels en graniet. Hij droomde half. Een stomp op de deur van een ongeduldige schoonmaker deed hem vreesachtig overeind komen. Thuis sliep hij tot half zes in de middag in z'n schone kleren op z'n opklapbed. Hij had ook z'n haar gewassen met veel gele zeep. Dan fietste hij terug naar het centrum. Hij hoopte bij Ruteck's weer z'n bekenden te zien.

Dat gebeurde maar in een opstelling die De Roo helemaal niet beviel. Want hij trof niet alleen de bekende moeder met kind aan, maar bovendien vriendschappelijk aan één tafeltje, 'het stel'. Een combinatie die geen pas gaf, te meer daar men over en weer praatte en de vroegere zwijgzaamheid vulgair verbrak. Met grote ogen hoorde De Roo het aan hoe de jongen nu zwetste als een handelsreiziger en hoe z'n bebrilde disgenote dom giechelde met de vrouw van de blauwe mantel. Alleen de kleine at spichtig door, haar wangen zwollen soms ratachtig. Ze loerde weer, vond hij. Door vertrekkende eters langzamerhand daartoe in de gelegenheid gesteld, wist De Roo eindelijk door te dringen tot dicht bij hun vierpersoonstafel. Hij was al aan z'n tweede koffie – hier toch maar elf cent – toen hij het kleine meisje het oudere zag aanstoten. Beiden bogen de hoofden naar elkaar en De Roo zag dat ze hem kort daarop onhandig toevallig aankeken. Hij zag ook kwaadheid in de anders zo zachte groene ogen achter de bril.

Z'n adem ging zwaar door z'n neus en z'n rug stak boetvaardig. Z'n nek leek op te zetten en om te voorkomen dat hij zichtbaar rood zou worden, steunde hij z'n hoofd maar in z'n handen. Alsof hij, verdomme, iets misdaan had. Dan hoorde hij het oudste meisje zeggen – duidelijk, en voor hem bedoeld –: 'Die enge vent zit óns ook altijd aan te staren.'

Het vreeswekkende gevoel betrapt te zijn rees en daalde en maakte plaats voor schaamte en woede. Ziehier de werkelijkheid, dacht De Roo met een schamper stootje lucht door de neus en hij voelde zich opeens magnifiek vrij en vol oud levensinzicht. Ziehier de gesloten en stille genegenheid, de broederlijk gelijkgestemde wil. Men kletst als oude wijven en wijst mensen na. Hoe druk het mocht zijn op de zaterdagavond – de gebruikte lege borden werden door de ophalers in overall met woedend misbaar in de ijzeren wagentjes gesmakt – De Roo wenste te blijven zitten tot ze weg waren: zorgvuldig bewaarde hij een bodem lauwe koffie in z'n kop.

Hij murmelde nog na. Voorname zwijgzaamheid die enkel verveling bleek! En alsof het loerend kind z'n belangeloos kijken naar het grotere meisje verdacht had willen maken haatte hij dat schepsel even. Z'n kans kwam onverwacht haar met haar spits lijf te beledigen. Het stel was al weg (ze hadden elkaar ditmaal met ongepast mallotige hoffelijkheid de jassen aangereikt) en het kind maakte een gebaar naar haar moeder. Die bleef, na een afwezig knikje, met haar blauwe mantel aan nog staan dralen bij het tafeltje. Toen het kind kort daarop van achter de matglazen deur met 'Dames' terugkeerde en langs De Roo kwam, keek hij haar recht in het gezicht met een grinnikend soort misprijzen. Dat trof geen doel. Ze bloosde niet en draaide haar muizegezicht niet af; ze trok alleen brutaal de wenkbrauwen op. (Vrouwen van welke leeftijd ook generen zich niet zo benard voor de gangen van de natuur; De Roo moest nog zoveel leren.)

Vooruit, riep hij woedend in zichzelf; de wereld verdient vandaag m'n goed gedrag niet. De een zondigde iedere dag in rust en vrede en híj verstierf maar aan. Vóór hem lag nu een hele avond open voor iets dat hij zelf op wraak vond lijken. Hij kwam traag van z'n stoel, met ergernis over de zelf veroorzaakte schroeiende spieren, en verliet de zaak van glimmend glazuur en staal. Hij was op compensatie uit voor de hele lege week en de komende, ondanks die notitie in z'n opschrijfboekje. Of was dat een bepaalde begeerte rechtvaardigen? De mens was nu eenmaal een gevallen wezen. Met wat haast zou hij zeker gekke Corrie nog kunnen aantreffen.

Hij fietste hard in een sterke wind met regenvlagen, die

hij vloekend op half gesloten ogen incasseerde. Hij jankte haast van moeheid. Men moest het zelf maar weten. Het oude plan van de ansichten op z'n kamertje, of beter toch alleen in de vestibule. De kaarten die hij trouwens ook in z'n beste – en meest gedecreëerde – ogenblikken was blijven opsparen voor haar. Hij beefde van kou en zweette toch van ingehouden angst toen hij z'n buurt indraaide.

In haar straat miste hij haar, hoewel net aan: haar grijze moeder riep haar juist binnen. Een slungel verwijderde zich traag op z'n glimmende sportfiets; de straat was leeg. De Roo haalde diep adem en dacht na.

Hij zette z'n fiets aan het hek bij z'n voordeur en glimlachte; z'n beveriheid bedaarde. Hij keek omhoog naar het zwarte oog van z'n kamertje en zelfs voor hij al z'n zakken na ging voelen wist hij zeker wéér z'n sleutel vergeten te hebben.

Tegenover deze dubbele tegenslag die een dubbele beveiliging zijn moest, gaf hij zich graag gewonnen en bevrijd pakte hij z'n fiets en begaf zich op weg naar de huiseigenaar, om de reservesleutel.

II

De Roo kwam ook die nieuwe week aan het emplacement door (in feite viel het hem mee al bekende hij zich dat niet) en daarna wierp hij zich, als een in de geest verhongerde, weer op z'n vertaling van *Le Pesanteur et la Grâce*.

Maar met de genade viel het, althans wat dat vertaalwerk betrof, tegen en op een avond stond hij bij harde wind en hatelijk fijne regen voor de deur van z'n oude leraar Frans. Diens rossige Française met kale nek deed open; ze liep met haar etalagepophanden aanstellerig omhoog en liet De Roo in een onverwarmd kabinet. 'Aalstublief,' zei ze met een toon die oude woede niet uitsloot. Na een kwartier kwam de imitatie-Fransman met de rode oogjes (De Roo noemde hem in zichzelf de albinopet) druk binnen. 'Ah! Mon cher! Wat voert jou hier in dit nederig kot.' Enzovoort.

De Roo keek de bebrilde vijftiger met de grijze Chaplinsnor onzeker aan. Een neuspoliep is goed voor het Frans, dacht hij, maar hier valt het niet. Hij achtte de kortbenige man die tegenover hem aan een tafeltje plaats nam zo'n franser dan de Fransen-landgenoot, die glazig dweept met Franse vrouw'tjes', wijn'tjes' en brie. Hij had het gedeeltelijk mis. De man zou nog blijk geven van onverwachts noordelijke zwaartillendheid en even onfrans was z'n goed vaderlandse jeneverkegel. Hij schonk ook De Roo een zuinig glaasje in.

De Roo deed z'n beklag. Eerst over de moeilijkheid van de vertaling. ('Maar dat is ook géén boek,' riep de leraar pathetisch.) Dan over z'n eeuwige bijbaantjes en gebrek aan inkomsten. Hier werd de oude fanatiek met wegwerpend armgezwaai. 'Wacht maar, mon cher,' riep hij. 'Schijnproblemen! Luxe onraad! Als je eenmaal getrouwd bent, met dodelijke verantwoordelijkheid in je lazerij voor onnozele wezens!' Hij stond op en klokte een glasvol naar binnen; ook in huis hield hij de alpino op, waarvan het pluimpje onwijs omhoogwees. 'Dat is zorg en angst,' vervolgde hij. 'Kinderen met kinkhoest of tb die in hun bed om hun moeder janken, die even een nachtje zoek is.' (Hij keek kwaad naar de gesloten kamerdeur.) 'En intussen gaat dan de telefoon en belt er weer een leerling af. Begrijp je? Hè?! Dát is je ascese.' Hij zweeg als een nijdige grizzlybeer met z'n korte armen in z'n colbertzakken. De Roo keek naar de versleten vloermat.

De deur opende zich langzaam op een kier en een latmager wicht met rood sluikhaar en sproeten schoof binnen. De leraar trok z'n wenkbrauwen op. 'Of u komt eten,' zei het kind met een ongeknipte keelstem. 'Direct,' antwoordde de vader.

Hij vervolgde z'n kregel betoog. 'En wat je allemaal nog te wachten staat. Die' – hij knikte in de richting van het juist vertrokken schepsel – 'kan natuurlijk niet leren en komt over twee, drie jaar zwanger thuis, let op!' De beide mannen glimlachten.

'Vertaal een gezond boek, man,' besloot de leraar vaderlijk, na voor beiden nog vlug een halve ingeschonken te hebben. 'God man, ik had vroeger ook een literair pessimistische kijk, een grimmige visie enzovoort. Ik las als eerste hier de *Voyage* van Céline. Ik stak m'n vrouw met die dingen aan. Hoedt u voor de hond! God bewaar je als vrouwen een genuanceerde mannelijke visie absorberen als een slang een kikker! Dan deugt er gelijk niks meer op de wereld en een zwart en duf onspiritueel standpunt blijft over. Fanatiek en rigide meneertje. Je snijdt jezelf in je vingers als je je eigen kijk zo als een steen terugkrijgt. Dat is geen plezier in formuleren, maar in weerwraak op het leven. Ze slaan je eigen deur achter je kont dicht en je...'

'Komt u nou,' klonk het angstig van de gang.

'Godver,' zei de leraar en liet De Roo met een klopje op diens rug uit. (In de gang was alleen kil geklik van bestek uit de huiskamer hoorbaar.) 'En die *Pesanteur* is óók door een vrouw geschreven moet je maar denken,' riep hij De Roo in de open voordeur nog na. Die morrelde al buiten aan z'n fietsslot en knikte.

De Roo droop beschaamd én gesterkt af. Hij besloot het boek aan z'n uitgever terug te brengen. ('Z'n uitgever' was overdreven: die grijze gentleman had nog niets van hem gepubliceerd maar wachtte welwillend op een proefvertaling.) Opnieuw aangeschoten op z'n lege maag vergat hij het gesprek en hij dacht opeens grinnikend: ik verlang naar liefde, alleen niet zozeer om te geven, maar om te krijgen. Hij slingerde baldadig met z'n fiets. Het was in ieder geval droog, intussen.

Eenmaal in het centrum hield De Roo alle ontschepping voor gezien en ging als een heer eten in het deftige restaurant van een stil bondshotel. Er stonden te zware leren stoelen om de tafeltjes.

Met z'n donker colbert en wit overhemd zag hij er behoorlijk uit en de te wijde streepjesbroek, die nog van z'n vaders jacquet geweest was, viel onder tafel niet op. De grote, kalende ober bleef echter in starende concentratie voortdurend in de lege ruimte heen en weer dribbelen. Eindelijk verkreeg De Roo aandacht door te roepen of hij wat kon bestellen. De man ging met opgetrokken wenkbrauwen bij hem staan met een blocnootje. De Roo verzamelde al z'n moed en zei, toch kleurend, 'Heeft u het zó druk, ober?!' De dienaar trok de wenkbrauwen nog hoger op en antwoordde zonder bedenken: 'Nee, ik dacht dat meneer zich misschien eerst even wat op wilde knappen.' Daarbij keek hij doordringend als een arts naar De Roo's voorhoofd.

Die kreeg z'n eten en at met een van kwaadheid rozig hoofd. Ook schaamde hij zich wel degelijk voor de onuitwasbare roetporiën in z'n hoofdhuid.

De Roo kwam woedend thuis en smeet met z'n stoel en schrijfgerei. Toch was er misschien niets anders aan de hand dan dat het lot hem nog even hield aan eigen juist afgesloten hoge aspiraties. Niets worden was nu eenmaal niet niks.

Een week later, op een maandagochtend, belde De Roo met dezelfde man in dezelfde telefooncel. Er was een tijdelijke hulp nodig, zei de stem, in de fietsenstalling bij het station. Over een week.

Thuis at hij brood en warmde water op z'n petroleumkacheltje voor thee. Z'n raam besloeg.

Hij twijfelde. Hoewel het woord deemoed op vele plaatsen van het onvertaald gebleven boek voorkwam, was er misschien toch sprake van hoogmoed bij dit soort baantjes. Maar er was op het ogenblik niets anders. Voor kantoorwerk werd hij alweer te oud gevonden terwijl z'n halve opleiding geen aanbeveling was. Misschien kon hij van z'n leeftijd een paar jaar laten vallen in een volgende brief.

Later die dag, het was bij half vijf, pakte hij z'n notitieboekje en schreef:

Maandag 22 nov. 1954.

De stilte in m'n kamer. Maar misschien komt dat omdat ik net wakker ben: ik was in slaap gevallen op m'n bed. Het is dreigend. Het lijkt of het licht van m'n lamp lager is ook. Toch stormt het niet: ik heb dan ook altijd het gevoel van stilte en schemer binnen. Het moet dus aan mij liggen: ik ben bang. Voor wat ik moet gaan doen. Ontevreden omdat ik vandaag weer niets deed. Niet aan een vertaling gewerkt, geen sollicitatiebrief opgesteld. En toen ik wilde gaan lezen in *Attente de Dieu* viel ik in slaap. Ik heb alleen wel m'n kamer schoongemaakt, de vorige weken aan het hek had ik daar geen tijd voor.

De auditie van mevrouw Stulze

Het was een gewoonte geworden bij het doorlopen van de winkel – op weg naar boven of naar buiten – iets van de voorraad bij zich te steken; de afrekening met mevrouw Stulze, onze hospita, kwam later wel.

Ze vond het trouwens best, ze vond ons aardige jongens en natuurlijk hoogst betrouwbaar, en het stimuleerde immers haar omzet. Eén enkele keer maar had ze bezwaar gemaakt – hoewel glimlachend – toen Armand, de drinker in ons gezelschap, 's nachts om vier uur per se het onderste blikje leverpastei van een piramide van honderdvijftig stuks had uitgekozen en het bouwwerk deed instorten. Een aangrenzende fles slaolie, die daarbij brak, had mevrouw Stulze niet eens op de rekening geplaatst.

Mevrouw Stulze bemoederde ons, ze hield van ons en had een klein, ingehouden pretglimlachje voor ons. Als niet helemaal alles wat we meenamen op de rekening kwam, dan beleefde ze voor dat restant wat plezier aan ons. We zagen het wel. Het vergemakkelijkte een duik in de winkelvoorraad. Als we vrienden over kregen, hoefden we niet door de kou. Want deze zelfbedieningszaak (we bezigden het woord al met een grijns) had ook bier en wijn.

Naarmate de rekeningen opliepen, was het zaak mevrouw Stulze nog meer van ons aardig zijn en van onze betrouwbaarheid te doordringen. Had zij ons bemoederd, wij begingen nu niet de fout ons als zoons te gedragen. Zó veel scheelden we ook niet in leeftijd. Als wij rond vijfentwintig waren, zal zij nog geen veertig geweest zijn. Nee, we beantwoordden haar zorgzaamheid met een permanent en halsstarrig onderschatten van haar leeftijd. We zeiden soms per ongeluk 'je' en 'daaag'.

Armand was de eerste die niet meer uit de snel oplopende schuld kwam. Hij moest wel de lieveling van mevrouw Stulze zijn: hij was bescheiden, knap en de jongste van ons. Met z'n zachte stem en treurige blik had hij haar altijd nog de baas gekund. Nu had ze hem met een opgeheven wijsvinger lief terechtgewezen: meneer Stulze – zo heette het – had op betaling aangedrongen. Deze Stulze was een Duitser die in de eerste wereldoorlog bij Loos gas binnen had gekregen. Hij was nooit helemaal hersteld. Hij had na veertig jaar invaliditeit een grote afstand genomen tot de dingen om hem heen en z'n steeds minder getrainde hersens, z'n toenemend weigerachtig lijf ook, maakten hem minstens even ongeschikt voor geslepen zaken doen als z'n vrouw dat was. Maar helemaal weerloos was het echtpaar Stulze nog niet en toen het eindelijk doordrong in het aangetast brein van de oud-strijder, dat een van de jongens niet betaalde, verrees er nog iets van de soldaat in hem en met stentorstem (maar veel te vriendelijk en ontheemd van blik) beval hij genoegdoening, want anders... Ja, wat anders? Armand schrok er niet van en toen mevrouw later die eis nog eens privé herhaalde antwoordde hij opgeruimd: 'Stulze kan toch nog best even wachten!' Want hij wist, of giste, dat er van haar huwelijk met de oude soldaat niet veel over was en dat er voor de laatste niet veel meer in kon zitten dan een vaag conciërgeschap over dit uitgesleten huis. Mevrouw Stulze schudde glimlachend het hoofd. 'Je bent me er eentje,' zei ze verliefd; 'als het de andere maand dan maar in orde komt, want anders krijg ik last hoor.' Armand beloofde plechtig, bijna gepikeerd, dat het *natuurlijk* in orde kwam.

Onze regering besloot dat jaar juist tot een algemene 'bestedingsbeperking' en we ondervonden in ons vak daarvan onmiddellijke gevolgen. Omdat onze dorst en trek in iets hartigs bij nachtelijke thuiskomst niet met onze verdiensten mee afnam, liepen onze rekeningen verder op en Armand betaalde wel eens wat af maar kon geen afdoende vat meer op de situatie krijgen. Eenmaal nog verscheen Stulze duister en groot met z'n vierkante soldatenbros, coupe 1914, in het trapportaal bij Armands kamertje en bulderde: 'U moet bezahlen ob anders u moet de hois oit.' Maar Armand keek zo verdrietig dat de oude zich zuchtend weer meteen liet zakken, meer trekkebenend dan ooit, naar de winkel. Die avond, na haar lange werkdag achter de toonbank, verscheen mevrouw Stulze bij ons met haar gewone plezierblosje en ze zei: 'Stulze meent het zo kwaad niet. Maar' (dit tegen Armand) 'je moet echt je best doen af te betalen, hoor.'

Armand deed z'n best. Hij vond iets essentieels. Als moeder Stulze hem zo graag mocht, dan was het geen zonde haar ook eens graag te mogen. En na maar korte voorbereiding (hij bezag haar dan op de trap of in de winkel met een plotselinge blik die haar diep deed blozen en haar grijze ogen oplichten) stond hij op een nacht, nog met z'n klarinetkoffertje in de hand, zo van de straat in haar kamer voor haar bed. Hij had de situatie tevoren goed verkend en er was dus geen sprake van het door hartstocht overvallen zijn dat hij opvoerde. Stulze was weer aan een van z'n zwerftochten door Vlaanderen bezig, zogenaamd voor inkopen, maar misschien zwierf hij over de oude slagvelden.

Het experiment mislukte, tot Armands verbazing. Weinig vrouwen weerstonden z'n stem en zwierigheid. Niet dat mevrouw Stulze boos was. O nee, ze kon het bést begrijpen, maar het kon niet jongen, het mocht niet. Armand liet zich hiervan verdacht snel overtuigen, zette z'n treurigste glimlach op, pakte z'n klarinetetui en verdween naar boven; niet dan na in de winkel twee pullen bier en een blikje ganzelever ingeslagen te hebben. Hij vertelde ons van de mislukking ('Is dat wijf gek? Nou krijgt ze helemáál geen cent meer') en we stelden gezamenlijk vast, dat er nu iets gebeuren moest om de aandacht van mevrouw Stulze voor onze rekeningen af te leiden. Het ging er vooral om dat de nachtelijke zelfbedieningen niet te minutieus genoteerd gingen worden want we waren veel thuis deze weken. Een min of meer symbolische afrekening leek ons in ruil voor onze kleine attenties niet te veel gevraagd, vooral als ze voor de grotere blijkbaar niet in aanmerking wilde komen.

Merkte ze onze ontvoeringen in de nacht – en ook wel overdag in een volle winkel – van eet- en drinkwaar nu ja of nee. In ieder geval moest ze mild gestemd blijven en bereid tot toegeeflijkheid. Iets erg aardigs (maar op oirbaar terrein) dus. We zochten ernaar in een bijeenkomst op Armands kamer.

Weet niemand een vent voor haar? We wisten het niet. Trouwens, misschien wilde ze haar invalide trouw blijven. We spraken voorlopig maar af onze kleine attenties te verdubbelen. We nodigden haar op onze kamers voor een glaasje (uit haar eigen flessen) en ze genoot innig en vertederd. We zetten haar vuilnisbakken buiten. Armand viel bijna dood op de binnenplaats toen hij, vier hoog, haar jammerende kat uit de dakgoot viste. Cees plakte voor haar op een middag – zij het onder gevloek – de band van haar fiets. Deze Cees was trouwens ook erg populair bij mevrouw Stulze. Hij miste twee vingers van z'n rechterhand (van toen hij als kleine jongen experimenteerde in scheikunde) maar beweerde dat het een souvenir aan de bezetting was. Mevrouw Stulze had blijkbaar toch een zwak voor oorlogsinvaliden en ze was diep bewogen toen 'haar' Cees, met 'die hand' nog wel, haar fiets gemaakt had. Ze streelde hem bij die gelegenheid even over z'n kort stekelhaar en schrok daar zelf van, getuige de diepe blos. De band stond de andere dag al weer leeg maar mevrouw bezwoer ons dit niet aan Cees te zeggen omdat dat zo 'reuze zielig' voor hem zou zijn.

Mevrouw Stulze had kleine voeten maar nogal mollige wreven, waarmee ze rechtstandig stapte alsof haar enkels niet buigen konden. In het begin dachten we wel eens dat we haar met iets beledigd hadden, zo hoekig als ze van ons weg liep, maar haar gang was eenvoudig altijd zo. Misschien waren het ook alleen maar winkelbenen. Armand sprak van toonbankpoten omdat hij meende dat ze daarachter ook beter verborgen konden blijven.

Ze was een klein beetje dikkig maar ze had sluik, jong, halflang haar, dat haar iets weerloos gaf. Ik denk dat we haar wel mochten om dat haar: zelfs de kraaiepootjes kregen er iets meisjesachtigs van. Ze had er alle leeftijden tegelijk door.

Het ging wel soepel met onze rekeningen en zeker de helft van onze wijn of worstjes verdween als quantité négligeable in onze magen – en die van onze vriendinnen, die we onder schalks toeknikken van moeder Stulze nu en dan naar boven loodsten. Maar er is soepel en nog soepeler.

Zouden de drankjes niet eigenlijk als toegift op onze welwillendheid in dit oud en vochtig pand te willen wonen, opgevat mogen worden? En kon een goed lopende zaak kwaad bij de illegale afname van wat zoutjes? Dit laatste vroeg Armand zich op een avond af toen hij van beneden kwam met in z'n armen en jaszakken acht flesjes bier en twee grote blikken kaasbiskwie. Hij meldde nog als terloops niemand te zijn tegengekomen in winkel of gang. De noodzaak echter van een moreel vergelijk, van een grote attractie die moeder Stulze zou verplichten ook van de baten van de andere helft onzer verteringen af te zien, drong zich op. Want soepelheid leidt tot overbesteding en wat de regering ons onthield moesten we voor onze magen zelf aanvullen.

Onverwachts deed zich op een avond een mooie kans voor mevrouw Stulze aan ons te binden en we lieten die kans niet onbenut.

Ditmaal had Cees haar gevraagd een glas wijn te komen drinken op z'n hokje; Armand en ik waren daar al aanwezig. We waren al zo ver dat we, toen we mevrouw Stulzes wat stramme stap op de onderste tree hoorden, haar toeriepen: ach mevrouw Stulze breng even een flesje wijn mee naar boven, zeker wetend dat deze bijdrage aan de gezelligheid rond haar persoon niet genoteerd zou worden. We hoorden haar terugkeren, rondscharrelen en weer de trap bestijgen. Met haar liefste glimlach en helste ogen reikte ze decent onmerkbaar gastheer Cees de fles over. Ze ging zitten of ze jarig was.

Ze vertoonde een prentbriefkaart van een desolate vlakte bij Zillebeke, die Stulze haar gestuurd had en waar hij zeker oude herinneringen ophaalde, want het landschap deed in morbiditeit nog niets onder voor dat op de illustraties uit 1917, die de donkere ruimte achter de winkel sierden. Zelf bleek mevrouw Stulze (na haar zoveelste glas, – Cees was niet zuinig met de gekregen fles) ook aan herinneringen toe te zijn. Het was hier dat wij oplettender haar verlegen spreken aanhoorden en weer eens van die blikken wisselden, waarvan we later niet begrepen dat zij ze nooit bemerkte. Ze bloosde dieper dan ooit en haar ogen leken nu die van een grote moederpoes op een vensterbank in de zon.

'Heb ik jullie wel eens verteld, dat ik vroeger óók wat aan muziek gedaan heb?' Ze liet dit even bezinken en zweeg met een geheimzinnig glimlachje en bescheiden geloken wimpers. Armand reageerde het eerst: 'Wat zegt u me nou?!' En Cees zei warm: 'En dat zegt ze *nou* pas!' Mevrouw Stulze haastte zich, met afwerende gebaren (maar genietende, lachende ogen) teleurstellingen te voorkomen en ze zei sussend: 'Ja, amateurwerk hoor, niet zoals jullie, zo maar een beetje voor m'n plezier.' Dit laatste veinsden we nauwelijks te horen. Daar ging het hier niet om. 'Vertel op,' zei Armand streng maar teder. Ze aarzelde. Een nieuw glas gaf haar verlegen hart moed. Ze maakte ruimte voor haar verhaal, dat deed ze waarachtig goed. We speelden ongeduld.

'Waar hebt u aan gedaan,' vroeg ik, 'gezongen, piano?' Ze keek me blij verrast aan. 'Ja,' zei ze verbaasd, 'gezongen, hoe raad je dat nou zo?' Cees antwoordde snel voor mij dat we dat direct zagen: echt het type van de zangeres.

'Maar het is al lang geleden hoor,' zei mevrouw Stulze bescheiden, 'vóór de oorlog.' 'Nou en?' zei Armand, 'er werd toen beter muziek gemaakt dan nu!' Hij keek alsof het hem speet die periode niet meegemaakt te mogen hebben en mevrouw Stulze glunderde. Plotseling stak ze van wal. 'Kennen jullie Koos de Hout? – die begeleidde me altijd.' Alle drie vielen we bijna verontwaardigd in: 'Koos! Natuurlijk kennen we Koos.' 'Heb ik nog mee gewerkt vroeger,' gokte ik lukraak maar Armand beduidde me met de ogen niet te ver te gaan. Tenslotte wisten we niet eens welk instrument die Koos gespeeld had. Cees vond daar iets op: hij zei ernstig dat Koos altijd een uitstekend begeleider geweest was. We grijnsden een seconde om deze vondst en ik vervolgde snel met het stereotiepe: 'Doet hij tegenwoordig nog wat aan muziek?' 'Nee, al lang niet meer,' zei mevrouw Stulze melancholiek, 'hij heeft die zaak toch!' 'Ach ja, dat is ook zo,' zei ik. Een lotgenoot van mevrouw dus.

We vroegen verder. Had ze op de Bühne gestaan? Ja, één keer, op een buurtfeestje. Wie waren er nog meer bij? Wim Bosch, de gitarist. Cees deed verrast. 'Echt?' riep hij ongelovig, 'Wim Bosch die nog in het grote orkest van Willebrands gezeten heeft samen met Pietje van Dijk?' Hij kletste maar wat. Mevrouw Stulze keek even onzeker en zei aarzelend: 'Ja, dat kan wel, dat geloof ik wel, het was een uitstekende gitarist die jongen, en zo'n áárdige jongen. Ik zie hem nooit meer.

We begonnen opgewonden te praten. 'Maar dat waren geweldige muzikanten,' riepen we tegen elkaar, 'vakmensen!' Weer keek mevrouw Stulze naar de grond: 'Toen waren het nog maar amateurs natuurlijk,' zei ze, 'maar ze waren goed, dat kan je op de platen nog horen.'

'Wát!?' We rezen als één man overeind. 'Platen? Hebben jullie platen gemaakt!? Heb je ze nog?' (Nu ze muzikant was, werd het natuurlijk 'je'.) 'Dát is verschrikkelijk interessant. Heb je ze hier in huis?' We schreeuwden nu door elkaar heen. Mevrouw Stulze veinsde onzekerheid of de platen er nog wel waren. 'Halen,' riepen we enthousiast, 'halen en direct!'

'Nou,' zei mevrouw Stulze verzaligd trainerend, 'ze zijn zo ouderwets en slecht opgenomen natuurlijk.' 'Onzin,' riep Armand, 'doe nou niet flauw en ga naar beneden.' Hij trok haar lief plagerig aan haar wat weke witte arm uit de stoel. Ze liet zich snel overeind zetten. Ze giechelde. 'Vooruit dan maar, ik héb jullie gewaarschuwd,' zei ze. 'Als ik ze nou maar vinden kan.' Ze stommelde al naar beneden. Cees ging even op het trapportaal en riep haar gedempt na: 'Ach breng nog even een flesje mee, ik vind het nu juist zo gezellig en we zijn door de vorige heen.' 'Natuurlijk,' fluisterde mevrouw Stulze met een grote knipoog.

Ze was verwonderlijk snel weer boven. De platen – in een keurig koffertje – hadden natuurlijk al twintig jaar hun vaste plaats gehad. Ze zette terloops twee flessen wijn op de grond en peuterde opgewonden aan het koffertje. 'Wacht maar,' zei Cees gedienstig en had de sluiting zo open. Uit de koffer kwamen twee metalen grammofoonplaten, papierdun, waarvan de onbedrukte etiketten met potlood beschreven waren: enkel titels, onleesbaar geworden. Voor mevrouw Stulze bevatten deze vlekkerige hiëroglyfen geen geheimen. Ze bekeek ze melancholiek. Cees bracht z'n grammofoon in orde. 'Ga je ze echt draaien!?' vroeg ze verschrikt. 'Natuurlijk,' riepen we, 'wat dacht je anders?'

Ze leek nu toch onzeker, nerveus. Ze staarde naar de grond alsof ze spijt had. Cees liet de saffier zakken in de metalen groef. Er ontstond een korrelige ruis.

Dan een gitaarintroductie en een paar pianoakkoorden – die Koos zeker –, wat dof en veraf. Cees draaide aan toon- en volumeregelaar; het maakte niet veel uit. De stem begon. De met opzet lage, maar ongevoileerde alt van een schoolmeisje dat graag een Vrouw wil lijken, alles anno 1937.

We luisterden, bijna echt geboeid. Hoe verouderd – inderdaad – was dit type stem. Hoe lang geleden dit klankideaal. Hoe bijna kuis romantisch, juist deze opgelegde femme fatale-duisterheid, deze vamp-immoraliteit die toen fascineerde. We keerden terug tot ons spel. We keken elkaar verrast en vervoerd aan. 'Verrot goed,' mompelde Armand voor zich uit. We hoorden wel wie ze geïmiteerd had, hoe ze in de mode had willen zijn (net zo goed als die meiden van nu hun voorbeeld van de dag hebben) en ook hoe schools het nog was, hoe zonder veel eigen inzicht, hoe ontroerend Muloachtig bedeesd bij een voorzichtige improvisatie of een moeilijke passage. Toch kon ze al wat; het zou wat geworden zijn en het was niet vals of onritmisch. Eenmaal was ze er even uit en liep een maat voor op haar begeleiders die decent een steek lieten vallen om haar in te halen. Maar de mevrouw Stulze van nu hoorde verzaligd toe.

We draaiden alle vier kanten. 'Solitude' was erbij en 'Stormy Weather'. We waren vol lof en prezen ons gelukkig om deze ontdekking. Bij ingeving keek ik even recht in haar ogen met een glimlach van oudere connaisseurs onder elkaar en zei: 'Ik hoor er ook veel van Greta Keller in.' Ze zette haar glas neer en staarde me ernstig aan. Bijna verbijsterd. Armand en Cees bestonden niet meer, ik had voor het ogenblik gewonnen. Zag ik nu een traan aan haar wat bol groen oog? 'Jongen!' zei ze. Ze legde ontroerd een hand op mijn hand en vergat die terug te halen. 'Weet je wel hoe me dat nou treft?' Ik keek haar innig aan en knipoogde met beide ogen naar haar, niet zonder het te menen. Haast onhoorbaar zei ze nog: 'Ik wilde toen altijd zo graag op Greta Keller lijken. Dat is nou het mooiste compliment.' Ze kon niet meer spreken. Ze had trouwens ook wel veel gedronken voor haar doen.

Even leek het of Cees, die zichzelf bij drank wel eens meer een kleine krenking van de gezonden toestond, de stemming zou bederven. Tenminste hij informeerde met malicieuze kaken of Herr Stulze die platen nu geen entartete Kunst had gevonden. Maar mevrouw keek zonder verwijt en geïnteresseerd naar hem. 'Hij heeft ze nooit gehoord,' zei ze met een triest lachje.

We dronken nog wat en draaiden de platen nóg eens. 'Goede uitspraak,' zei Armand nog landerig, want het Engels was wankel. We werden moe van de complimenten en wilden het er niet te dik meer op leggen. Zo ontstond een slaperige stilte. Het leek of mevrouw Stulze soesde. Haar hand lag nog op de mijne en haar duim streelde haast onzichtbaar mijn pols. Eén seconde kreeg ook ik genoeg van haar argeloze goedheid, zoals Cees daarstraks, maar ik liet alles zoals het was.

Misschien zouden we allen in slaap gezakt zijn als niet Armand plotseling opstond. Mevrouw Stulze zag hem glazig aan. Ze zuchtte diep alsof ze zich haar geluk weer opnieuw bewust werd. Armand zei ernstig, bijna plechtig: 'Mevrouw Stulze, we hebben een voorstel. Ik weet dat ik ook namens de andere jongens spreek als ik u vraag, als ik u verzoek, of ten minste, als u in overweging zou willen nemen...' Hij zweeg verward. Mevrouw Stulze keek hem aan met een gestileerde Toorop-blik vol vrome, blije aandacht. Ze wist opeens wat komen ging.

'Enfin,' zei Armand, z'n quasi-beschroomdheid overwinnend, 'we wilden gelijk maar weten hoe u erover zou denken volgende maand met ons mee te gaan op dat tourneetje door Duitsland. Het is maar één maand. We zoeken een zangeres. U hebt ondergrond, routine. Natuurlijk zouden we een paar keer moeten repeteren, maar dat kan desnoods 's avonds hier in huis, gezellig bij een glaasje wijn, gewóón, onder elkaar. Wat denkt u ervan?'

De traan, die daarstraks al gedreigd had, viel nu. 'Maar jongens, jongens ik kan *de zaak* toch niet alleen laten?' (een nerveuze vergeving zoekende glimlach; ze was bijna mooi nu). We wisten dat, het was een hele geruststelling. 'Maar dan kan je man toch wel eens één keer in de zaak staan,' riepen we verontwaardigd, met teleurgestelde koppen. 'Voor dat ene maandje.' Ze scheen waarachtig te gaan twijfelen. Cees zei snel: 'Ja, we willen natuurlijk ook weer niet dat de zaak er gevaar door zou lopen, u moet natuurlijk denken: één maand een bescheiden gage, is dat het risico waard. Ú moet weten of het zakelijk verantwoord is.' (We keken hem al te dankbaar aan, merkte ze het weer niet?) 'Nou goed, goed,' zei Armand, 'laten we in ieder geval deze weken wat gaan repeteren. Een of twee avonden in de week. Dan kunnen we altijd nog zien of je mee kan naar Duitsland, ja of nee.' Zo werd afgesproken. Mevrouw Stulze stond vermoeid op maar trok ons alle drie om beurten naar zich toe. Haar ogen waren fosforescerend. Ze gaf ons alle drie een zoen. Op onze wang.

De paar weken van de 'repetities' in Armands kamer, waar een oude piano stond, kwamen er geen extra posten op onze huurkwitantie. Mevrouw Stulze bracht steeds wat wijn of bier mee en na afloop – laat in de nacht – maakte ze uitsmijters en koffie. Op iedere volgende repetitie had ze een mooiere jurk aan. Ze was ernstig en nerveus. 'Maak nou geen onzin, jongens,' zei ze bij onze grappen. Er werd weinig muziek gemaakt en meer gedronken. 'Solitude' en 'Stormy Weather' bleven op het repertoire maar met het aantal maten en de zuiverheid wilde het minder vlotten dan twintig jaar geleden. 'Het gáát niet meer,' riep mevrouw Stulze eenmaal angstig uit maar we troostten haar. 'Oefenen, oefenen, oefenen! Muziek maken is moeilijk, mevrouwtje.' Ze kreeg er nóg meer bewondering voor ons door. Voor ons vak, voor onze bereiktheid, voor ons geduld met haar. 'We zetten door,' zei Cees nu en dan vaderlijk, terwijl hij met z'n beknotte hand gesticuleerde.

Toen Herr Stulze van z'n omzwerving terugkwam, weinige dagen voor onze Duitse tournee, was alles afgelopen. Mevrouw verscheen niet op de laatste repetitie. 'Wees jullie alsjeblieft niet boos,' zei ze schor, 'het kan echt niet, het gaat niet, ik kán niet mee. Stulze is nou eenmaal invalide, het is ook z'n hoofd zie je. Hij kán de zaak niet besturen, hij heeft mij nodig, ik mág hem en de zaak niet alleen laten, ik weet het niet meer, hoe moet dat nou?' We zwegen geslagen en zuchtten. We droegen het moedig. We glimlachten alweer een beetje en waren aardig. 'Nou ja, als het niet gaat, dan gaat het niet, niets aan te doen. 't Is alleen een beetje jammer dat we het nú pas weten, hoe vinden we nu nog zo gauw een goede zangeres.' Mevrouw Stulze schaamde zich diep. Ze was erg wit en dit deed haar neus te veel uitkomen, zoals bij sommige vrouwen die gehuild hebben. 'Weet u niemand die nog mee zou kunnen?' (We zeiden weer 'u'.) Ze schudde het hoofd. 'Nee,' zei ze toonloos, 'echt niet. Het spijt me.' Armand keek nadenkend.

'Had u het maar wat eerder gezegd,' zei hij nog. Mevrouw Stulze sloop de trap af. Ze moet haar wreven geweld aan gedaan hebben, zo zachtjes.

Op een morgen met vrolijke, lage herfstzon laadden we het Volkswagenbusje in, dat geparkeerd stond in de nauwe straat voor de winkel. De winkeldeur stond open, want we liepen heen en weer met de instrumenten en delen van het drumstel. Stulze hielp ons – was hij zo bereidwillig omdat we ditmaal naar Duitsland gingen? – de bassdrum met riemen op het dak van de bus te bevestigen. We waren, als altijd wanneer een goed engagement ons wachtte, in de beste stemming, vol met de esoterische muzikantengrappen die ons dat gevoel gaven van uitverkorenen te zijn. En in Duitsland was geen bestedingsbeperking. Mevrouw Stulze verscheen bij zulke gelegenheden meestal goedkeurend glimlachend in de deur, maar ditmaal ontbrak ze. We deden Stulze de groeten aan z'n vrouw.

Ze bleef een boetvaardige die ons ontliep. Onze rekeningen bestonden alleen uit de huishuur en Armands achterstand kwam niet meer ter sprake. Toen we in Duitsland waren, was ze alleen met haar invalide; toen we terug waren bleef ze met opzet alleen met hem. We zagen haar nog uitsluitend als we overdag de winkel door kwamen. Voor de tournee had ze haar haren laten permanenten – dat maakte haar tien jaar ouder.

De toren

I

Het tuinhuis was doodstil en lag in schemer. Het was zes uur in de morgen en ook op het kerkhof bewoog geen schaduw. De populieren stonden bewegingloos.

Bikker, sinds kort als koster aangesteld, keek vanuit z'n raam boven het koetshuis en zag de grote ruwhouten tafel die centraal in het tuinhuis geplaatst was. Hij kon door de kleine ruitverdeling van de gesloten dubbele deur niet onderscheiden wat er zoal op die tafel lag, of wat er de vorige dag bijgekomen was. Hij herinnerde zich een paar van de voorwerpen en glimlachte.

Het was te vroeg om zich aan te kleden en Bikker, die lang en mager was, vouwde zich onhandig dubbel in z'n bed, slingerde z'n bleke benen onder het rommelig dek en staarde naar het balkenplafond. De stilte was van een suizende intensiteit.

Hij kon niet meer slapen. Hij verlangde naar van alles en de verkneukelde dadendwang die daaruit volgde hield hem wakker.

Ten eerste voelde hij in z'n linkerhand, als een vervelende uitdaging, nog altijd de rubberbol van de nikkelen hoorn van z'n vroegere baas; de hoorn die hij 's morgens om deze tijd bij zon, regen of zelfs mist altijd tweemaal dof beroerde als hij die baas ging ophalen. (Maar het was fout gegaan, ook daar. Op de late avond dat hij terugkeerde uit

Alblasserdam – waar de baas bij diens zuster ging logeren – had hij Anna, de meid, op de trap eerst in het donker gezet door haar blaker uit te blazen, en daarna was hij handtastelijk geweest onder eigen hulpeloos gefluister. Maar de meid was van meneer en zo volgde ontslag.)

En vervolgens had hij een plan voor vandaag, voor de dag die maar niet aan wilde breken. Hij zou zó wel met dat plan willen beginnen.

Hij stond ook werkelijk op en ontstak de olielamp op z'n eettafeltje. Hij pakte pen, inkt en papier en dacht lang na. Toen hij eindelijk schreef was het licht genoeg om de lamp te doven.

'WelEdelZeerGeleerde Heer,' begon Bikker.

'Als thans koster zijnde der Hervormde Kerk ter Uwer Gemeente, heb ik de eer U hierbij uit te nodigen met Uwe Anna en andere familie...'

Maar dat was niet juist. Het was niet goed in twee, drie betekenissen. Naar de taal niet, naar de feiten niet, en moreel – nou ja.

'Heb ik de eer U en de Uwen uit te nodigen voor de Fair op Zaterdagochtend...'

Dat was beter, en in de openingszin kon het hortende 'thans' nog gemist worden. In De Vries was na te zien of het ter Uwer juist was. Bij nader inzien schrapte hij de aanhef met z'n beroep, zodat het lijken kon of de brief van de pastorie uitging.

Bikker schreef z'n brief zwierig in het net, vergat de datum niet – het was de achttiende April 1913 – en schoof weer onder de dekens.

Hij stond om kwart over zeven opnieuw op, bekeek z'n hoog voorhoofd en licht kalende schedel met enig welgevallen in z'n scheerspiegel, waste zich summier in het lampetstel, goot het water in de emmer onder de tafel met het marmerblad en kleedde zich aan. Dan trad hij naar buiten om de lampetkan aan de pomp opnieuw te vullen. (Hoe lang nog, dacht hij.) De tuin geurde naar verse aarde en bloesems.

Hij siste zachtjes tussen z'n tanden een werelds wijsje: You made me love you – I didn't want to do it, en wist niet hoe hij daaraan kwam. Waarschijnlijk van z'n broer Arend in Den Haag die een mooie salongrammofoon had en nu en dan platenavonden hield waar tot besluit gedanst werd. Het was een nieuwe grammofoon, een moderne, zonder hoorn. Nol Bikker wilde er zo een ook hebben. Ze stonden te koop bij Van Duuren vanaf f 27,50.

Maar dat was ruim driemaal z'n weekloon en daarom voorlopig niet te verwezenlijken. Hij ging de brief posten aan het huis van z'n vroegere patroon; het was nog vroeg en men zou hem niet opmerken.

Bij het huis van de bouwmeester hield Bikker sluw de pas in. De nog lage zon stond in de bovenramen, die nu wel helse ovendeuren leken, en zó kon hij niet zien of daar iemand achter stond. Anna misschien. Of z'n gewezen patroon. Of – z'n halfronde wenkbrauwen trokken kwaad omlaag – die beiden samen. Ten slotte sloop hij dicht onder die ramen door en postte z'n brief. Maanziek keek hij naar het over de weg gelegen tuighuis dat als garage diende. Daar had hij heel wat passen liggen.

Bij thuiskomst pakte Bikker de sleutelbos uit een vaas op z'n zwartmarmeren schoorsteenmantel en liep de tuin in. Hij ontsloot de dubbele tuindeur en trad binnen. In groeiende verbazing bekeek bij de uitstalling op de grote schragentafel.

Eerst kwamen, aan de tuindeurkant, de zelfgemaakte werkstukjes van de hervormde dames van het dorp. Omdat Bikker niet bij alles zo direct zag wat het voorstelde, pakte hij sommige voorwerpjes op met hoge wenkbrauwen.

Hij herkende vijf gehaakte eierwarmers, waarvan vier in grijs en een in bruin, om duidelijke redenen. Daarnaast lagen twee dikke gehaakte boekeleggers in de nationale driekleur en verderop een uit sombere wolresten gebreid dier dat evengoed een konijn als een olifant kon voorstellen. Hij grinnikte wat om een gehaakt fietszadeldekje: als z'n broer Arend hier stond zou hij die toegemompeld hebben: kan jij nou zien of het voor een dames- of een herenfiets is?

Er was een flesje dat een gehaakte bekleding had in de vorm van een zittend hondje. De kop kon omgeklapt worden, zodat het glaswerk te benutten viel, – wellicht als spaarpot. Naast een groot flets kussen lagen gebreide kinderkleren, waarvan zelfs Bikker kon zien dat de mouwen veel te lang waren. Of had mevrouw Creuzot, wier meid die dingen gebracht had, misschien apekinderen? Ook een fijne meid trouwens en jonger dan Anna. Bikker bleef staan bij een zonderling ding, gemaakt van een vitragerest. Hij wist bij god niet wat het voorstelde en zou het later toch eens vragen. Wat er verder nog lag bestond vrijwel geheel uit aanvatters en onderzetters. Maar er waren nog drie dagen voor de verkoopdag en je wist nooit wat die wijven nog meer bij elkaar zouden breien. O Anna, prevelde Bikker opeens somber.

Anna raapte de envelop zonder postzegel van de deurmat en bracht die aan haar heer. Witteboon was nog niet op maar ze dreunde zonder gêne z'n slaapkamer binnen en riep nogal toonloos: 'Post.' De oude architect kwam juist in z'n nachthemd achterstevoren overeind en toonde aldus als eerste z'n dik katoenen achterwerk. Anna wachtte tot ook z'n hoofd zichtbaar werd en legde de brief op het vrijkomende hoofdkussen. Ze verdween niet en wachtte af. Witteboon zat nu op de rand van z'n bed, scheurde de brief open en las. Het papier trilde steeds krachtiger in z'n oude roze handen. 'Anna!' riep hij luid – hoewel ze vlak naast hem stond – en hij kreeg tranen in z'n fletsblauwe ogen. Z'n lang kunstenaarshaar, vergeeld wit, zat jongetjesachtig in de war.

'Annaatje! Lees!'

Annaatje, die dat verkleinwoord niet verdiende (ze was breed) keek met haar grijze Basedow-ogen in de brief en haalde haar forse schouders op. 'Nou?' vroeg ze.

'Begrijp je het niet?' zei de oude, 'wat dát betekent?'

'Nee,' zei Anna en verliet de kamer.

Intussen had de koster enkele plichten vervuld, zoals de kachel van de consistoriekamer uithalen en naar zolder brengen voor de komende zomer en sigaren halen voor de vergadering van de commissie. Hij ging koffie zetten op z'n kamer voor z'n slordig en te laat ontbijt. Terwijl hij z'n brood haastig naar binnen propte dacht hij aan Anna en de grammofoon. Hij vond dat hij toch zo'n ding moest zien te krijgen. De meid zou geïmponeerd zijn. Bikker liep om tien uur bij Van Duuren binnen en kreeg een vouwblad mee. Thuis genoot hij stil van de illustraties en overvloedige gegevens. Er bleek al een hoornloze kleinere spreekmachine te zijn voor f 18,50; platen kostten bij Van Duuren een gulden en er waren doosjes naalden van tweehonderd stuks vanaf een kwartje. Het zou aardig zijn later op de dag alvast die naalden te kopen, maar dan wel de extra fijne, zodat het geluid niet ver droeg. De dominee vond grammofoons ordinair en citeerde bovendien Calvijn die van muziek gezegd had dat het beuzelachtig was óf van de Boze kwam.

De dominee, die z'n wit bakkersneusje zocht te compenseren door een Van Eedensik, zat in z'n bibliotheek en staarde op de ommuurde tuin van de pastorie. Hij zag z'n vrouw daar; ze knielde op één knie en stak madelieven uit het gras met een roestig kinderschepje. Milde voorjaarslucht drong door een open steekraampje maar hij huiverde. Hij las: Met bidden begeren wij hetgeen dient tot verbreiding van Gods Heerlijkheid, alsook wat dient tot ons nut. Hij sloot de *Institutie*. Hij wist wat z'n geestelijk nut was en bad desondanks verward: en ontferm U over m'n vrouw.

Ook bad hij dat de hoofden van z'n gemeente wijsheid zouden ontvangen in hun keuze op weg naar vooruitgang en Gode welgevallige volksgezondheid. Schoonheid wellicht. Men mocht in ieder geval om het nuttige vragen. (Intussen zag ook Bikker de schoffelende vrouw vanuit z'n raam. Ze keek vreemd naar hem op en hij knikte geschrokken.)

Andries de Wit, arts, mompelde achter z'n hoog cilinderbureau. Z'n grauwe wenkbrauwen trokken samen in z'n rozig hoofd. Z'n waterblauwe ogen, onder slobberleden, bekeken vijandig z'n notities van de dag. Hij vloekte; dat was nou weer vervelend: hij moest op één dag naar de oude Witteboon én voor de Commissie naar het bureau van Visser en Smit in Papendrecht.

Hij besloot het laatste het eerst af te doen. Hij pakte z'n

tafelbel en z'n chauffeur verscheen: een schonkige boer in een pilo-uniform.

Het was een lange rit over de dijken, maar de kap van de doktersauto was omlaag en De Wit snoof met vaag welbehagen vers gras, de rivier en de koeien. Boeren lichtten hun petten een centimeter. Een boerin werd bijna geraakt door een straal tabakssap van de chauffeur en de dokter vloekte hem krakend uit.

In Papendrecht bezag De Wit ongeduldig ontwerpen en foto's. Hij kreeg in een grote map een werktekening mee die hij niet erg begreep, en een calculatie die hij best begreep. Het was allemaal duurder dan je zou denken. En hoewel een voorstander van het particulier initiatief, vond hij het idioot dat dit geen rijkszaak was.

Op de terugweg gebood hij z'n chauffeur langs Witteboon te rijden. De wagen stopte tot voor het blauwstenen trapje – rijen kon die boer wel – en de meid Anna opende de donkergroene kapitale voordeur. De dokter gaf haar een tikje op haar brede achterwerk en trad binnen. Hij vond de oude in een opgewonden en vrolijke staat. Hij nam pols en bloeddruk op en luisterde naar het hart. Alles was wat opgelopen en de huisarts dacht dat het de lente kon zijn. Hij keek onwillekeurig naar Anna, maar die zag er ondoorgrondelijk winters uit. Ten slotte helderde Witteboon zelf het kleine raadsel op en overhandigde glunderend de dokter de brief van Bikker.

'Daar zou ik me nou maar niet te veel over opwinden,' zei De Wit. 'Daar zou ik nog niet te veel op rekenen.'

'Net zo,' zei Anna.

Tijdens z'n middagspreekuur, waarop overigens alleen de meid van mevrouw Creuzot verscheen met het kleine rotjong van die dame aan haar hand, zond De Wit z'n chauffeur te voet naar de pastorie.

Bikker was juist biskwietjes gaan kopen voor de gewone woensdagavondcatechisatie en groette zwierig de Creuzotmeid die het doktershuis verliet. Toen hij gemakkelijk terugsloffend de deur van z'n koetshuis naderde, zag hij daar de boer in pilopak en beenkappen staan.

'Wat zoek je,' zei hij.

'Ook gedag,' zei de chauffeur.

Bikker keek met afgrijzen naar het mosgroene, vette jasje. Je had vakchauffeurs en lantarenpalen. Hij herhaalde z'n vraag.

'Boodschap voor je van de dokter,' zei de boer.

Bikker liet hem binnen in de schemerige holle ruimte waar sinds jaren een rijtuig ontbrak. Ze bleven staan; er was trouwens niets om op te zitten.

'Zeg het maar,' zei Bikker.

'Alsdat je die brief aan Witteboon niet had motte schrijven,' zei de boer.

'Hoe zo dat?'

'Dat weet 'k zo niet, maar het mot ongedaan gemaakt weze.'

Bikker zweeg. ''t Is maar dat je 't weet,' zei de boer nog en Bikker opende de grote halve deur voor hem. Maar z'n autoliefde hield het niet langer. 'Hoe loopt dat karretje van de dokter nou tegenwoordig?' vroeg hij zacht.

'De Opel draait bestig,' zei de boer luid, 'als je 'm maar goed naloopt vanzelf.'

De koster zweeg en de boer vertrok maar keerde zich nog om met een liederlijke grinnik. 'En de meid van Witteboon, die draait ook bestig! Af en toe horen ze d'r skreuwen in het bed...' Bikker spuwde in de richting van z'n opponent. De boer was weliswaar bevriend met de chauffeur van Witteboon, maar de koster geloofde niets van deze mededeling uit de tweede hand. Het was treiteren van chauffeurs onderling tegen gewone burgers.

Witteboon zat tot 's avonds laat in z'n werkkamer aan z'n tekentafel. Hij had, voor zijn doen snel, gegevens verzameld en bestudeerde het werk van z'n grote, onlangs gestorven collega J. Schotel. Z'n eigen ontwerp, dat wellicht niet te lang op zich zou mogen laten wachten, zou simpeler moeten zijn wilde het concurreren. Geen kantelen of boogfriezen, laat staan hangtorentjes. Vlak af, maar mooi van lijn. Zoals die van Tiel of Leerdam.

Hij maakte een aantal schetsen. Om twaalf uur 's nachts hield hij op en begaf zich naar z'n groot tweepersoonsledikant. De meid sliep al in haar spookachtig oplichtende nachthemd. Hij maakte haar wakker. 'Ik wil vanavond alleen slapen, Anna,' zei hij. Ze vertrok met haar blaker die was blijven branden.

Diezelfde avond vergaderden de dominee, de dokter, de burgemeester en het erelid van de commissie, de aannemer Pronk, in de consistoriekamer. Dr. De Wit legde het ontwerp uit Papendrecht voor. De dominee, die platenboeken in z'n bibliotheek had van vreemde oude steden, pleitte op bijna magistrale wijze voor kantelen. Die vormden immers het symbolisch burchtkarakter van het bouwwerk, dat, zo God het wilde (en God stemde in met nut en gezondheid kon men in de *Institutie* lezen) een burcht zou gaan vormen tegen ziekte en vervuiling (en de daaruit voortkomende onkuisheid.) De aannemer, die vroeger veel samengewerkt had met Witteboon, zei dat kantelen extra begrotelijk waren; hij vroeg de vergadering toch ook maar de oude dorpsgenoot een ontwerp te laten maken. Maar men schudde somber het hoofd en zweeg.

III

Op de zaterdagmorgen van de verkoopdag had Bikker zich in het zwart gestoken; een los front en een vers papieren staldeurboordje completeerden z'n kostuum. Hij opende plechtig de beide ruitjesdeuren van het tuinhuis. Hij droeg het grote karton binnen, waarop een hervormde dame met sierlijke letters in borduursel het doel van de Fair had aangegeven: VOOR ONZE WATERTOREN.

Bikker wilde wel dat hij vandaag z'n grammofoon al had om het feest luister bij te zetten. En als Anna dan binnenkwam achter die oude vos met z'n rode konen, zou hij 'Fairest of the Fair' van Sousa opgezet hebben.

De dominee maakte een laatste inspectie samen met z'n slanke vrouw, die een spitse poppekin had. Men bekeek, wat verlegen, de laatst ingekomen schenkingen. Er waren veel pannelappen bij. Ook de dominee keek, enigszins kleurend, naar het geheimzinnige diepe tasje uit vitragestof en vroeg z'n vrouw waartoe het diende. Bikker luisterde mee, z'n naakte kop ondoorgrondelijk als van een veldwachter. 'Dat is om kousen in te wassen lieve,' zei de dame. 'Dameskousen?' vroeg de dominee haast onhoorbaar. 'Ja natuurlijk.'

De predikant keek kwaad naar het gazen voorwerp. 'Dat vind ik dan ongepast hier,' zei hij. Bikker verwijderde het gewichtloze ding en stak het in z'n broekzak. Hij voelde er zich raar trillerig van worden. Er lichtte een plan op als een bliksemschicht.

Om half elf 's morgens werd de Fair geopend met een toespraak van de burgemeester. Die had de woorden van de dominee goed onthouden en bracht burcht, gezondheid en reinheid ter sprake (hoewel dit laatste niet in connectie met onkuisheid). Er waren nog haast alleen dames aanwezig omdat de mannen nog werkten; hij maande de vrouwen 's middags hun echtgenoot voor het goede doel te sturen en besloot met de mededeling dat de gemeente een mooi bedrag in de kosten zou bijdragen. Hoe mooi het bedrag was verzweeg hij voorlopig. Hij wekte de commissie op tot vele verdere activiteiten, maar achtte dit begin goed. Hij kocht – symbolisch welhaast – het omgehaakte hondespaarpotje van glas, voor een gulden.

De schragentafel was nog berstens vol geraakt. Vele burgeressen hadden de inhoud van haar kasten nagekeken op overbodige kleinigheden en die lagen nu dan ook hier te koop. Er waren manchetknopen, zakspiegeltjes, haarpennen, snorbinders, fotolijstjes van chagrinpapier, droogboekjes, maatglazen, papierhouders, vloeirollers, wrat- en hoofdpijn stiften, pepermolens en radeerwieltjes. Jonge boerenmeiden stonden er suf bij opgesteld als verlegen verkoopsters. Bikker trachtte zuchtend z'n ogen voor zich te houden. Hij schonk koffie voor genodigden en waste de kopjes af. Hij vulde sigaren bij. Hij pakte nerveus de centen en stuivers uit de klef opgehouden meidenhandpalmen en borg dat warm geld in een extra grote collectebus.

Enkele dames trokken elkaar een voordelig kindertruitje uit de handen en Bikker trad vroom op als scheidsrechter. In een hoek stond de grabbelton voor de kleintjes die steeds teleurgesteld kleutergehuil deed ontstaan.

Veel bezoekers van de lagere standen vroegen Bikker of hier geen privaat was. (Het volk laat zich die attractie zelden ontgaan en het viel de koster op dat zij die pretenderen in de wereld het minst gelaafd te worden, het meest van die instelling gebruik wensen te maken.)

's Middags werd het voller – ook met grijpgrage schoolkinderen waarop gelet moest worden – en Bikker keek vanaf half een steeds even naar de open deuren of hij de rode en witte kop van Witteboon al zag.

Het was prachtig weer en de bezoekers bleven binnenstromen in licht kostuum of zomerjurk. Het merendeel bleek overigens kijkers te zijn en de voorraad geschenken leek om twee uur nog amper aangesproken.

Het was eerst om half vier dat Bikker z'n zin leek te krijgen maar de anderen waren er niet blij mee. De domineesvrouw, die Witteboon zag aankomen over het tuinpad met z'n lichte vest en zwierig vlinderdasje, verschoot van kleur. Ze keek benard naar haar echtgenoot. Die aarzelde. In feite was iedereen hier welkom, maar impertinent was het wel. En wat nu tegen de man te zeggen. Hij groette de oude bouwkunstenaar ongemakkelijk. In ieder geval had de man de goede smaak gehad zijn bijslaap thuis te laten.

Witteboon kwam recht op de predikant af en dankte hem beleefd voor diens uitnodiging en voor de hoopvolle sfeer van 'zeg maar verbroedering en samengaan in de toekomst' die uit die daad toch wel bleek.

'Ik vrees,' begon de predikant maar Witteboon glimlachte. 'Ja er is natuurlijk nog niets definitief afgesproken maar ik ben erg enthousiast geworden voor de zaak en heb de hele week tot diep in de nacht gewerkt, vraagt u het maar aan – enfin.'

De dominee zweeg en zag bleek. Wie kon de man hebben uitgenodigd? Hij dacht ook in zelfvermaan aan de parabel van de eerste steen. Z'n eigen zonde was bijna tegengesteld aan die van Witteboon maar zonde evengoed binnen de heiliging van het huwelijk. Hij verliet het tuinhuis en zat even in z'n koele bibliotheek.

Men vond dat Bikker opeens opvallend teruggetrokken deed en zelfs beledigd, en de aannemer en z'n vrouw verlieten, zonder nog iets gekocht te hebben het tuinhuis onder gemompel van straks nog even terugkomen.

Bikker moest zich terugtrekken in z'n koetshuis om z'n teleurstelling te verwerken. Hij wiste zich het voorhoofd. Hij rustte uit op de trap naar z'n woonvertrek en staarde de donkere loods in. Hij liet een opstandige boer.

Maar dan werd er zacht getikt op de zware deuren. Krankzinnige vreugde overviel hem. Hij vloog overeind en ontgrendelde. In de scherpe baan zonlicht die binnendraaide stond niet Anna. Het was de domineesvrouw.

De zon speelde door het krullig haar dat uit haar hoed met kunstrozen stak. Ze was lang en slank, een beetje erg slank, niet zo schitterend gevuld als...

'Nol?' zei ze bevend.

Hij begreep het. Hij had geen seconde nodig. Hij trok haar naar binnen als een oud dier z'n laatste prooi maar hij bleef bedroefd. Een traan rolde over haar gepoederde dameskoon terwijl hij haar tegen zich op drukte.

'O Nol,' piepte de jonge vrouw.

'Ja,' zei Nol. Hij duwde haar de trap op. Hij was in alle opzichten gereed zich panisch op haar te storten maar wierp z'n zondagse broek toch nog vrij netjes over een stoel (bijna zoals z'n vader het hem geleerd had). Daarbij viel het vitragetasje uit de broekzak op de grond. Het was voor Anna bestemd en hij raakte verslagen. Hij ging kalm naast die andere vrouw liggen en tastte beschroomd naar die ongewoon broze vrouwenhuid, een kwetsbare naaktheid. De voorstelling ging niet door. Ze prevelden verontschuldigingen onder hopeloos gestreel.

Maar opeens was Nol mans genoeg te beseffen dat hij zich later voor z'n kop zou willen slaan en zo greep het onvermijdelijke nog plaats. Het leek weldra door uithongering een strafexercitie en de vrouw dacht dat dat misschien maar het beste was. Pijn en lust en angst.

Ze knapte zich op voor Bikkers scheerspiegel en zag kans, gek van zenuwen, nog aanminnig te spreken. Maar hij voelde de laatste rest vertedering verdwijnen als hij aan de vitrage dacht.

De verkoping was intussen doorgegaan en werd 's avonds om negen uur besloten met de verloting van een taart. Anna was ook later op de dag niet verschenen. De dominee en Bikker begonnen na de uitreiking en het vertrek van de laatste bezoekers alles op te ruimen; ze waren zwijgzaam om verschillende redenen. Mevrouw was met hoofdpijn vroeg naar bed gegaan.

Bikker telde op de plankentafel alle halfjes, centen, tweeën-een-halve-centstukken, stuivers en dubbeltjes uit. Het batig saldo voor de toren bedroeg 23 gulden en 91 cent. Hij legde er zelf 9 cent bij voor het kousentasje.

De dominee kwam onverwachts voor hem staan en zei zacht: 'Dit is je laatste karwei hier geweest Nol.' Bikker schrok hevig en vroeg zich zwetend af of het nú al uitgekomen was. 'Je hebt me in grote moeilijkheden gebracht Nol,' klonk het plechtig verder. 'Je hebt Witteboon een uitnodiging gestuurd. Waarom?'

Nol schudde het hoofd en zweeg lang. Dan zei hij ootmoedig en intussen naar waarheid: 'Ik had er geen belang bij.'

'Ik betwijfel dat ernstig; ik ben nu haast verplicht Witteboon een plantekening te laten maken,' zei de dominee gekweld.

'Dan kan u dat plan toch afkeuren,' zei Bikker snel en arrogant want hij besefte opeens niet langer z'n baas, maar een hoorndrager voor zich te hebben.

De zielenherder streek door z'n sik en begreep er nu niets meer van. En toen hij vermoeid om elf uur in bed stapte kroop z'n vrouw nog helemaal weg naar háár kant ook. Hij haalde z'n schouders op maar angst trad in naast enige opluchting.

III

Twee maanden later ging de dominee op bezoek bij het Leerdamse waterleidingbedrijf. In de trein dacht hij aan z'n ziek achtergelaten vrouw. Dokter De Wit had gezegd: geef die vrouw een kind, daar knapt ze van op en hij overdacht opnieuw ernstig die uitspraak. Hij was zich natuurlijk niet bewust dicht bij – plaatsvervangend – vaderschap te zijn.

Na rondgang in het mooi bedrijf hield hij een schoon glas water in beschouwelijke aandacht tegen het licht van het pomphuisvenster. Hij keek naar de absoluut doorzichtige vloeistof. Water! Wat was er mooier dan water! Het had mystieke grootheid! Het was het Niets en het Al. Het was kleurloos, reukloos, bijna substantieloos en koel als de omschrijving van het Absolute zelf door de grote Godsminnaar die hij in z'n boekenkast had staan. Zo werd drinken welhaast communiceren, deel hebben aan het Goddelijk Andere. (Dat was andere koek dan het ouweltje van de pausgezinden. Toch bloosde hij opeens even toen hij dacht aan de groteske wijze waarop dat water, verpest, het lichaam weer verliet.)

Hij schudde nog plechtig de handen van de directie en ook de zwarte bereklauw van een machinist. Alle medewerkers hier moesten wel broeders zijn.

Buiten, op weg naar het station, in de dampende zonnehitte, wilde hij zelf wel water zijn. Hij had nooit moeten trouwen. Hij was jaloers op Ruusbroec. De naam zelf ademde water; de zuiverheid van water.

Terug in de pastorie vertelde z'n vrouw hem snikkend dat ze in verwachting was. Hij schrok, duizelde en dacht even aan de wederkomst der Messias, aan uitverkoren onbevlekt vaderschap. Hij schrok heviger en corrigeerde eigen onbedoelde blasfemie en waanzinnige hoogmoed – of was het op de loer liggende waanzin? (Maar de zwangerschap ging over of was er niet geweest, en de dominee dacht aan een lijfelijk suggestief hallucinerende droom van z'n vrouw. Hij voelde zich extra schuldig. Hij kocht een prachthond voor haar.)

Bikker was bij z'n broer Arend in Den Haag en danste de two-step met diens buurmeisje. Everybody's doing it! Met het zwetend schepsel in z'n armen was hij niet jaloers meer op de grammofoon in zeewiergroen en notebruin. Hij was Anna niet direct vergeten maar dit was ook wel wat. Het was volop zomer en de ramen stonden hoog open. Het snel donker wordende bos aan de overkant van de kade geurde mossig. Nol wilde daar heen nu het schemerde. Maar een besnorde vader kwam het meisje terughalen.

Anna was tevreden dat ze zich blijkbaar vergist had in de brief van de pastorie. Ze sliep gerust terwijl Witteboon tekende. Verzaligd van eigen vakmanschap rekende hij na en trok lijnen langs tekenhaak en driehoeken. Hij hanteerde neuriënd trekpen en passer. Op z'n papier ontstond een elegante kleine watertoren, de trotse kop van het reservoir ferm in de wolken. Hij had eerst geen beton willen gebruiken (beton en water gaan niet samen was z'n vroegere stelregel) maar bij Visser en Smit deden ze het ook en het was goedkoop. De omloop mét kantelen kwam er mooi op te staan; dat scheen men te willen en er werd extra voor gespaard. Imitatieboogfriesjes in pleisterwerk waren misschien mogelijk.

In het geniep imiteerde hij een beetje een ontwerp van Schotel met een achtkantige bovenbouw en veel kleurstelling door natuursteen en lichte baksteen, door cordonlijsten en speklagen. Steeds opnieuw trok hij de enorme belasting na van zoveel wisselend watergewicht op zo'n klein oppervlak.

Ook hij was in Papendrecht geweest en bezat tekeningen van de technische installaties, hun gewicht en hun afmetingen. Hij werkte met de geurhallucinatie van stoomcilinderolie in z'n neus.

Hij was gehaast. Hij laadde z'n trekpen met bevende hand en morste Oostindische inkt. Al eerder was een inktlijn onder z'n niet meer zo vlak liggende tekenhaak uitgevloeid en had hij z'n tekening kunnen verscheuren. Hij was geïnspireerd en vergeestelijkt, naar Anna keek hij haast niet om en hij werkte bij dag en bij nacht. (Anna had kortgeleden een smekende blik van Bikker nors afgewezen; ze kon het niet uitstaan dat die fielt háár niet uitgenodigd had op de Fair en ze had hem bovendien koerend zien groeten naar de meid van de Creuzots toen die dat jong naar de dokter gebracht had.)

Witteboon wist niets van de rijtuigentocht van de commissie. Al eerder was men in twee sjezen eropuit geweest. Een esthetische verkenning. De dominee, de aannemer, de burgemeester en de dokter met hun vrouwen reden naar stadjes en dorpen langs de rivier tot aan Tiel en bekeken de meer of minder slanke watertorens. Ze zetten de strohoeden diep in de ogen tegen het stekend zonlicht.

De dames, in hun witte zomerjurken, vonden het slanke, katachtige silhouet van het Tielse torentje het mooist. Zoals dát boven het groen kwam uitrijzen...! Men zou Visser en Smit om zó'n modellering verzoeken.

Op de terugweg in een uitspanning bezon men zich op de verdere evenementen die het budget moesten aanvullen. Er was al een sportdemonstratie geweest en men dacht aan een grote loterij met prachtige prijzen. De domineesvrouw werd tot erevoorzitster uitgeroepen voor de activiteiten maar ze bedankte panisch. De vrouwen zwegen even en dachten dat ze eindelijk zwanger was.

Nol Bikker kwam het gehuurde tuinhuisje binnen aan de rand van het dorp, bij het verwaarloosde buiten. Hij was tijdelijk hulpverkoper geworden bij Van Duuren.

Hij ging op z'n krib zitten met z'n hoofdkussen in z'n rug en z'n lange benen voor zich uit naar het voeteneind, als een kind. Het rook hier naar schimmel.

Hij staarde dom en zat absoluut onbeweeglijk. Z'n oude moer zou gezegd hebben: Kijk dat! Dat is verliefd! Maar hij was niet verliefd, hij was zo kwaad dat hij er buikpijn van had. Onder z'n maag knaagde het.

Dat Anna die oude had, daar had hij zich bij neergelegd, het hoorde zo, hij wist dat al zo lang, hij had nog een half oud respect voor z'n oude baas. Maar vanmiddag had hij haar zien staan praten en lachen – bolle ogen en al – met Witteboons chauffeur. Met die lange darm en z'n ijzeren bril, in nog smeriger pilo dan die van de dokter. Met de man die haar beklad had.

De dominee had enige notie dat die voorbije zwangerschap toch meer dan een droom geweest kon zijn en kon niet slapen. Hij sloop naar de bibliotheek en pakte een gedichtenbundeltje in grijs en goud. Hij las 'De moerbeitoppen' van Beets en snoot z'n neus langdurig.

De zaken gingen nu op z'n eind. Er volgden nog een paar drukke vergaderingen in de consistoriekamer waar een nieuwe koster sigaren aanvulde en, dat najaar, de kachel plaatste en aanmaakte. Twee fabrikanten, respectievelijk van het meubel- en het baggerbedrijf op de grens van het dorp, tekenden een contract. Een nabijgelegen kleine gemeente werd mee geïnteresseerd, wat het aantal toekomstige waterkranen bijna verdubbelde zodat alle tekeningen over moesten: de toren moest groter en hoger. Drie hereboeren, een werf en de kasteelbewoner droegen bij. (Het rijk liet het opnieuw afweten.)

Het volgende vroege voorjaar was het geld bijeen. Er kwam een tentoonstelling van alle ontwerpen in het gemeentehuis.

De commissie delibereerde lang bij die tekeningen en Witteboon beende in z'n groot pand in kribbige spanning op en neer. Hij snauwde tegen Anna en zond haar om een boodschap. Nol sprak haar aan op straat en keek voor het eerst beschaamd naar z'n eigen versleten pantoffels. 'Anna,' zei hij zacht, 'ik was vervelend met die blaker toen.' Hij dacht dat zo'n bekentenis voor zich zou innemen want hij kende vrouwen slecht. 'Je zeurt, koster, en ik ben moe,' zei ze en verdween.

Thuis wachtte Anna een verrassing waarvan ze beweerde dat ze het altijd wel gedacht had: de commissie – met uitzondering van de dominee die uittrad – had het ontwerp van de oude zondaar Witteboon uitverkozen. Er kon gebouwd gaan worden.

Dokter De Wit ontsloeg diezelfde week z'n spuwende boerenchauffeur en nam Nol Bikker. Witteboon betaalde Bikker bovendien een kleine bonus voor diens hulp en de gewezen koster kon z'n grammofoon kopen. Hij vroeg Anna brutaal eens te komen luisteren maar ze zei: 'Ik houd niet van muziek.'

Nol ging kijken naar de eerste steenlegging voor de Watertoren. De aannemer Pronk, met de bolhoed achter op het hoofd, en de oude bouwmeester (zwieriger dan ooit) waren zo druk in gesprek met een opperman dat ze hem niet zagen.

Het langarmige zoontje van mevrouw Creuzot (van de meubelfabriek) mocht de eerste steen metselen. Nol loerde naar de rok van de jonge dienstmeid die ook nu weer het kreng bij de hand voerde. (Ze keek naar het kind of ze hem zelf gemaakt had.) Een naburig harmonieorkestje speelde het Wien Neerlands Bloed.

Intussen waren de schoten te Serajewo gevallen en na een eerste begin – de kelderfundering was al geheid en er lag een losse stoomketel in de wei klaar – viel de bouw stil. Er kwam algehele mobilisatie en iedereen vergat de toren. Materialen werden bovendien slecht leverbaar of te duur en het leger slokte de transportmiddelen op. Vergunningen blokkeerden.

Het zou nog zeven lange jaren duren eer de beide dorpen de kranen konden openen. Mopperend bediende men nog de knarsende pompen.

In 1921 verscheen een fantasieloze toren in utiliteitsbouw; eigenlijk een hoog reservoir op profielijzeren poten. Witteboon was toen al dood; Nol was uitgekeken op grammofoon en platen en Anna op mannen. Ze was vijftig nu en grijs.

De domineesvrouw bleef zich al die jaren bezwaard voelen en schikte zich in het gemis van een kind. (Maar ze had die hond.)

Nol bleef zich ook vaag schuldig voelen en schikte zich in het gemis van Anna. (Maar hij had zijn chauffeursbaan.)

De predikant achtte zich een zondaar en schikte zich nederig in het gemis van De Absolute. (Maar hij kreeg helder water bij de vleet.)

Anna, die trouwe tranen in haar bolle ogen had gehad op het kerkhof, schikte zich in het verlies van die oude. (Maar ze kreeg zijn spaarpot.)

De opdracht

Alleen met de blauwe tram naar zee, op een vrije dag in de zomer, daar had ik m'n redenen voor. De zware 'Budapester' daverde over het bochtige tracé en schoot zo dicht langs takken en blinde muren dat haren opwoeien en ogen knipperden door de snel wisselende windval bij de open balkondeuren.

Eerst kwam de geur van uienvelden binnen, dan die van haringtonnen en ten slotte feestelijk die van de open zee.

Eigenlijk wekte die aankomst even een verwachting van iets, waarvoor ik niet vertrokken was. Men kon echter ook voorwerpen allesomvattend liefhebben.

Die rit mocht dan bijna iets van groot leven in zich hebben, vooral als de tramfluit baldadig door de nauwe dorpsstraatjes gierde, toch was het maar pas voorspel. Het werkelijk genot moest nog beginnen. Want al was de zeelucht goed, verfijnder nog achtte ik de geur van benzine, rubber en warmgestoofd leer boven op de boulevard.

Ik had een stille vervoering voor auto's ontwikkeld, zij het met een licht afkeurenswaardig heimwee daarin naar vroeger. Mijn doordringende affectie gold de automerken die uitstierven, waardoor hun laatst rondrijdende vertegenwoordigers een aureool van tragedie en grootheid kregen. Zoals bij voorbeeld de Auburn en de Graham. (De Graham-Paige March die we een paar jaar eerder bij de radio meefloten had het bedrijf blijkbaar niet kunnen redden.) Urenlang rondlopen op de volle en blakerende parkeerplaats aan de boulevard, argwanend beloerd door oude bewakers, was een platonische occupatie maar gaf voldoende genot. Voor graven in het zand was ik trouwens al te groot.

Ieder merk had z'n eigen gezicht, een meerjarig volgehouden eigen stijl, zelfs een eigen geur. En al viel er niets te bezitten, je kon nu en dan ongezien een hand op de lange lijn van een schitterend gemodelleerd spatbord leggen, voor zover dat niet te kokend was van de zon.

Mijn nostalgiek of verliefd staren naar de siervormen van snel verouderende automobielen werd door volwassenen op technische aanleg geschat. Ik zou voor monteurschap in de wieg gelegd zijn. In werkelijkheid bleef het mechanisch innerlijk decent ondergeschikt, onbekend en dus onbemind. Bevreemd en benard aanvaardde ik een ambachtsschoolopleiding, een springplank voor verder technisch onderwijs. Liefde derhalve, die omgezet zou moeten worden in vruchtafwerpende kennis, en gauw. Want de tijden waren slecht toen ik – midden '30 – van de lagere school kwam. Een ambachtsschool, daar leerde men een eerlijk vak, bij eenvoudige maar door eelt geadelde hardwerkende mensen; de handen uit de mouwen dus en aanpakken. Handwerk gaf voldoening en geld; de opleiding was niet lang en niet duur. Bovendien kleefde moeder een wereldverbeterende, vooruitstrevend te noemen geesteshouding aan die op jeugdsocialisme stoelde en die een goed vakman altijd wist te waarderen, al was het een straatreiniger. Dat kwam dus mooi uit.

Na het volbrengen van een haast symbolisch toelatingsexamen met rekenvraagstukjes voor voldragen debielen, verkreeg ik het recht van toegang tot de gemeentelijke ambachtsschool van mijn geboortestad.

Wat mij, eenmaal op die school, vrees inboezemde was het bestiale gevoel voor humor van een deel der leerlingen. Een wezenloos, onvatbaar soort pret om pijn, schrik, deformatie en ongeluk. Van te respecteren cynisme was daarbij geen sprake: het was afwezigheid van iedere reactie behalve vet lachen. Niet tot de simpelste leedregistratie in staat, waren ze dat ook niet tot enig medeleven. Terugdenkend aan die jongens geloof ik niets van de massale sociale bewogenheid van het heden.

Vooral de streekbewoners die iedere morgen op verroeste fietswrakken met een elastiekje over hun witte vlaskuiven als ware Batavieren de Rijn afzakten, zagen er weinig menslievend uit. Ze persten elkaar schreeuwend en zwetend door de voordeur van de school en ze hadden grote rode koppen waarin fletse ogen argwanend en tegelijk betrapt knipperden. Op hun altijd kauwende kaken stond achterdocht óf een grijns. Een listige of een wellustige grijns. Meestal het laatste. In hun korte lichamen (alsof ze te lang in windsels gelegen hadden) huisde groteske geilheid. Hun strottehoofd releveerde dit onmiddellijk zonder regulatie van welk brein ook. Hier was de Geest geen Widersacher der Seele. En wat het netvlies ook ving, het was object voor lust.

Anders dan hun stadse confraters, die meestal van socialistischen huize waren en onbekend met de Schrift, wisten deze Rijnstrekers steeds schaterend de bijbelplaatsen te citeren die in hun begerige woordkraam te pas kwam. Een van hun favorieten was Genesis 19, waarbij ze sardonisch gebarend, maar onhandig, de handelingen der dochters van Lot zochten uit te beelden. Maar ook de stadsleerlingen lieten zich op dit gebied bezield gelden. Zo bezat er een pornografische foto's nog uit het Antwerpen van de eerste wereldoorlog afkomstig: onscherpe en beduimelde plaatjes van gymnastische attitudes zonder veel details. Een ander had recenter werk in de binnenzak, maar die exemplaren deelden in de crisisarmoede: ze waren slecht afgedrukt, zodat vitale passages onbeholpen en ongeloofwaardig door de fotograaf waren bijgetekend. Een afschuwelijk manspersoon (in mijn jeugdige ogen een middelbaar muziekleraarstype met broshaar als Colijn en een misselijk fondsbrilletje) vertoonde op die foto's nogal gramstorig een ontklede dame met permanent, die als een varken op een leer lag gespalkt. Het had eerder een chirurgische dan een erotische betekenis en vervulde me met schrik.

De reeks benamingen voor voortplantingsorganen die zowel de jonge christenen als de sociaal-democraten elkaar als bij opbod toewierpen, waren van een bijna ascetisch verwerpend cynisme, haast met dezelfde minachting voor de fysiek als bij Augustinus of Bernardus, en zeker niet minder plat dan die gelovigen. Overigens waren die benoemingen niet erg beeldend en amper vindingrijk (hoezeer men het volk deze eigenschap ook toedicht) of men zou geïmponeerd moeten willen raken door de kwantiteit, of door de bruutheid van vergelijkingen met op zichzelf al weerzin opwekkende machinedelen of bespottelijke namen dragende gereedschappen.

Hun verbale moppen, altijd 'bakken' genoemd, waren in opbouw en door niets verhullende woordkeus zo onbeholpen flauw en zo gênant van anticlimax, dat lachen tot een zenuwachtige spierreflex werd.

Anders was het gesteld met de handelende grappen, dingen die men 'uithaalde' met elkaar om zich heldhaftig te amuseren, of om iemand in verlegenheid te brengen, of om een potentiële tegenstander af te schrikken, of vaker nog zo maar eens. Bang was ik zeker voor dit soort plezier, en het was genoeg om m'n autoliefde – toch al beschaamd bekoeld door vorderende leeftijd – vrijwel zonder rest te doen verdwijnen.

Er was een beperkt aantal variaties in dit 'lol maken'. Iemands ladder omdraaien wanneer die op de bovenste sport stond in het magazijn, was er een van. Als het slachtoffer niet vloekend omlaagstortte, bleef hij hangen als een bange aap aan een boomtak, onder proestend gelach van daders en snel gewaarschuwde omstanders. Verder: het 'knietje', dat was elkaar in het voorbijgaan met kracht een knie in het kruis stoten, bij voorkeur in de gangen als er een leraar in aantocht was, zodat het van pijn op de grond hurkend slachtoffer geërgerd te horen kreeg zich niet aan te stellen en onmiddellijk op te staan. Dit alles hoorde nog tot de vriendschappelijke aardigheden, evenals het openrukken van latrinedeuren in het washok, met als variant een daar aanwezige geluidloos naderen en in de rug trappen, zodat hij voorover sloeg tegen het horribel besmeurde sanitair, een inrichting die die naam niet verdiende.

Maar er was nóg een practical joke, die al meer op een afstraffing ging lijken. Werd bij bovenstaande handelingen gegiecheld of gegrinnikt, bij de hieronder nog te vermelden exercitie kwam het tot gillend gelach en nat geproest dat meestal in langdurig gehoest en gespuw overging.

Bang was ik, ook eenmaal aan de beurt te zullen komen voor bedoelde beproeving. Om die beurt zo mogelijk af te wenden achtte ik het van belang een goede verstandhouding te kweken met de grootste en ijverigste grappenbedenkers. Ik had na enige tijd bij de ambachtsscholieren bijna zo iets als een zekere populariteit bereikt door mijn opgelegde 'eenvoudigheid'; het verschil in milieu ('komaf' zei men toen) zocht ik steeds benard te verheimelijken. Men deed zelfs wel werkjes voor me met vijl of beitel – zelf was ik onhandig en traag – al speelde omkoperij hierin ook mee: veel van m'n boterhammen verdwenen in andere magen. Zij en ik vonden die beloonde diensten vanzelfsprekend. Pas veel later besefte ik dat m'n effectvolle eenvoudigheid m'n lafheid was; ik had me zelfs een soort tweetaligheid aangewend: gematigd plat voor op school, en gematigd net voor thuis. Met die matigheid bleef de waarschijnlijkheid van m'n uitspraak buiten verdenking en vergissingen in een der beide kampen beperkt. (Als puber is men al minder zuiver zichzelf dan als kind; niet opvallen wordt een bange hoofddeugd.)

Om niet 'groos' te lijken deelde ik nu en dan ook wel eens – zij het nogal zijdelings – in het zaterdagavondvermaak van de meeste leerlingen: de spontane wandelpromenade op de Stationsweg, die toen nog volop tot de Leidse folklore behoorde. Soms ging ik kijken, op de fiets, en dus tegen de ongeschreven spelregels maar met de mogelijkheid van snelle aftocht. Ik zag dan altijd wel klasgenoten die, met 'keurig' maar mismakend platgeplakte brillantineschedels, achter meiden aanliepen die in rijen van drie of vier gearmd en ook op hun mooist, paradeerden met de élégance van de eveneens Leidse veetransporten.

De meest scharminkelige meiden van de stad zag men op de Stationsweg: bleek als griesmeel, de ogen glasachtig met kleine stippen en de benen kort en krom. Door onervarenheid met hoge hakken liepen ze met doorgezakte knieën die elkaar bovendien steeds raakten. Die X-gang zag eruit of ze een sterke drang tot wateren hadden te bestrijden. Men wist niet recht of die beklagenswaardige wezens, die zo uit de lakenfabrieken van diep in de negentiende eeuw leken weggestroomd, wel echt leefden. Ik voelde een onzeker soort beschaamd medelijden, ingegeven door vrees en moeders sociale geweten. Het verbaasde als ze opeens spraken: niet tegen mij of een andere jongen, maar over onze hoofden tot hun vriendinnen, die dan onverwachts naar voren dubbelsloegen van het lachen met de armen gekruist op de buik. Daarna zwegen ze weer even plotseling. (Maar áls ze spraken kleineerden ze slim en hun humoristische glossen troffen ons in ons puisterig puberuiterlijk, onze inderdaad onmogelijke plusfours en onze verdere, bijna tastbare kinderachtigheid vergeleken bij hun oudachtige dorre poppeblik.)

Die meiden doorzagen onmiddellijk m'n 'komaf'camouflage en bespotten gniffelend wat ze m'n 'violistenkoppie' noemden, want ik droeg het haar een centimeter langer dan de andere jongens. Maar m'n medescholieren achtten m'n komst op de Stationsweg toch van zeker belang, in hun ogen bleek ik zo althans geen opsnijer die zich voor z'n kornuiten geneerde en dat ik soms 'gewoon' met hen opliep in de drukke parade wekte instemming, mede om het verkneukelende dat in m'n bourgeoisverlegenheid school.

Want ik dorst die meiden voor geen goud in de rug te duwen, tot groot vermaak van de vrienden. Dit diende eigenlijk te geschieden, en wel bij vallende schemering, maar bleuheid in het algemeen en de vrees voor haar vijandige en perverse scheldkanonnades hielden me daarvan af. Soms werd getracht me tegen de voor ons uit slenterende meiden aan te gooien maar ik hield me in balans aan m'n steeds meegevoerde en vastomklemde fiets. Eenmaal raakte bij zo'n poging m'n voorband de blauwdooraderde witte scheen van een roestharig meidje uit een schakel van vier. Ze liep met opgetrokken schouders in haar wit katoen en bleef in die houding staan om me af te wachten, waartoe ze haar vriendinnen had losgelaten. Die ontkoppeling was geluidloos gegaan. In het volgende ogenblik draaide ze zich snel om, trapte tegen m'n knie en spuwde met een vertrokken vissebekje op m'n wang. M'n verbaasde blik en gebrek aan repliek deden jongens en meiden gelijkelijk huilen van het lachen.

Aan seksuele opvoeding had het bij mij thuis ontbroken, waarvoor ik dankbaar gestemd was. Ik zou zulke bemoeiing uiterst onaangenaam gevonden hebben en één onverhoedse poging daartoe van moeder, tijdens het zaterdagavondse nagelknippen toen ik twaalf was, had ik van de hand gewezen door ironisch te zwijgen op de vraag of ik begréép wat ze bedoelde. De haastige uiteenzetting was zijdelings en cryptisch geweest en wat openbaar gemaakt moest worden achtte ik niet voor openbaarheid geschikt en wist ik al.

Praten over zo iets leek me even irritant als de vriendschappelijk bedoelde aanrakingen van ouderen anders dan een handdruk. Blootstaan vermeed ik alsof ik etterzweren had. Op het strand dorst ik me niet uitkleden en ik werd woedend als grootvader, wanneer we bij hem logeerden, grappig deed op het ogenblik dat m'n zus en ik zich 's avonds uitkleedden, ieder in een eigen donkere hoek van de kamer, voor het slapen gaan. Met een gestrekte wijsvinger voor zich uit prikte hij ons dan met satermimiek in de rug; eerst m'n zus en ter wille van de onverdachte symmetrie – vermoed ik – ook mij maar. Hij blies daarbij z'n wangen bol en maakte een proestend geluid dat mij licht sarrend voorkwam terwijl hij met die wijsvinger even ons hemd optilde. M'n zus schaterde. Moeder glimlachte vertederd. Ik was kwaad. Meisjes hadden het maar makkelijk, zo compact en glad ontworpen door de natuur. Je zag niets ergerlijks. Ik grauwde binnensmonds naar grootvader en mokte na. Soms hoorde ik een vriendelijke klats in de andere kamerhoek en een hoge lach die bijna iets erkentelijks had, maar ik keek niet om en worstelde me haastig in m'n pyjama. 'Stel je niet aan,' zei moeder dan nog, 'van achteren zijn we allemaal hetzelfde.' Alleen grootmoeder trok wel eens m'n partij. 'Pest dat kind dan ook niet,' beet ze grootvader soms toe.

Geen tasten of tentoonstellen dus. Tegenwoordig propageren radio en televisie bijna dagelijks dat onze vaderlandse terughoudendheid doorbroken moet worden, en dat we de tastzin moeten 'leren' ontdekken, elkaar blijkbaar de hele dag bevoezelend als begerige blinden, omdat het vooruitstrevend is en 'emotioneel zo ophelderend'. Eeuwenoude aanleg voor organisch verdichte koelheid in manuaal die tot de spaarzaam gelukkige eigenschappen van ons kaasvolk behoort, moet overboord en we behoren gniffelende grabbelaars te worden, die elkaar bovendien begroeten met aangeleerd en onhandig gezoen op mallotig vooruitgeschoven konen, als echte buitenlanders. Want we willen niet voor Hollands bekrompen gehouden worden.

De halve onbekrompenheid – eerder ongeliktheid – van de ambachtsschooljeugd had geen aanmoediging nodig, hoe dan ook, om naar buiten te breken als vrijwel ongebreidelde en nauwelijks bij te schaven hitsigheid, wél in contrast met m'n eigen fysische esthetiek die de volwassenen preutsheid noemden. De meiden van de Stationsweg waren ook niet zeer geschikt de toch verbeide, maar voor jaren onbereikbare bijslaap anders te doen bevroeden dan een ridicuul en hachelijk mechaniek. En met m'n twaalfde levensjaar zo kort achter me bleef ik voorlopig haast even panisch voor al dan niet visuele aftasting als toen bij grootvader. Ook m'n klasgenoten echter zouden, als het erop aan kwam, op niets bloots durven klatsen, zoals de oude heer, al hadden ze iedere zaterdagmorgen weer scherpe plannen voor de avond.

Om zichzelf nu slim buiten schot te houden en toch een enigermate bevredigend avontuur te beproeven (die zaterdagavonden liepen immers altijd op niets uit) hield een groep uit deze karbonkellelijke jongens er op school een soort indirecte methode van exhibitionisme op na. Het was déze krachtproef, aan derden opgelegd, die ik het meest vreesde ook eenmaal te moeten ondergaan. Het was om hieraan te ontsnappen dat ik een lang deel van m'n zaterdagavond offerde, zowel als m'n uitspraak van het Nederlands.

Die beproeving trad soms onverhoeds op in de middagpauze, als de Rijnstreekbewoners in overall op de stoep zittend, rug tegen de schoolpui, aan de drukke rijweg hun brood uit kranten aten. Dan kwamen de meisjes van de Mulo langs, waar ze afstandbewust, niet achteraan durfden. Die waren te hoog, die zag je niet op de Stationsweg. De groep beperkte zich gewoonlijk tot het schreeuwen van gematigde zouteloosheden. Tot ze plotseling overgingen tot 'de' handeling. Onder geagiteerde maar stille voorpret werd een slachtoffer uitgekozen en vijf of zes Rijnpotelingen pakte een meer timide stadsjongen beet en begonnen hem op de stoep de broek af te stropen. Hoe die zich ook verweerde – soms huilend van woede en schaamte – onder veel geproest werd z'n nietig wit en van verzet over de grond wringend onderlijf naar de straat gekeerd en aan de voorbij fietsende meisjes vertoond. Verstandig – zoals vrouwen op alle leeftijden altijd overal zijn met die zaken – veinsden die niets te zien en reden even traag door zonder hun gesprekken te onderbreken, al kregen hun ogen soms iets hols. De straf die in deze negatie school deed de woestelingen voor een paar dagen bekoelen, maar dan begonnen ze opnieuw. Geen der slachtoffers dorst zich te beklagen bij leraren. Hoe zo iets ook uit te leggen!

Om mezelf te vrijwaren meende ik op voorhand te moeten onderhandelen. Ik wist al dat lust omkoopbaar maakt. Onder verstrekking van een van thuis meegenomen sigaret wendde ik me bleekjes tot de hoofdman. Het was een breed monster met zultlippen en knobbels in z'n stierenek. Z'n blauwzwart haar met de scherpe scheiding in het midden, glom van de slaolie. Z'n bruinebonen ogen hield hij ondoorzichtig star open, zonder ooit te knipperen.

Eerst probeerde ik het met bluf: ik beweerde een oom te hebben die hoofdagent van politie was en dat hij dus met mij beter geen grappen kon uithalen. Hij wist onmiddellijk dat ik het loog en lachte me uit met opzettelijk hoge uithalen. Toen hij hoestend en rochelend bijgekomen was, had hij zelf een ander voorstel. Ik zou hem drie voorbehoedmiddelen leveren en verder van alles af zijn. Gelukkig had ik intijds van het bestaan van dergelijke apparatuur gehoord door een bebrilde stadsjongen, die overal een kleur van kreeg maar desondanks goed scheen ingelicht. Ik nam het aanbod sidderend aan – het ging immers zo ongeveer om m'n leven, maar waar die dingen vandaan te halen – en de deal werd met een gnuivend overdreven handslag beklonken. Tergend lang plette de grote klauw met inktzwarte nagels m'n onnozele kinderhand, en ik schaamde me voor die laatste. De zultlip lachte schor maar niet ontevreden over z'n opdracht.

Daar ik de onderhandelingsopening 's morgens begonnen was, en de artikelen nog dezelfde dag opgeleverd zouden moeten worden, begaf ik me in de middagpauze per fiets de stad in. M'n boterhammen at ik niet op; niet alleen ontbrak daar nu tijd en lust voor, maar ik zou ze mogelijk beter kunnen gebruiken als ruil en/of afkoopobjecten.

Enigszins medeplichtig door de hier in kort opgedane kennis – de Boom der Kennis uit Genesis? – achtte ik me schuldig aan eigen beginnende manlijkheid (hoe halfwas ook) en een verontschuldigende houding tegenover vrouwen van alle leeftijden die ik voorbij fietste was een gevolg. Het mooie had altijd gelijk; het lelijke – ik, m'n gedwongen kameraden – had terug te treden. Soms dacht ik bij die schoolwezentjes in korte rok, die in zichzelf rustend, compleet en met de wereld in de hand op hbs-muren zaten en die ik haastig voorbijreed om niet te veel aanstoot te geven – alsof ik nu al geen broek aan had – aan een bovenwereldse immuniteit die in zangbundels 'Reinheid' heette. Ook wel drong, haast aangenaam verrast, begrip door waarover ze giechelden. Maar altijd bleven 'wij' de minsten, onhandiger ook, kleiner, vuiler in drie, vier betekenissen en ongewenster bij onderwijskrachten. In die observatie school echter geen grein protest: het was goed zo, we maakten het er immers naar.

Al om kwart over twaalf bereikte ik de Aalmarkt waar zich een winkel in Hygiënische Artikelen bevond; daar reed ik drie of vier maal weerlichtsnel langs het raam met horribel vreemdsoortige attributen, een uitstalling die eens te meer liefde en huwelijk waarschuwend klasseerde tot een soort exercitie, waarbij doktoren zouden dienen in te grijpen als bij straatongelukken. Toch was dat het niet wat me afschrikte naar binnen te gaan: ik dorst de gewenste artikelen niet te benoemen. En stel dat er een juffrouw achter de toonbank stond! Binnen was niets dan koud spiegelend glas te zien als in een laboratorium. Bovendien was het mogelijk dat ik geen geld genoeg bij me had; dit was zelfs zo waarschijnlijk, dat ik met ere deze lugubere gracht kon verlaten. Want hier binnengaan leek me nu nog erger dan het ondergaan van 'de' proef. Wel dacht ik er nog even aan, snel bij familie een gulden te lenen, waarbij ik iets over een defecte passer of trekpen zou moeten mompelen, maar het was bijna half een en daarvoor gelukkig te laat.

Hol van een sullige besluiteloosheid die al haast weer kalmte werd reed ik de Breestraat in, vanzelf op weg terug naar de school voortgejaagd door een dreunende Budapester achter me die geen ruimte liet tussen rails en stoeprand. Het was zonnig en onbekommerd hier – zij het wat verveloos aan de straatwanden – maar ik had geen plan. Een schietgebed bracht, al was het dan misschien niet direct, uitkomst. Want toen de school in de verte in zicht kwam, nogal dreigend met z'n negentiende-eeuwse gevelkam, zag ik de bebrilde blozer lopen ter hoogte van de 'Rotogravure', een instituut dat een merkwaardige geur verspreidde, een lucht van onbehagen sinds ik deze school bezocht. Want op dit punt van het Noordeinde gekomen zat er dagelijks niets anders op dan doorrijden tot toegangspoort en met golfplaat bedekte fietsenstalling, en wat daarachter wachtte.

Met de eerlijkheid van de beangste vertelde ik de blozer wat me benarde. En vroeg hem raad – iets wat ieder graag hoort – hoe zo gauw aan 'die dingen' te komen. Hij grijnsde oudachtig triomfantelijk en liet me enkele seconden in het onzekere. Toen antwoordde hij – en dat was een godswonder en verlossing – dat hijzelf er wel een paar voor me had. Alleen, er was nu geen tijd meer ze van thuis op te halen.

Ik smeekte hem alsnog naar huis te gaan. Ik moest die dingen nu hebben daar anders m'n vrijgeleide verviel. Tussen een groep voor de school lummelende jongens had ik de zultlip al gezien die wijdbeens op de stoeprand stond en de elektrische klok bij de brug ostentatief in het oog hield. Er was nog een kwartier en de bril woonde niet ver, maar hij weigerde. Mijn haastig voorstel hem achterop te nemen strookte niet met een of andere waardigheid die hij zichzelf toebedacht had. Ten slotte bood ik hem m'n fiets te leen aan; een geste waar hij veel te lang over nadacht. 'Ik betaal contant,' zei ik met een sprank hoop. 'Hoeveel heb je,' vroeg hij gebiedend. (Van blozen of stotteren nu geen spoor.) Ik toonde hem m'n geopende portemonnaie met 62 cent. 'Twee,' zei hij. 'Drie,' smeekte ik, 'dan krijg je nú nog al m'n brood erbij want ik heb toch geen trek, en zaterdag een kwartje.'

Het brood moest getoond worden. Ik opende schooltas en koekblik. 'Kaas,' zei hij teleurgesteld maar nu toch knipperend als verwachtte hij een slag voor de kop. 'Er is ook koek bij,' zei ik nog.

Hij nam portemonnaie, koektrommel en fiets van me over. Ik zuchtte zo onhoorbaar mogelijk van diepe dankbaarheid aan het lot. Het was tien voor een. Doodbedaard vertrok hij terug in de richting binnenstad, onhandig slingerend; misschien had hij zelf geen fiets. 'Als ik te laat kom is het jouw schuld' schreeuwde hij nog terwijl hij lang loensend achterom keek. 'En vergeet dat kwartje niet.' Ik beloofde het hem gretig waarbij ik bijna het gematigd plat accent vergat.

De geur die het oude schoolgebouw van binnen kenmerkte was een complementaire koppeling van goed en kwaad. Verfijnd potloodslijpsel en ongewassen kleren, nieuw zaagsel en zure boorolie, verse witkalk en latrines. Op slag van enen liep ik tussen de schreeuwende jongens naar binnen. Het zweet en de boorolie leken vandaag te overheersen. De zultlip drong naast me op en vroeg zonder me aan te kijken binnensmonds 'vergeten zeker?' Daarop boerde hij luidop aan m'n oor. Sereen antwoordde ik met vaste en ongewoon onverschillige stem dat 'ze' onderweg waren.

Hij hield me staande bij m'n bovenarm. Een diepe, groezelige verticale voor trok tussen z'n starende ogen. 'Geen gelul, geef op,' siste hij. Ik keek achterom naar de bedenkelijk lege voordeur. Juist slaakte de zultlip z'n eerste, diep uit het middenrif grommende bedreiging vergezeld van een trap tegen m'n enkel – een indirect geschenk van Marx – toen de bril rood en bezweet kwam aanrennen. Hij werd gestuit door de portier, een witte halfdwerg met laffe krentoogjes. 'Je bent te laat,' zei de portier aarzelend en even druk met de oogleden knipperend als z'n opponent. De blozer keek doordringend naar mij en ik trad de portier tegemoet, argwanend gevolgd door de zultlip. 'Meneer,' begon ik hakkelend, 'hij heeft een boodschap voor me gedaan, ik...'

De uitwerking van m'n half relaas was verbijsterend. 'Zwijg!' snerpte de conciërge; hij knipperde niet meer maar wangen en keel zwollen van plotselinge woede. 'Hoe haal je het in je brutale kop om de jongens hier om boodschappen te sturen! Als je te belazerd bent om zelf te lopen vreet je maar niet. Zeker je brood vergeten?' 'Ja meneer,' loog ik, dankbaar voor deze suggestie.

Eenmaal in het lokaal gaf de blozer mij het koekblik dat de aandacht van de portier getrokken had terug na er snel de laatste boterham uitgenomen te hebben. Het was van geen belang meer. Uit de bezoedelde zakdoek, vanonder het tekenbord van de bril, kwamen nu drie onverpakte preservatieven te voorschijn die ik huiverend opstreek en in m'n broekzak verborg.

De zultlip leek niet alleen verbaasd, hij keek zelfs met iets minder hoon in m'n richting na de artikelen geaccepteerd te hebben. Ik bedaarde snel tot een soort uitgelatenheid. Want de verzekering met rust gelaten te zullen worden voor wat 'de proef' betreft kréég ik.

Alles leek goed nu. Ik siste een van die wat geforceerd opgewekt klinkende crisisliedjes voor me heen, terwijl ik met gepast liefderijke en ambachtelijke aandacht een trekpen met Oostindische inkt vulde. Opnieuw verscheen daarbij de lip vlak achter me en eiste fluisterend maar dwingend de verzekering, dat het hier gave exemplaren betrof. 'Als je ze met een speld bewerkt hebt, jongen, dan sla ik je persoonlijk de poten onder je romp vandaan.'

Ik raakte opnieuw in paniek; ook zonder achterom te kijken zag ik de weinig betrouwbare blozerstronie voor me, met de altijd op de loer liggende wrok achter de brilleglazen. Een speld in de beverige vingers van deze maniak, die niet-blozers tegelijk bewonderde en verafschuwde, leek me opeens zo onwaarschijnlijk niet. Ik moest hem opnieuw zien te spreken. Natuurlijk verzekerde ik de zultlip dat het hier puntgave, fonkelnieuwe exemplaren betrof.

De blozer kon ik intussen niet aan de tand voelen, die ging juist met een groep in overall naar het praktijklokaal, terwijl wij in onze negentiende-eeuws aandoende grijsgestreepte tekenkielen verder werkten aan ons tekenblad. Afschuw beving me om het denkbeeld van de speld; dat men zó verdorven zou kunnen zijn. Allesomvattend onheil zou ik op m'n geweten kunnen laden, hield ik me voor; politie, gevangenschap en doodslag leken niet veraf. Zwetend inkte ik een tandwielconstructie voor een versnellingsbak die mij in de jaren van autoliefde nooit geïnteresseerd had. Syncro Mesh; het nieuwste, mooi bedacht maar niet te tekenen. De leraar spoorde me aan niet zo stom te staren maar te werken. 'Zit je aan je meissie te denken?' riep hij geërgerd.

Ten slotte sprak ik de bril, na uren onrust en ongeduld, in de gang. Hij keek zenuwachtiger dan ooit, deed overvriendelijk en verzekerde me, vervaarlijk knipperend maar klaarblijkelijk ontroerd van eigen eerlijkheid dat alles nieuw was en op z'n erewoord in orde. Hij was wel gemeen, maar zó iets, een speld, het was niet mooi van me om dat te denken. Z'n verklaring werd nog tot een anticlimax doordat de zultlip zich knikkend bij ons voegde en meedeelde dat hij de zending nagekeken had en goed bevonden.

Bevrijd vijlde ik aan de blauwe bankschroef in het praktijklokaal, nu onze groep daar aan de beurt kwam. Ik floot 'Music, Maestro, Please'. Helemaal begreep ik de onrust van de blozer nog niet, of z'n onderdanigheid; hij had toch immers niets op z'n geweten gehad.

De oplossing vond ik om vijf uur: m'n fiets, op een

vreemde donkere plaats in de stalling, miste drie of vier spaken en had een gat in de kettingkast. De achterband stond lek. Ik besloot (na m'n eigendom beverig betast te hebben met de brandende vraag wat thuis te zeggen) m'n weldoener niet aan te klagen. (Die verzekerde me de volgende morgen trouwens ongevraagd de fiets héél weggezet te hebben; hij bloosde er paarsig bij. Fietsen kon hij blijkbaar even slecht als spreken.)

De wereld was goed, die volgende ochtend vroeg, toen ik op een geleend damesrijwiel naar school vertrok. Op de brede Rijnsburgerweg stonden de bomen nog in bloei. Er was een mistige najaarszon en Leiden was mooi. De stad was vol leven. Een juist dichtklappende bakkerswagen stootte de brave en blijmakende lucht van nog warm brood uit. De kleine stadstram met z'n goedig pruilbekje deed een ijverig gerommel horen op de overweg, waar de sporen kruisten, daarbij sloom ja knikkend in z'n vering. Ik besloot m'n surplusliefde naar trams te verplaatsen. Daar kon je tenminste ook zelf in rijden nu en dan. Het seizoen was nu om, maar het komend jaar zou ik weer eens de Blauwe naar zee nemen, al zat die 's zomers vol met hagelwitgejurkte meisjes die van ons te kleine jongens wegkeken met zo iets als van binnenuit dichtgedrukte neusvleugels. Maar ik dacht daar nu nog niet aan. Het ging goed. Alleen de lucht van de 'Rotogravure' detoneerde vaag.

Op school ging alles rustig. De portier knikte vriendelijk. Ik vergaf de blozer graag. Een stille stadsjongen, die voor hier buitenissig 'Leon' heette, te klein van stuk was en een zachte g had, hielp me in het geniep met de tekening van de versnellingsbak, die af kwam zonder te veel op een trog met pulp te lijken. Hij wilde er niets voor hebben.

Nog die middag werd ik door vijf Rijnstreekbewoners vastgegrepen voor de proef. Eén begon giechelend als een Leidse meid aan m'n broekriem te sjorren. De zultlip kwam op me af. 'Ja jongen,' zei hij bijna teder, 'je moet nou eenmaal niet denken dat je met geld álles kan afkopen. Dat kan misschien in de kakbuurt van jullie, maar hier niet.'

Ik herinner me tijdens de beproeving al trappend en slaand even naar het zandstenen stadswapen hoog in de gevelkam van de oude school gekeken te hebben. Die witte reuzensleutels waren eerder afwijzend dan beschermend. Eisten ze van mij soms verdeemoediging, 'en dat niet in schijn', dan was er overal een idioot misverstand gaande: ik achtte me minder, niet méér dan de minste leerling. Ik kon alles slechter en bezegelde dat falen met m'n brood met koek. Het ontbrak me misselijk aan hun gewelddadige lijfelijke volwassenheid. Ook kwam ik uit een soort verraderlijk kamp: een schuld door aanwezigheid.

Twee meisjes, naast elkaar fietsend, keken hardnekkig de andere kant uit toen ze ons worstelend en proestend groepje passeerden. Ik was ze dankbaar en bloosde hinderlijk. Een lange meid volgde; ze reed treuzelend met één hand aan haar stuur en één om de schooltas op haar heup. Door haar brilletje keek ze als een hoender naar een punt schuin achter me op de schoolpui. Maar ook háár ogen kregen weer iets duisters; 'ziende als niet ziende' om de Schrift te parafraseren.

Met wat blauwe schenen ontkwam ik verder onheil. De auto van de directeur verscheen op de brug; men stoof uit elkaar met rode koppen. Achter de gemetselde oprit sjorde ik m'n broek op z'n plaats. Zeer bevrijd grijnzend, als na boete, zag ik de nog resterende schooldag tegemoet.

Anna

I

Willem keerde op een vooravond in juli terug van een van zijn zilvertochten, geel en dodelijk vermoeid van slapeloosheid. Hij was vijfendertig jaar, maar zag er tien jaar ouder uit. Hij had de slappe huid van veel geduld en de bollende ogen van veel inschikkelijkheid. Zijn zilver was verkocht maar zijn middelen waren nog steeds niet toereikend. Bij de lutherse vorsten vond hij geen gehoor; hij wachtte af in drie, vier opzichten.

Hij liet de kleine koets tot stilstand brengen en stapte uit: de laatste meters na de kleine poort liep hij alleen. Het rook naar kersebloesem uit het dal van de Dill.

Behalve aarzelende bedienden was er niemand die hem begroette. Achter de ramen bewoog niets, er was geen geluid.

De zware deur opende zich en van de donkere gang kwam een geur die hem angst bracht. Het was geen bijzondere geur, niet die van medicijn of bloed; het was de gewone lucht van het huis. Willem veegde zijn voorhoofd droog. Hij wist nu zeker dat hij niet te lang moest wachten zijn plannen hier openbaar te maken.

Hij glimlachte; hij gaf geen cent voor het humeur van z'n veertienjarige dochter. Die leek niet te blij met de terugkeer naar Anna, maar Brussel was nu uitgesloten. Hij wilde een oplossing zoeken.

In de benedenkamers trof hij Anna niet en daarom besteeg hij de trap en tikte aan haar kamerdeur. Die klop bleef niet alleen onbeantwoord maar kreeg een holle klank mee zodat hij zeker wist dat de kamer leeg was. Hij opende de deur met een snelle beweging terwijl zijn schouder trilde; tegelijk week hij achteruit en traag zweet drong weer uit z'n voorhoofdshuid.

'Anna?' mompelde hij bijna griezelend.

Ze zat op een stoel en staarde naar hem, of naar de deur die hij juist geopend had. Achter haar flakkerden kaarsen in de te vroeg duister gemaakte kamer. Ze zweeg en bleef onbeweeglijk zitten; even dacht hij dat ze dood was, maar haar ogen, hoe die ook gesperd bleven, waren daarvoor te vers roodbehuild.

Ze rees plotseling geluidloos op, begon in een la van haar kaptafel te rommelen, pakte een grote ronde in goud gevatte parel en een kristal in een leren zakje en verborg die onder haar rok. Ze zocht lang verder. Willem sloot de deur en begaf zich aarzelend naar beneden.

Al op de trap wist hij dat ze zijn plannen ried. Met haar koele spokenogen onder de hoge ronde wenkbrauwen leek ze altijd zo juist bovenzinnelijk een informatie binnengekregen te hebben die haar slecht beviel. De haast ronde gaten van haar lange, omlaagwijzende neus sperden daarbij als van sommige dieren bij onraad en de mond neep met verwerpende krul in de hoeken.

Willem stond gebogen stil op de helft van de trap en luisterde; hij erkende angst. Hij wilde iets doen en bad om een inval.

Hij keerde terug naar boven ondanks de brandende kaarsen waarvan hij de betekenis wel kende; zijn onderbenen waren loom. Hij opende opnieuw de deur en Anna zat met het bovenlichaam over haar kaptafel geknakt en met het witte hoofd in haar armen begraven. Willem zag alleen het opgespelde haar en de kale nek, waarvan de beide kolommen matwit en afzonderlijk oplichtten.

Hij wilde een beschermende hand op die kwetsbare huid leggen maar toen hij met gestrekte en lichtbevende arm naderde, schokte het lijf van de vrouw drie duimen omhoog en zakte dan terug. Hij aarzelde maar legde toch de hand op de nek, die kokend warm leek; tegelijk vloog Anna overeind en stond naast haar stoel met een opgeheven arm. Haar mond was schreeuwensbereid en heel groot opeens. Maar ze kon alleen een geluid als van een langgerekte g voortbrengen, alsof ze ging stikken.

Bevend bracht hij haar water maar ze sloeg het uit zijn hand. Het glas versplinterde nijdig. Haar mosgroen, met brokaat afgezet kleed vertoonde een vochtplek en haar vinger bloedde. Ze zoog erop en steunde, terwijl ze haar gewicht beurtelings op haar dof stampende voeten verplaatste. De roodlederen Spaanse pantoffels rezen en daalden rechtstandig.

Ze ging opnieuw zitten en boog het voorhoofd zo ver door dat het op de kaptafelrand rustte, naast het geduldig roerloze, met roodleer overtrokken juwelenkistje. Haar rug schokte als werd haar huid geranseld en ze snikte met panische, naar lucht happende uithalen.

Pas toen ze met het voorhoofd op de tafelrand ging bonken wist Willem wat te doen. Hij werd boos en trok haar bovenlijf recht. Er viel wat bloed op haar kleed en ze gilde. Hij schudde haar of ze uit een droom moest raken en gebood haar te zeggen wat er was. De mond ging opnieuw wijd open, speeksel liep over haar kin en de ogen sperden zich in de laatste radeloosheid die geen hulp ziet opdagen. De handen maaiden als bij verdrinking. 'Ik,' riep ze, en daarna nogmaals: 'Ik.' Dan stootte het binnenste van haar keel er achteraan: 'Ik ben geen goede echtgenoot,' gevolgd door een langgerekte rafelgil als het fluiten van een kogel uit een kartouw.

Haar vergulde reukwaterflacon, zilveren gordel, ring met robijn, gouden armbandje met steen, haar elpenbenen kistje met zilverbeslag, haar stukje lapis lazuli en vergulde waaier lagen op die tafel als oude tekens van vroegere kwetsbare vrouwelijkheid en Willem staarde ernaar. Z'n eigen keel kneep ook dicht en hij grauwde – alsof hij nog kwaad was – 'ach heilige God,' en sloot haar dan in zijn armen. Later verbond hij aandachtig en zachtsprekend de kleine schram aan haar vinger. Ze huilde nu als een kind.

'Ik wéét wel wat je wil,' stamelde ze met wrokkig hoofdgeknik. En toen Willem niet antwoordde: 'Ik weet wel dat je me niet vertrouwt. Jij hebt de ziel van een koetsier. Je wilt je Marie weer opnieuw weghalen, zoals in Breda.' Ze wond zich zo op dat ze speeksel sproeide en haar armen gesticuleerden weer sidderend. 'Néém haar! Dat enge kreng! En je wilt m'n juwelen van m'n lijf rukken en verkopen waar ik bij sta, hier, neem al je rotzooi waarmee je me hebt trachten...'

Ze maaide met haar naakte onderarm over de kaptafel en alles wat daarop lag of stond smakte tegen de grond. De flacon spatte uiteen en het reukwater verspreidde een hatelijk stekende geur. De vlek liep weerzinwekkend uit.

Willem trok zich terug op een eigen kamer en dacht over die laatste woorden na. Toen Anna zestien was had ze hem stormachtige schriftelijke liefdesbetuigingen gestuurd en haar grootvader had ze gezegd dat Willem en niemand anders haar door God was aangewezen.

En nu was hij zo moe en ontmoedigd dat hij gedurende een paar seconden naar eigen dood verlangde: een rust als van wuivende boomtoppen, zonder geslacht en zonder woede. Hij beefde van spijt kinderen verwekt te hebben in een wereld van brandend kruit en pek; hij vond opnieuw kleine Marie te moeten redden van deze snel tot een spelonk geworden verblijfplaats met z'n dodenkaarsen en gegil en daarom alleen al zou hij moeten leven.

Maar over een paar weken kon hij in lijfsgevaar verkeren en het kind was hier althans onder de hoede van haar grootmoeder. En waar het anders te brengen? Aan z'n oudste zoon, alleen in een vijandig geworden land, wilde hij nu niet denken.

Willem strekte zich kreunend op een bank, hij prevelde een half kwaad gebed en dacht aan Anna. Nog kort geleden had hij landgraaf Wilhelm per brief raad gevraagd; tenslotte had ze al eens over zelfmoord gesproken.

Maar toen de landgraaf twee wijze mannen naar hier stuurde om met haar te spreken – het waren Wilhelms broer en z'n arts Nordecker – was Anna zó vrolijk geweest, zo tevreden en verdraagzaam, zo vrouwelijk innemend en gastvrij, dat die mannen wel aan overdrijving in Willems brief moesten denken. Ze babbelden dan ook maar wat met haar over haar kinderen en verlieten het kasteel met een gereserveerde blik op Willem. Nordecker achtte met mannelijk sussend stemgeluid Anna's vermeld onheus gedrag het gevolg van het afsterven van haar laatste zuigeling Maurits. Willem had beter geweten maar zweeg erover. Want ze noemde haar kinderen nooit, dood of levend; ze duwde ze tegen hun ruggen met tranen van drift en grauwde waar ze liepen. Haar tweede, levenskrachtiger

Maurits werd trouwens door de grootmoeder opgevoed.

Willem dacht aan de laatste jaren in Breda. Ook toen had men hulp willen bieden: Anna's pleegvader, de keurvorst van Saksen, had z'n vertrouwensman Loeser gestuurd. Maar hem waren door Anna schandelijke zaken toegeschreeuwd, ze had zelfs een woord gebruikt dat Willem nu zijn huurtroepen verbood op straffe van boete en de man was snel vertrokken. En van Lodewijk als bemiddelaar wilde ze ook niets horen. Toch beklaagde ze zich bij de keurvorstin dat niemand haar bezocht en dat men uitvluchten verzon om haar te ontlopen.

Willem herinnerde zich met nog nauwelijks een vleug van de hier toch geboden jaloezie dat Anna de tweede helft van dat zelfde jaar 1565 met de markies van Bergen naar de bronnen van Spa was gereisd. Tegen zijn wens. Een vertoning waar iedere bediende hem, de echtgenoot, op aan keek. En bij terugkomst, op een avond aan tafel, met ook toen al te veel wijn in haar groot lijf, had Anna in tegenwoordigheid van z'n eregast en vriend Hoorne hem zulke woorden toegevoegd, met boertige toespelingen op het verzaken van huwelijksplicht, dat iedere disgenoot zich afvroeg hoe hij dat duldde en waarom.

Willem, plotseling ongerust over eigen gedrag (de keurvorst verweet hem eens schriftelijk dat alles te voorkomen was geweest als hij 'tijdig haar moedwillige kop gebroken en haar in gehoorzaamheid en tucht gehouden had'), stond op van z'n bank en strompelde naar Anna's kamer, trad zo geluidloos mogelijk binnen en liet zich langzaam neer in het grote bruidsbed.

Hij lag rusteloos wakker en luisterde. Zijn vrouw sliep, snorkte, slikte, kreunde, ontwaakte met een hol gemompelde vloek en sliep direct weer in.

De volgende morgen was Anna althans zwijgzaam. Ze omgaf zich met een verpestende, toch beklagenswaardige ongenaakbaarheid. Aan het ontbijt dronk ze zonder woord twee maten wijn, onder verongelijkt keelgeklok.

Willem keek onrustig toe, steeds van plan in te grijpen. Een dronken vrouw was wat anders dan een dronken man; was de laatste belachelijk en vies, de eerste leek van zieke demonie bevlogen. Willem was bang; als Anna dronk sloeg haar tong niet dubbel maar leek een extra gewet rapier. Haar wrok werd vindingrijk. Haar taal werd kalm bloemrijk van haat.

Marie trad binnen en maakte een half kinderlijke, half damesachtige revérence voor haar pleegmoeder, zoals ze het aan het hof van de landvoogdes geleerd had. Ze keek er angstig bij en Willem zou met genoegen een formidabele klap op Anna's starende kop gegeven hebben want ze reageerde in niets op de groet van het meisje. De ogen van de al half dronken vrouw traanden en de handen van de al half woedende man jeukten. Als ze het kind aanraakte! Maar Anna zag het kind niet eens.

Marie begroette haar vader in het Frans en sprak kort met hem. Zijn woede nam toe: het kind met haar nog bolle porseleinkopje zag er onnodig ouwelijk uit – ook al in het mosgroen, die hatelijke doodswadekleur – en waarschijnlijk droeg ze vermaakte kleren van Anna. Hij wilde erover spreken maar dit was bepaald het moment niet. Anna verliet trouwens met een ruk het eetvertrek.

Willem haastte zich naar z'n kamer om brieven te schrijven. Hij moest sneller aan geld komen; contacten met de

Franse calvinisten in plaats van de aarzelende Duitse lutheranen leek de enige uitweg. Niemand in Duitsland en niemand in dit huis scheen zich voor zijn zaak te interesseren; nog op weg hierheen had hij het kasteel gezien als een mogelijk middelpunt van hulp, een saamhorig trefpunt van vluchtelingen. Maar Anna had al eens laten weten dat de Nederlanden haar nooit tot Heimat geworden waren en dat ze meende dat Willem jegens de koning te ver ging. Ze was een halve of hele vijandin geworden en Willem vroeg zich af hoe haar ooit nog te bereiken, laat staan te overtuigen. Hij had een vijand te veel nu.

Anna betrad haar kamer, en een werkmeid die de laatste hand legde aan het verwijderen van de reukwatervlek, trad geschrokken terug. Bedienden werden vaak ontslagen of vluchtten zelf voor de humeuren van hun meesteres.

Anna ging in het bed liggen en staarde. De wand tegenover haar was bedekt met een oud tapijt met groene dieren en bloemen dat Willem uit Breda voor haar meegenomen had. Ze haatte het hier.

Ze pakte een zwartzijden lijfje – een geschenk van haar pleegmoeder de keurvorstin – en verscheurde het traag met de grote spierkracht van haar lange armen. Dat de twee helften zich nog vastklemden bij een naad nam ze niet; ze sprong zwaar uit het bed, zette haar voet op de ene helft en trok onder woedende smoorkreten tot ook de naad het begaf. Ze wierp de helft in haar hand ver van zich.

Dan ging ze weer liggen en las. Ze klemde haar verluchte Duitse bijbel met zilverbeslag in beide handen. Zilver was onveilig in dit huis. Dan bladerde ze in het *Bettbüchlein Luteri* en ten slotte nam ze het in geel leder gebonden deeltje ter hand met heimelijke gezondheidsrecepten van Noshadanum.

Ze viel in dronken slaap maar ontwaakte direct toen geklopt werd. Een kamenierster kondigde door de gesloten deur bezoek aan dat in het eetvertrek op haar wachtte.

Anna vloog uit bed en schikte haar kleed en haar haren voor een handspiegel. Ze bette haar nog rode ogen in de waskom en trok witzijden kousen aan. Ze hanteerde een hoornen tandestoker, legde de helften van het verscheurde hemd kalm terug op de stoel en liep de trappen af.

Willem had een aantal brieven beëindigd en las nog onrustig en te gehaast in *Trattato Militare* van Giovan Mattheo Cigogna, een nieuw in Venetië verschenen boek over de opstelling van legertroepen. Willem dacht aan Hoornes dood; het gistte in de Nederlanden. Zonder de confiscatie van zijn bezittingen in Breda zou hij misschien al geld genoeg hebben.

Het sterke gevoel beneden te moeten zijn hinderde hem bij zijn lectuur. Een leger aan de Vlaams-Franse grens brengen, misschien was ook dat wel waanzin.

In het eetvertrek zag hij een bolle man aan tafel die zich, alleen, te goed deed. Hij had het donker gezicht van een zigeuner en kon een speelman zijn. De man stond kauwend op, veegde z'n vingers aan het tafeldamast en stak Willem een kussenachtig weke hand toe. Hij had daarbij de vermaakte kraalogige glimlach van iemand die met superieure consideratie een hoorndrager begroet. Het was óók de slimme spot van het volk tegenover de edele, van de sjacheraar tegenover de weerloze in geldzaken.

Anna zat tegenover die man aan tafel en glimlachte bijna evenzo. Ze had over haar groot gezicht en groot lijf iets zorgzaams gekregen, een soepeler of ronder beweging in schouders en rug, maar die zorg gold niet Willem.

Willem stond en keek naar de man die weer was gaan zitten en verder at. Zijn ogen brandden en hij wilde juist zijn stem verheffen om te vragen wat dit bezoek te betekenen had toen Anna hem aansprak: helder, rustig en met vriendelijke blik. Ze zei: 'Ik wil hier weg. Ik wens in een van de huizen van de landgraaf te gaan wonen.'

(Ik wil! dacht Willem; áls ze wat zegt begint iedere zin met ik wil, ik wens of ik eis.)

Anna keek indringend naar z'n mond om antwoord en de vreemde keek mee en glimlachte weer. Ze had een soort getuige nu. Willem zei: 'Ik ben zo vrij dat nog in beraad te houden.'

Anna en de man wisselden een grappig verstandhoudelijke blik. De man stond op, kauwde z'n mond bijna leeg, nam een slok wijn en zei: 'De prinses kan zich op mij verlaten wat betreft de koop, de financiering en de inrichting van het huis. Ik ben koopman. Ik zal u...'

'Ik verzoek u dit huis te verlaten,' zei Willem zacht. Hij werd er bleek van drift bij. Hij rook de man voor hem: een stank van bier en tafelwijn. De bezoeker trok domme rimpels in z'n voorhoofd en zei: 'Maar Hoogheid, ik mag mezelf een goede vriend noemen van uw huis en van de prinses.'

'Ik verzoek u te vertrekken,' zei Willem.

De man slenterde met opgetrokken wenkbrauwen weg en Anna bleef innemend kijken. Ze groette de vertrekkende geruststellend en hoogst vriendschappelijk, een groet die Willem diep afzonderde.

Ook toen de man weg was bleef ze glimlachen. Ze liep bijna wiegend naar het begin van de trap, keerde zich elegant naar Willem en riep: 'Dát kan je goed!'

Willem zweeg verbaasd en verontrust.

'Dat kan je altijd heel goed: in één slag m'n leven verpesten. Maar wacht maar.'

Willem ried al bijna wat dat te betekenen kon hebben. En terwijl hij de voor hem vreemde witte zijden kousen zag bewegen op de trap dacht hij: als ik komende augustus naar Frankrijk moet, zal ze hier wegvluchten, met deze kerel of met een andere. Maar Marie zál ze hier laten. En hij herinnerde zich, zoals vaker, de woorden van Erasmus Flock, doctor mathematicus, die eertijds Anna's horoscoop getrokken had en die haar veel vrijers voorspeld had.

II

Na de mislukte veldtocht in het Zuiden en de vlucht naar Frankrijk kwam Willem in februari 1569 in Straatsburg aan. Hij verkocht de resten van zijn krijgstuig en van het zilver en de kostbaarheden die op de tocht waren meegenomen om zijn krijgsvolk te kunnen betalen. Hij moest ook het prinsdom Oranje verpanden.

Zijn eigen soldaten bedreigden hem en ten slotte vluchtte hij als koopman vermomd in een zolderschuit over de Rijn naar Heidelberg en vandaar naar huis. Hij had alles verspeeld: kans, leger, wapens, geld, kostbaarheden, reputatie en vertrouwen.

Anna was weg. Ze was gevlucht kort nadat Willem met zijn moeizaam bijeengespaarde leger de Maas doorwaadde. Ze nam haar bedienden en haar juwelen mee. Ze vestigde zich in Keulen, in het huis van Mohren, de prinselijke penningmeester. Ze richtte de vertrekken in met weelderige draperieën, er kwamen veel luidruchtige lieden bijeen en er werd zwaar gedronken. Hoewel Willem bij z'n vertrek de Antwerpenaar Gerhard Koch opgedragen had voor haar te zorgen, was ze al gauw zonder middelen; ze stak zich in schulden en verkocht of verpandde haar kleinoden.

Willem schreef haar meerdere malen en vroeg haar terug te komen op de Dillenburg. 'Ik wil God alles in handen geven,' schreef hij, 'ik wil tevreden zijn en mijn lot in alles aanvaarden, zoals ik tot nu toe heb gedaan.'
Anna antwoordde afwerend, al ondertekende ze met 'uw onderdanige trouwe vrouw Anna'. Ze vroeg alleen om geld.
Een smeekbrief, haar door Willems secretaris in Keulen overhandigd, verscheurde ze en ze danste op de snippers. 'Nooit meer terug naar die armzalige wildernis,' riep ze daarbij. 'Achter de ramen zitten, burgerlijke huisvrouwenzorgen hebben en bidden!'

Haar geldnood deed Anna brieven schrijven, direct of via anderen en doorgaans opgesteld door haar raadsman Rubens, aan Maximiliaan, Philip en zelfs aan Alva. Omdat Willem door een Spaanse proclamatie doodverklaard was achtte ze zich weduwe en ze eiste Spaans weduwengeld. Bovendien vond ze dat Willems geconfisceerde Bredase bezittingen haar nu toekwamen als 'erfgename'.

Schulden en andere klachten deden Anna ten slotte naar Siegen uitwijken, samen met Jan Rubens. Toen ze zwanger was vroeg ze Jan van Nassau in een brief om een onderhoud met Willem. 'Hij is zo vlak bij geweest, zonder de moeite te nemen me op te zoeken. Ik meen dat ik die gunst toch wel verdiend had.'

Ontmoetingen kwamen nog tot stand in de zomer van 1570 en rond Kerstmis van dat jaar; even daagde verzoening maar er kwam niets van. Anna kreeg in augustus 1571 een dochter die Willem niet erkende.

Korte schijnverzoening was er zo vaak geweest. Eenmaal stelde Willem een brief op voor de keurvorst over de moeilijkheden rond Anna. Hij las haar die brief kalm voor. Ze huilde lang en naar hij dacht definitief en reinigend. Ze beloofde hem indringend beterschap en hij zond, geroerd en blij, de brief niet af.

Ze bleef bij de dikke en middelbare Rubens in Siegen tot ze geoordeeld werden, mild voor die tijden. Scheiding, afzondering, boze krankzinnigheid en dood volgden voor Anna in weinige jaren.

De verplaatsing

I

Moeder droeg een permanent als die van Mistinguett, alleen nauwer om de slapen. Er hoorden witte kniekousen bij en voor buiten een korte bontjas. Haar zwartbruine ogen konden de modieuze 'baby stare' produceren, ze konden zwaar geloken zijn bij vrome lectuur, maar het meest formidabel waren ze bij toorn. Dan boorden ze onbeweeglijk in de geschrokken opponent. Die ogen konden ook glanzen van geestdrift.

Overdag in huis was ze gehaast, ze had het druk met stofdoeken die ze, met stijf opeengeklemde lippen om niets in te ademen, uit de te laag opgeschoven ramen uitsloeg waarbij ze teruggaand altijd haar achterhoofd stootte aan het houtwerk. Tranen van ergernis volgden dit stereotiep incident en de onwillige ramen werden verwenst en met piepend geweld dichtgesmakt. Binnen hing dan nog in de zon de helft van het stof, want de wind blies veel terug en ons huis aan de Weg was oud, het had kieren.

Ik verwenste het raam niet. Met de vingertoppen over de onderkant van het kozijn tastend, voelde de mokkakleurige verf daar korrelig aan en in gestolde druppels. Dat tasten was liefde, want wij kinderen hielden van huis en Weg.

Als ik aan dat stof denk herinner ik me dat W.G. van de Hulsts Kinderbijbel begon met een exposé over in de zon zichtbare stofdeeltjes, waaruit de Schepper onze aarde geformeerd had. Die kinderbijbel, en ook wel eens de 'echte', was gedurende het laatste jaar in dit huis onze vaste voorleeskost. Moeder zag bij alle haast 's avonds soms kans na het eten met verkneukelde blik m'n zus en mij conspiratief toe te fluisteren: 'Zullen we nog een eindje uit de Kinderbijbel voorlezen?' 'Hè ja!' werd er dan van ons verwacht. We riepen het ook, met passende mimiek; ons was geleerd volwassenen niet teleur te stellen. Het boek bezwaarde onze nietige denkwereld amper en stelde het slaapuur uit.

Vader keek bij dat lezen verlegen en lijdelijk toe. Drukwerk boeide hem zelden en religieuze aandoening kende hij niet. Zijn ogen waren minder opvallend en groengrijs; ze stonden thuis nogal dof maar leefden op bij onverwachte bezoekers en vooral bezoeksters.

Was ik eens schoolziek dan zag ik moeder steeds bukkend en ik hoorde haar mompelen en steunen bij haar huishoudelijke inspanningen. In de keuken stond ze soms stil en fronste als een veldheer, dan weer leunde ze moe tegen een deurpost en wiste zich het gezicht. Ze achtte zich overal alleen voor te staan en kon dan heftig uitvallen met opdrachten als: let jíj nou eens even op de melk. Ik concentreerde me dan op die suizende koker of het m'n leven gold. Dat leek ook geboden want als het werk haar meezat, zong moeder psalmen of schlagers, maar liep er wat tegen dan kon ze iedere ruimte vullen met een geluidloos onlustfluïdum. Buiten aan de deur wist je al: er is iets. Haar neus stak dan uit haar vlees als bij sommige doden, alleen roder.

In de avond was alles anders: moeder was een mevrouw, een uitgaande jonge echtgenote, een comitélid of een gastvrouw. Dan was haar gezicht niet verhit en haar permanent kwam losser uit het haarnet vallen. Zonder dat bukken en zonder haar schort leek ze ook slanker en ze ontving dominees of bridgevrienden met een zekere gegeneerde charme die overigens niet naliet haar wens of wil over te brengen. Die voortdurende contrasten in moeder, die vader deden fronsen! Vroomheid (met gevouwen handen voor iedere maaltijd) naast dagelijkse heftigheid. Hoge reinheid naast aards gegiechel om 'die dienstmeid die zo heet an d'r staart' was. Sociaal meegevoel én een grote dosis realiteitszin waar het kooplui aan de deur en haar huishoudbudget betrof. Ze was van alles in één: wereldhervormend én behoudend, ze danste de charleston en ze bad, ze bezocht bioscoop en kerk. Van een progressieve school uit haar jeugd had ze iets suffragetteachtigs overgehouden en een oude rode inslag streed in haar met overgeleverd geloof. Ze viel als ieder heftig levende niet onder een rubriek. Ze vond dat van vader wel. Die was haar genoegzaam gekenschetst als: handelsreiziger. Hij kwam naar moeders smaak achteraan. Hij had geen 'geestelijke' interessen. De interessen die hij wel had speelden buitenshuis zodat hij op ons kinderen een rustiger indruk maakte. Z'n kwaliteiten in huis waren meer van negatieve orde. Zo was hij nooit nerveus en ook nooit ziek – ook al was hij snipverkouden – in tegenstelling tot moeder die bij licht ongemak hevig kreunde. Hij was hard voor z'n fysiek en kon moeders zelfmedelijden niet verdragen. Was ze – al of niet ernstig – ziek dan rolde hij haar met een verbeten gezicht in een wollen deken, zette haar onzacht achter in z'n zakenauto en reed haar zwijgend en snel naar z'n ouders, die met het steunende pakket ook niet zeer ingenomen waren. Wij kinderen logeerden dan mee, als een toegift, want grootmoeder was verzot op ons. Wat vader dan met z'n vrijheid deed was ons niet bekend. Waarschijnlijk kwam hij dan weer eens aan zíjn interessen toe. Als moeder snel opknapte kon hij z'n slecht humeur niet verbergen. Dagenlang zweeg hij met opgetrokken wenkbrauwen.

Ondanks veel botsende heftigheid of drukkende stilte hielden wij kinderen van het huis aan de Weg, zoals al gemeld. Het leek wel of wij er vaak meer aan hechtten dan aan onze ouders zelf. Incidenteel heimwee gold het huis. Het enkele feit dat wij dáár woonden verzoende ons ruimschoots met hun zonderlinge strijd, hun korzelige onrust en zelfs met hun eensgezindheid in strenge opvoeding tot 'een nuttig mens in de maatschappij'.

Op ons dressoir stond een grote vaas van groen glas. Ze bestond uit een aantal bolle ringen, naar boven toenemend in grootte. Op iedere ring spiegelde zich, op het kleinst van de ronding, de Weg in een mysterieus verkleind en gerekt perspectief. Op iedere ring wat groter. Zesmaal naderde in die vaas de stoomtram in toenemend miniatuur: je kon nog kiezen. Meestal koos ik hem op de onderste, de kleinste en donkerste. Daar was de stilte compleet; het witte stoomwolkje op het groen kon zich daar het verst uitzetten. Althans de Weg bleef zo onder handbereik.

Het was november '32 en er was sprake van echtscheiding. Wij kinderen vergaten het overdag maar liepen 's avonds nieuwsgierig op de tenen. Want vader zat soms alleen in de achterkamer in het donker en staarde uit over de weiden. Misschien riep de spoorlijn aan de horizon heimwee naar elders op. Ook moeder schemerde dan in het ongezellige; de bijbellezingen kregen een drukkender karakter en wekten nu wel wat onrust omdat het accent kwam te vallen op de themata schuld en straf. Na afloop sloot ze het boek om evenzeer te staren.

In deze dagen ook viel het voor dat vader na werktijd er onverwachts toe kwam Berlins 'All Alone' op onze oude bruine piano te spelen. Liefst in de leegte voor het avondeten, als moeder kookte. Maar ze hoorde het wel. Want als ze de volgende dag met ons alleen was kon ze met haar wijsvinger hard op haar voorhoofd tikken en zeggen: 'Hier! All Alone! Bespottelijk! Hij heeft een gezin met twee kinderen!' Haar bijna zwarte ogen bliksemden. (Vader zat bij dat spelen ver van de piano geschoven met de gestrekte mouwen van z'n goedgeperst maatpak voor zich uit; een modehouding van tien jaar eerder, toen hij nog in Batavia's soos amateur-artiesten begeleidde. Misschien vond hij de Weg niet zo goed als wij.)

Toen vader 's avonds vaker laat thuis kwam en z'n zwijgende buien verergerden, kocht moeder op een dag een duikelaartje. Het was een celluloid popje zonder benen, een roze met crème jongetje wiens pofbroekje zo eng rond was dat ik aan een hermafrodiet moest denken: een fröbelscholier met vrouwenbillen. Die bolle onderkant, verzwaard met een stukje lood, deed het popje zichzelf uit alle standen waarin men het neerdrukte of sloeg opheffen. Moeder demonstreerde. 'Dat ben ik,' zei ze met een lage stem, 'je kunt me slaan maar' (bittere glimlach) 'ik krabbel altijd weer overeind.' We waren eerder geërgerd dan geboeid. En toen vader onverwachts toch nog eten kwam en het roze monstrumpje op het tafellaken zag knikken, schoten we met hem in een oneerbiedige lach.

Moeder had het ding gekocht na een lange avond wachten in een snel donker wordende kamer en met koud geworden avondeten. (Waarom stak ze het licht niet op? Het leek er die novembermaand op, of ze door schaduweffecten het huis een extra sombere toets wilde meedelen, ten einde iets in vaders gedrag te onderstrepen.) Toen hij eindelijk opgewekt verscheen meldde vader zo opgehouden te zijn omdat de motor van z'n auto ontploft was. Zo maar, bij een garage. Hij had wel dood kunnen zijn, voegde hij er bijna nederig aan toe.

Misschien ware dat beter geweest, in enkele opzichten, maar moeder liep er nog weer eens in en omhelsde de teruggekeerde, ongeschonden held.

Zo'n kleine verzoening was niet meer van lange duur, die laatste winter. Al binnen enkele dagen na gemelde ontploffing was vader wéér laat en nam moeder ons in de opnieuw schemerige kamer na het eten mee voor het raam. Terwijl we naar de ontstoken lantaarns van de Weg keken, waar vaders blauwe A Ford vooralsnog ontbrak, zei ze schor en met een arm om onze schouders: 'Zullen wij drieën dit moment nóóit vergeten? De lantaarns niet, en het huis?' Het getal drie wees reeds op de uitsluiting van de schuldige. Een ander omen was 'het' huis in plaats van 'ons'.

Op zo'n novemberavond vol najaarsstorm – onze laatste dagen in Leiden waren aangebroken – riep moeder mij voor het slapen gaan apart en vertelde dat vader voorgoed weg wilde gaan. Het huis kraakte, het dak had gelekt en samen met vader verplaatste ik daarna de zinken teilen die het regenwater op zolder moesten opvangen nog weer eens. Boven zo'n teil huilde ik onverwachts, zij het meer plichtmatig en om de algehele treurnis in huis, en het was voor het eerst dat vader me op een knie nam, en me onwennig tegen zich aan hield, waarbij hij Al Jolson-achtig omhoogstaarde. Het gebaar kwam overigens niet dan nadat moeder het hem zenuwachtig (maar met iets van 'zie je nou wel' in haar ogen) gevraagd had. Zij was daartoe de zoldertrap opgelopen.

'We zullen nog wel zien,' zei vader nog vaag tegen me, terwijl hij met een slanke hand z'n overigens onberispelijk achterover gekamd haar nog wat meer in model streek.

Een maand later waren de teilen weg en de regen droop desolaat op de houten zoldervloer. Alles stond ingepakt voor de verhuizing naar Haarlem.

Op een van de laatste ochtenden in Leiden, toen ik de voordeur van het leeggehaalde huis achter me dichttrok om afscheid van m'n school te gaan nemen, kwam over de zonnige Weg een nieuwe Ford V8 voorbij, die met de nog rechte, maar al verchroomde radiateur, en ik gebaarde verheugd naar vader die thuis was en voor het raam stond. Eerst begreep hij me niet; dan maakte ik een V-teken, niet zoals Churchill het tien jaar later zou doen, ik schreef eenvoudig met één vinger een V in de lucht en daarna een 8. Toen verstond vader me en hij glimlachte. Hij bezag m'n teken met instemming. Want we hielden beiden van auto's en speciaal van Ford; zijn merk, of liever dat van z'n baas.

Solide ingepakt stond nu ook vaders Columbia tafelgrammofoon, dat andere teken van onzeker en koel verbond. Met de deftige geur die dit meubel verspreidde was het uit; een kruidige eikelucht, vermengd met stoffig pluche, boenwas en nikkel. In rustiger dagen waren hierop de zichtzendingen gedraaid, die in een kartonnen doos binnenkwamen. Moeder moest toen nog meekeuren en op de gedekte tafel na het avondeten lag dan stro en golfkarton uit de doos. Vanuit de donkere, puntige klankkast, mysterieus achter de halfopen deurtjes verborgen, kwam een vloed van metalen klanken ons overstromen. Vlak voor het instrument keek ik vaak gespannen in het niets achter de deurtjes, alsof daar de muziek bij z'n oorsprong te betrappen viel.

Met een dergelijke zichtzending was in '28 ook 'Side by Side' in ons huis gekomen. Iedere zondagmorgen van de zomer van dat jaar was vader het eerst uit bed en ongewoon monter. Met de overgordijnen nog gesloten en in z'n paarse kimono ging hij dan de kamer schoonvegen met een geelhouten rolschuier. Daarbij wond hij zwijgend de grammofoon op en draaide onveranderlijk dit 'Side by Side' van Paul Whiteman.

Zelden heeft muziek zo perfect de vermetele verwachting van een goed beginnende vrije zomerzondag kunnen vertolken als die op deze plaat. (Vader begon de zondagen meestal goed; pas later op de dag werd hij ook toen al landerig.) Het blije werd mij niet gesuggereerd door de gezongen tekst – die verstond ik nog niet – maar door melodie en orkestklank zelf. Het verhalend verse, dat aan het refrein voorafgaat en door de solokornet gespeeld wordt, wekte verwachting; het was ingehouden baldadigheid, een giechelen voor er iets prettigs gebeurt. Wij kinderen konden het goed begrijpen. (En laat men mij nu weer niet aankomen met 'het is de herinnering die de plaat mooi maakt', want ik herinner me de muziek zélf, haar eigen aanstekelijke Spielfreudigkeit en mijn onderdompeling daarin en geen geïdealiseerde tijd. De plaat was het goede van die zondagmorgens met de gesloten gordijnen, de volgorde is niet omgekeerd. En als ik mij iets herinner, dan is het door die klanken in het nu, in het heden bestaan te hebben, nog zonder melancholiek reikhalzen naar een 'vroeger'. Dat maakte de lucht van koffie en vaders Gillette-stel goed, en zonder die klanken waren ze van begin af niets geweest.)

Met het vertrek uit ons huis kwam zo nog ter elfder ure een notie van het verspelen van die twee zaken: auto's en muziek, als een soort bijkomstige essenties die nog meer aan huis en Weg deden hechten.

Van auto's nastaren – ze verschenen bij honderden op de Weg – kreeg ik nooit genoeg. Het was een liefde voor mooie vormen en eigen gezichten, want die hadden auto's toen. Bij grootvader, die verzekeringsagent was, doorworstelde ik eens een hele serie artikelen uit een vaktijdschrift, om mijn geliefd automerk. Boven ieder vervolg stond steeds dezelfde kleine foto van hem, in een situatie die ik wilde begrijpen. Het goedig rechter voorspatbord was pijnlijk verwrongen en op korte afstand stond een kromgereden lantaarnpaal. Ik geloofde in alle geadverteerde goede eigenschappen van mijn merk maar dit stuk, waarin z'n naam zelfs niet genoemd werd, bleef even duister als het woord 'assurantiën'. Toch hield ik van die wonderlijke serie, omdat ik ze niet begreep en tegelijk wist over wie gesproken werd. Ik sprak in mijzelf de magische termen na, die geen andere betekenis hadden dan die van een geheime verwantschap met mijn beschadigde vriend. Ik probeerde zorgelijk een probleem van allure op te bouwen rond een gekneusd spatbord, en hield denkbeeldige gesprekken met de eigenaar van de wagen die gesticuleerde op de foto's.

Als ik met m'n speelgoedauto's speelde was er steeds één spel (als het nog een spel kon heten) dat de werkelijkheid het dichtst benaderde en waarin teleurstellende momenten geheel konden worden opgeheven. Stond mijn beste blikken auto op tafel, in voorname, afwachtende rust geparkeerd langs een der randen, dan bracht ik mijn ogen zo dicht bij deze tafelrand dat mijn auto – in al z'n onbeweeglijkheid – op m'n netvlies groeide en een dimensie verkreeg, waartegenover de realiteit van de kamer met al haar voorwerpen het veld moest ruimen. Zo was ik dan afgebakend met dit bezit en door een kleine optische handgreep had ik het alle realiteit verschaft die de volwassenen eraan ontzegden. Dit wachten op tafel gaf een oneindig grotere voldoening dan de onvolledige nabootsing van het rijden. Alles scheen dan nog mogelijk. Het stilstaan van mijn auto was absoluut gelijk aan dat van mijn vaders wagen voor de buitendeur.

Ik vond vader een strenge en humeurige man, zonder veel genegenheid voor huis of gezin. Maar van de dingen waarvan hij wél hield, hield ik en misschien is dat ook liefde. Soms leek het later of ik de A Ford meer miste dan vader zelf, al mocht ik zelden of nooit in dat voertuig zitten. Een groeiend wantrouwen over de continuering van de grammofoonmuziek – die trouwens de laatste maanden al achterwege bleef – en de Ford voor de deur deed mij de verhuizing dubbel onwenselijk voorkomen. En daardoor ook de scheiding wel. Ik was tien jaar in '32.

Afscheid namen we nu, behalve van de Weg, ook van grootvader en -moeder. Die schoten al even moeizaam met elkaar op als vader en moeder. Grootmoeder had een kregelachtigheid voor moeder die onverwacht in bittere zetten kon uitbreken, zonder het evenwel expliciet voor haar zoon 'op te nemen'. Bij de in dekens gerolde ziekenoverdracht groeide dat uit tot openlijke spot en vijandschap.

Grootmoeder zag er tanig en vroegoud uit maar was slim en snel met de tong. Ze was de enige die moeder van repliek diende als die een van haar opstandige huilbuien had. 'Stel je niet an,' met een nijdige ruk van haar benig klein hoofd erbij, was meestal genoeg om moeder te bedaren.

Grootvader was kort en had vlezige wangen, het modepostuur van rond 1900. De menselijke fysiek gehoorzaamt gedurig de lopende smaak der epoche; het was een lijf dat men nu 'dik' zou noemen maar toen 'flink'. Maar flinkheid tegenover grootmoeder toonde hij intussen nog nauwelijks. Hij was gelaten geworden, of op z'n minst inschikkelijk, althans binnenshuis. Grootvader was in ons kinderoog in ieder geval bedaard en genoeg verwijderd van het gekibbel en de bedekte toespelingen om zeker vertrouwen te wekken. De zondagen die we bij hem doorbrachten werden door zijn zwijgzaamheid jegens de overige volwassenen een soort rustpunten. Hij stond boven de partijen, geloofde ik.

Grootvaders huis stond aan dezelfde Weg, een paar kilometer verderop, en ook dat had bijgedragen tot tevredenheid. Nu, door de verhuizing, werd die Weg bijna op Judaswijze meer dan eenmaal verraden. Ik gaf grootvader een hand alsof hij een tikje medeplichtig was; misschien hadden we ingreep ter elfder ure verwacht.

Tegen moeder viel overigens weinig in te grijpen, want het was háár plan, deze verplaatsing. Misschien was ze ook de zondagsbezoeken moe, waar de verdeelde familie opgesloten zat in grootvaders erker en landerig naar het druk verkeer keek. Er zijn veel paasbollenzondagen in m'n herinnering, waarop de groten gapend wezen naar met slingers versierde auto's. Grootvaders spaarzaamheid had hem belet wat grond naast z'n huis te kopen ('hij kon het notabene krijgen voor zes cent de meter' hoorden we grootmoeder steeds opmerken – waar hij bij zat) en het gevolg was een gigantische garage naast z'n voordeur. Het was daar een komen en gaan van tankende auto's, met het jaar lager en langer wordende vehikels waarvan de inzittenden een bron van afleiding vormden voor onze familie achter glas. Want terwijl de wagenbezitters suffend het zwengelen van de pompbedienden afwachtten zei moeder soms 'kijk eens even wat een hoed', en de anderen gniffelden verheugd mee, zelfs soms grootmoeder. Zij waren uitgekeken op de auto's zelf, op de stoomtram of de Brockway-bus naar Haarlem met z'n kwetterende claxon.

Toen we in december '32 in Haarlem aankwamen, leek ook dit klein vertier van de erker een oase van gezellige ontspanning in vergelijking met de stilte van het doodlopend straatje in Noord, waar moeder haar oog had laten vallen op een 'aardig nieuwbouwhuisje' en waar vader haar zou volgen om te trachten een nieuw, oppassend leven te beginnen.

Ver van de zonnige Weg leek ons hier alles opgebouwd – behalve uit nieuwe, bleke baksteen en theekleurig glas in lood – uit starre ijlte en mist. Het zal die december op de Weg in Leiden ook wel gemist hebben, maar hier in dat straatje bleef het hangen als een lijkkleed en we namen dat het straatje kwalijk. Onze meeverhuisde meubels waren te groot en te veel voor de crisisbouwkamertjes. Ze stonden er als buitgemaakte dieren in een te nauw hok. Al de eerste dag liep ik klem tussen een stoel en onze schemerlamp met gedraaide stam. Het zware ornament dreigde om te slaan. 'O god,' riep moeder met borende ogen en ik besloot dit huis nooit, en in geen enkel opzicht te aanvaarden.

Dat straatje in Noord (juist klaar: wit zand lag nog tussen de te roze klinkers) was verstikkend klein. In deze crisisjaren was alles klein: de naamloze pleintjes met een betegeld ovaaltje erin, de voortuintjes waarin geen stoel kon staan en ook de middenstandshuisjes zelf met de keurig houtomraamde venstertjes en kruipend lage blauwe dakpannen. Op de hoek was een zuivelwinkel met zindelijk etalageruitje waar we al spoedig één ons Edammer voor vijf cent moesten halen.

De korte straat kwam uit op een hek van voorlopig karakter, dat een weiland afsloot. Alles liep hier dood, wat m'n zus en mij betrof. Wij gingen de eerste dagen nu en dan in het achtertuintje staan (een zandoppervlakje met een schutting en een gigantische antennepaal) om adem te halen: het lage plafond van het huisje drukte; het benam ons letterlijk de adem. En dan die stilte; álles hield hier de adem in. Enkele malen stond ik in voor volwassenen waarschijnlijk onuitstaanbare droomachtige verveling in die zandtuin en krabde aan de achtergevel. Ik keek daarbij naar binnen in het spiegelende donker van de onbeweeglijk starre kamertjes. Het steen onder m'n nagels was echt maar – zo dacht ik smalend – het zou wel van een inferieure kwaliteit zijn.

De straten rondom hadden amper passende mythologische namen, die bovendien een buurt van hemellichamen verwarrend doorkruisten. Dat was ook de enige fantasie hier: architectonische variatie bestond er alleen uit, dat de overkant van de straatwand boogdeuren had; ónze serie was rechthoekig. De eerste avonden stormden m'n zus en ik door donkere achterpoortjes – om zelf enige beweging te maken – die ingesloten lagen tussen de silhouetten van steeds gelijke daken.

In Haarlems nauwe centrum leek het altijd avond, ook 's morgens. De donkere glimmende asfaltstraatjes waren leeg van de regen; een enkele wandelaar schuilde in een onverlicht winkelportiek.

De zwarte loods van Beynes dook op, waar soms een donkere spoorwagon zo maar op straat stond, hoog, volslagen onbeweeglijk en hoorbaar druipend. De stilte ook hier, met af en toe een lege bus die haastig een zijstraat in draaide. Het leek of men zich schuilhield in dit juist aangebroken jaar 1933. De door ons dorps genoemde huisjes en de kleine HEMA in z'n dode hoek, het ondoordringbaar zwart rond de bruggen en kaden, dat scheen alles in een gelaten staat van afwachten. En dan waren er de grimmige kokers van de viaducten, waarvan ik hoopte dat daarachter eindelijk nieuw leven zou beginnen – bedrogen door de hanglampen – maar die uitkwamen op de saaie achterkant van het station, door niets gevolgd dan de weg naar Noord.

Ook Noord zelf herinner ik me haast alleen in schemer en duister. De toen geldende wintertijd maakte de dag kort.

Die zwarte ochtenden van Haarlem Noord. Zwijgen aan het ontbijt bij lamplicht, met ieder genoeg wrok in de keel om het ontbijt tot haastig mechanisch malen te maken. De kou, het starre licht en de ongelooflijke stilte van straat en huis leken een toneelmatig sinistere drieëenheid. Maar er was een ongeacteerde boetvaardigheid afleesbaar op moeders te diep over haar bord gebogen gezicht, zoals bij een voetballer die in eigen doel geschoten heeft.

Lamplicht was er tot in de school, en om half vier was het al weer donker. De dingen werden daardoor wat slaapverwekkend droomachtig, maar dan het soort dromen waaruit men zichzelf disciplinair wenst te doen ontwaken. Na ons brute verweer van de eerste dagen – de botte onwil hier te wennen, uitgedrukt in lamme en stille traagheid – vroegen wij kinderen ons af wat er kon gaan gebeuren. Verhuizing en ouders waren een broedend raadsel geworden, even wonderlijk als *Het Raadsel Matuschka* dat in de etalages van de boekwinkels lag. Als vader weg wilde, waarom ging hij dan niet. We zwegen vijandig mee.

Haarlem was een verzoeningspoging, de laatste, zoals blijken zou. Een poging die wel mislukken moest, als je vaders gezicht zag. Hoe kon moeder, die altijd zoveel 'gedacht, gezocht en gelezen' had, ernstig menen dat die verhuizing een huwelijk zou redden, dat al jaren eerder, in Indië, reden tot klagen had gegeven. Het huisje stond dichter bij de Haarlemse wijnimporteur die vader vertegenwoordigde en hij zou, van de 'zaak' af direct huiswaarts kerend, niet langer aan de verleidingen blootstaan van oncontroleerbare omzwerving per auto. Alsof hij al vertegenwoordigende 'langs de weg' in werkuren van zonde gevrijwaard was. Alsof hij in dit straatje Weltevreden vergeten zou of z'n witlinnen tropenpak.

Vaders blauwe Ford stond hier niet langer voor de deur zoals ik al kankerig gevreesd had. Hij kon nu wel per fiets z'n bedrijf bereiken. (De fiets als redder van z'n moraal; een zeer vaderlandse schikking.) Z'n grammofoon had hij in een der loodsen van de importeurs opgeslagen, misschien wegens plaatsgebrek of misschien om een kleinigheid terug te doen. Want het was moeder die de details der verplaatsing had uitgedacht, zoals alle plannen steeds van haar geëmancipeerd brein kwamen en niet van vaders beperkt zakenverstand. Een nieuw, streng, ingetogen leven zou hier blijkbaar moeten beginnen en misschien was muziek daar ongepast bij. Want wij en de wereld gingen duidelijk op een miezerig dieptepunt af. Soms, en vooral hier, leken economische depressie en persoonlijk ongerief uit één benard vat te komen, evenals de dreiging van echtscheiding en die van revolutie (waarvan de wél meegekomen radio getuigde). Kwade trouw en chaos, dat was het misschien waarvoor ieder in de winter van '33 zich verborg.

Zekere passende miserabiliteit hadden tijd en gebeuren ook aan ons uiterlijk meegegeven: m'n zusje droeg 'radiohaar', een kaal kapsel met koptelefoonachtig rondgedraaide krakelingvlechten, dat slecht combineerde met haar kosteloos fondsbrilletje. Aan mijn brillantine-coupe ontbrak de brillantine – te duur –, zodat ik een ellendige Hitlerlok voerde. Ik droeg een gebreid stropdasje dat niet anders dan afzakken kón.

De gevolgen van de verhuizing waren averechts. Vader werd er zichtbaar niet vrolijker op, om van onze strakke bekjes met bijna zulke geheven wenkbrauwen als van vader, te zwijgen. (Toch was er van gekozen solidariteit geen sprake.) Moeder moet dit Haarlems avontuur trouwens met de moed der wanhoop zijn begonnen. Al in de tweede week van ons nieuwe verblijf werd ik in de nacht wakker in het muiskleine, ijskoude kabinetje aan de stille straatkant, van een onherkenbaar maar dreigend gerucht beneden in de huiskamer. Een modern kaalgestileerde lantaarnpaal in aluminiumverf wierp de hele nacht een hinderlijk koud licht door mijn raam. Ik was dan ook direct wakker en begaf me – zoals ook nu nog altijd slechts alert in momenten van crisis – naar de hoorbare rampspoed. Die avond had Vaz Dias berichten door gegeven over ongeregeldheden en arrestaties in Berlijn en ik speelde meteen de politiedienaar die erop af moet. Mijn nog te wijde pupillen maakten van het tafereel in de lichte huiskamer een droomscène: ik hoorde meer dan ik zag, huiverend in de deuropening, hoe mijn vader, in een nieuwmodische pullover en een goedgeperste broek, vervolgd en om het hoofd geslagen werd door moeder, in roze pyjama en met haar laag op het voorhoofd rustend haarnetje. Dat roestkleurig netje flatteerde niet; haar neus – niet klein al – kwam er kwaadaardig door uit en bijna wilde ik, in plotselinge drift, het voor vader opnemen. Het hoefde nauwelijks. M'n zusje, ook geen bewonderaarster van het netje, reageerde blijkbaar gelijk. Half huilend, haar magere arm steeds bezwerend naar de driftige pantoffel in moeders hand uitgestrekt, leek ze de slagen te willen afweren, al was ze zo diplomatiek haar sprongen te doen lijken op bemiddelingspogingen. 'Hou op! hou op!' riep ze, maar ook dat kon eigenlijk alleen op moeder slaan. Het haarnetje deed ons althans die nacht de kant van de zonde kiezen. Esthetiek contra moraal: nog enkele malen zouden we ons op die wijze verkijken.

Ik begreep het fijne niet van dit roerig begin, had zo iets toch half verwacht en stelde geen vragen. Maar al de volgende avond, toen ik aan tafel de alarmerende krantefoto's bekeek van duizenden witoplichtende gezichten bij toortsen en banieren van achter de Oostgrens, zei moeder onverwachts een brief 'van die vrouw' in vaders aktentas ontdekt te hebben. Een brief met 'Johnny' erboven en zo heette vader bepaald niet. Moeder, lachte, plechtig ja knikkend met wangen vol traansporen. 'Johnny noemt je vader zich,' zei ze dreigend langzaam. 'Jóhnny!!' We knikten even terloops als antwoord. Ik had als een oude man maar nauwelijks uit de krant opgekeken.

Vader was al gauw weer even vaak weg als destijds in Leiden. Hij was ook jegens ons niets veranderd. Hij bleef streng zodra hij thuiskwam: we moesten ook hier – zelfs hier! – rechtzitten aan tafel en zwijgen. Een overbodig eerbetoon naar onze smaak. De paradox 'houd je mond dicht en eet' bleef z'n enige tafelgrap, een aardigheid die ernstig opgevat diende te worden. De deugden die hij ons met meppen en duwen wilde inprenten waren de bekende netheidsidealen van elke nieuwe generatie ouders: je goed netjes opvouwen voor het slapen gaan (hij deed dat zelf steeds punctueel ondanks wereld- en huwelijkscrises) je 'gedragen' en gehoorzamen. Een vlek op het tafellaken kostte ons het dubbeltje zakgeld.

De zondag werd hier al gauw, als vanouds, vaders dag vrijaf van gezin en huis. Althans meestal. Van die vrijheid hing een uiterste van goed of slecht humeur af. Moest hij met vrouw en kinderen wandelen (een 'eindje om') dan vertrok z'n modieus knap en smal gezicht tot een kankermasker dat de hele weg lang staarde naar voor die dag metterdaad onbereikbare verten. Wij kinderen wisten nu best wat die verten waren en grinnikten onder het lopen door het uitgestorven Noord wraaklustig bête. Want op andere zondagen – de meeste – vertrok vader 's morgens na de koffie al met een bijna joviale en in ieder geval opgeluchte groet, in z'n smetteloos witflanellen pantalon en z'n getailleerde blazer in de richting station. Hij hield dan een tennisracket zwierig onder de arm en z'n haar zat onberispelijk achterover geplakt. Hij zag er brutaal uit maar je moest het hem vergeven: hij was zo bedwongen blij, buiten in de muffe straat zwaaide hij zelfs nog even. Wat moeder van die uitstapjes dacht bleef onzeker. Veel goeds kon het niet zijn want ze mompelde meestal iets als 'vooruit maar weer jongens' als vader het petiterig voordeurtje achter zich dichttrok, behoedzaam, of hij op het laatst nog teruggeroepen zou kunnen worden.

Spelen met ons deed hij nooit veel, maar hier helemaal niet. Als hij zich met mijn bouwdoos bemoeide was dat een controle of ik iets weggemaakt of 'vernield' had, een inventarisatie volgens lijsten van zelfs alle schroefjes en moertjes. Hij trok dan het gezicht dat hij had op een vergeelde KPM-foto uit Batavia, waar hij goederen op de kade inspecteerde in tropenpak.

Wat hetzelfde bleef was z'n vaktrots, een eigenschap die ik later bij nog zo veel heren uit velerlei milieu en leeftijdsgroep zou moeten aantreffen. 'Wat denk je,' kon hij tegen moeder zeggen – direct na een echtelijke twist met gehuil – 'dat ik vandaag in Apeldoorn (of Purmerend of Assen) verkocht heb?' Moeder en wij schatten de aantallen altijd trouw te laag. 'Vijftig flessen?' vroeg ze soms onzeker, bang om te hoog te grijpen. 'Honderdtien fles,' zei vader dan met een onverschillig strak gezicht, maar z'n anders geërgerde groene ogen lachten toch en moeder deed verbaasd naar vermogen. Wij zwegen ontzet en ook dat was spel.

Zelfs hier in Haarlem, waar alles een voorlopig of aflopend karakter scheen te hebben, hield hij van vaste regels. Tranen of niet, er kwam één borrel voor het eten met de 'tik' die m'n zus moest inschenken. (Had hij er hier zes genomen, ik zou het beter begrepen hebben. Of had hij z'n plannen al klaar en oefende hij alleen nog wat geduld?) Als hij maar in z'n blauwe Ford had kunnen blijven rijden, dacht ik soms. Maar hier wachtte het avondeten en de fiets na vijf uur. Hij zou het wel niet lang uithouden. De hoop op een crisis en thuiskomst in Leiden kregen bij mij de overhand. Ik was bereid te overwegen vader en de auto in te ruilen voor de Weg.

Mijn tegenzin in Haarlem besmette ook m'n nieuwe school. Al de eerste schooldag daar begreep ik aan de oude stegen rond het spookachtig gebouw dat ik voor iets op m'n hoede moest zijn. Het was een negentiende-eeuws bouwsel met hooggeplaatste ramen waaruit je niet naar buiten kon kijken en die voorzien waren van zwarte tralies. Binnen even trieste zwarte staven waaraan groen geëmailleerde lampschermen kaal afhingen. En natuurlijk brandden die lampen de hele dag. Mijn oude school, in een lommerrijk aan Leiden vastgebouwde gemeente, was modern, licht en deftig geweest; we zagen daar uit op lanen met zon. Een statieportret van de koningin hing daar en er kwamen nette kinderen (en omwille van de democratie ook een paar 'arme'). Uit diep geweten ongelijkheidsbesef vochten we in die geasfalteerde lanen soms met jongens van de roomse of de gereformeerde, maar alles was in balans. Hier in Haarlem heerste onrust; de schoolbanken waren hoger, hoekiger en bruiner, de kinderen leken ouder.

De meneer (die hier 'meester' heette, een eng omen) leek eerst mee te vallen. Hij had een casuele toon van 'wij gewone jongens onder elkaar' die mij maar matig geruststelde. Van het licht ironisch gezag der vroegere onderwijzers was hier geen sprake. Ik bleef argwanend als hij me nu en dan welwillend in het gesprek betrekken wilde, ik voelde daarin standenspot met tegelijk al iets van die mensenmin die vanwege het verplichte karakter niet werkelijk aanspreekt of bijna beledigend is. Boven z'n ijzeren montuurtje en bleek bakkersneusje stonden z'n vage blauwe ogen te ongeïnteresseerd dan dat z'n aardig zijn iets anders zou kunnen betekenen dan afspraak, opdracht of denksysteem.

In het eerste vrij kwartier – ik had er een eeuwigheid op gewacht – gedroegen de jongens zich bijkans even theoretisch menslievend als de meester. Ze kwamen in een gesloten carré op me aan – toch wat wantrouwend – en bij monde van een voorman vroegen ze neutraal beleefd of ik mee wilde spelen. Ik wilde eerst weten wat. 'Bokkie,' zei de voorman dom ernstig. Nu geviel het juist, dat ik 'bokkie' verafschuwde; op de vorige school wist men dat, respecteerde m'n afschuw en liet me met rust zonder direct prestigeverlies. Ik voetbalde immers wél en ieder had daar nu eenmaal z'n eigenaardigheden. In Haarlem echter scheen naast een soort bokkige broederschap ook 'gelijkheid' te heersen en gelijkheid sluit nu eenmaal vrijheid uit. Ik had de jongens al zien springen en de onzachte aanraking met hun gebogen Manchester-ruggen leek me minstens even onaangenaam als op de vorige school. Want het spel ging hier zo rauw en humorloos buffelachtig toe, (geen hilariteit bij minder gelukte sprongen, alleen gemor) dat ik vreesde er weinig van terecht te brengen. Zo innemend mogelijk schudde ik dus van nee, maar haastte me niet onaardig te lijken door met een minder krachtdadig vermaak (hoewel geenszins daartoe ook nog in de stemming, zo'n eerste dag) in te stemmen: ik knikkerde met enkele klaarblijkelijk mindere goden.

Verkeerd! Want toen ik van het hier gangbare 'wie pikt er op een drietje' omhoogkeek zag ik bitterheid in het bokkie-groepje rond de voorman. Mijn weigering werd mij niet meer vergeven. Men zag er duidelijk hoogmoed in en de bevestiging van z'n vermoeden dat de vermaledijde betere standen metterdaad niet mengen willen met het volk. (Terwijl ik alleen maar besef had getoond te kort te schieten in behendigheid, vond ik; moeders opvoeding in geestelijke waarden legde geen nadruk op de fysiek: ik leerde de beide testamenten, maar niet zwemmen.) Zo werd mijn gemengde deemoed tegenover deze klompige knapen naar buiten hoogmoed zoals later vaker en zelfs de bebrilde meester kreeg in z'n ruim gedrag jegens mij iets aarzelends nu en dan.

Reeds rees in mij het perfide plan, eigen ongemakkelijk opschieten met leerlingen en onderwijzend personeel in huis aan te grijpen als motief deze stad maar weer gauw te verlaten. Moeder vond uiteraard dat ik eerst maar eens af moest wachten. Ik wilde niets afwachten en rook kansen.

Want behalve de sterke voormangroep verafschuwden twee onderwijzers me in korte tijd zichtbaar, en bewust hoefde ik daar niet eens iets voor te doen. Het waren de Franse leraar (een imitatie-Fransman met snorretje en zwart pakje) en de kleine, jonge plusfourdrager die gymnastiek gaf. De laatste, met een sproetig armemensen-gezicht waarboven een rode kuif met een slag, was ook voor mijn elfjarig brein de complete klassenstrijder. En grootvader, mijn enige voorbeeld in politieke zaken, zette altijd de Vara af. Een handeling die mij nu nader kwam. Als ik niet in de maat liep schopte de plusfour met z'n lompneuzige bruine crisissandaal tegen m'n hiel en riep: links twee drie vier, links verdomme! in onbedoelde symboliek.

De Franse leraar onderscheidde zich door z'n zwartwollen stropdasje onder de knop beet te pakken en met de rest van de das regelmatig en dof op z'n lessenaar te kloppen. Een landerig gebaar, de kwade tic van een zeer ontevredene. Haarlem had inderdaad weinig van Parijs. Hij zag in mij een jongen die opzettelijk z'n onderwijs saboteerde. Z'n neusstem deed mij bittere verwijten. Juist mij, want het leek wel of hij in mij een mede*stander* had gezien, iemand waarvoor hij nu eigenlijk les gaf, en waarin hij nu snel teleurgesteld raakte. Want het Frans lag mij niet, ik had mezelf allang voorgehouden dat het de voorkeur moest zijn van snobs, van Frankrijkvereerders en Parijsdwepers zoals vader er eigenlijk een was met z'n wijnproeversreizen daarheen en z'n giechelende verhalen over slakken eten en andere, nog onbegrepen ondeugden. En zweeg moeder niet altijd bokkig over die vakreizen?

Toch was het moeder die, verontrust door m'n geringe vordering in het Frans, met het snorretje ging spreken. Natuurlijk kreeg ze te horen dat ik best beter kon. Maar ik hield niet van die taal, niet van de kankerende neusstem, niet van de snor, niet van de school, niet van de buurt en niet van Haarlem. 'Z'n best doen' leek me dan ook wat veel gevraagd en bovendien niet dienstig met m'n plan Haarlem te helpen onmogelijk maken.

Intussen begon het heimwee naar de Weg (die tussen Leiden en Oegstgeest, waaraan zowel 'ons' huis lag als dat van grootvader) een geheime bezetenheid te worden. Die weg was breed met z'n dubbel tramspoor, z'n fietspaden en trottoirs. Hij was overladen rijk aan opspringend en neerhangend groen in alle schakeringen: bomen, oprijlanen, heggen, voortuinen en weiden omzoomden hem. En hij was de hele dag vol afwisselend leven. Behalve bruisend verkeer in beide richtingen waren er de roepende venters en op vrijdagen de boeren die met gele wandelstokken hun strompelende koeien- of schapentransporten hardhandig en schreeuwend bijeenhielden. Op zwoele zomerzondagavonden passeerden bellende ijscowagens en trok een eindeloze stroom vermoeide fietsers voorbij in de richting stad, wonderlijk uitgedost en roodverbrand terugkerend van het Katwijkse strand.

Ik geloof van de weg de wiskundig strakke en glanzende rails het mooist gevonden te hebben. De trams die het huis vredig deden trillen hadden hun geruststellend vaste dienst tot in de nacht. En die baan gaf de bedrijvigheid van nodig werk: vaak vernieuwden knielende wegwerkers de steen tussen de staven, wat een ijl geklink gaf waarbij de middagboterham goed smaakte. De betonnen palen waren deftig en kregen al iets groen verweerds waardoor ze zich voegden in dit landschap van natuur en geest. Techniek en natuur deren elkaar niet altijd. En het lawaai dat die ijzerstaven opleverden was een regelrecht genot: het was de stad, het was het, het was leven. Tegenwoordig erger ik mij aan de nieuwste jeugd, die aangestoken door zielige progressieve grijsaards, oudachtig spreekt over 'het lawaai' en 'de stank' van de stad. Onze stad maakte twintigmaal meer lawaai met z'n stoomtrams, vrachtauto's met kettingaandrijving, karren zonder banden en met ijzerbeslagen wielen, motoren zonder knalpot en, vooral, met z'n de hele dag volop claxonnerende auto's. En die vervoermiddelen produceerden romantieke roet en walm.

Nu, ruim veertig jaar later, kom ik weer vaak over de Weg en hij ligt er nog juist zo in hetzelfde getemperde zonlicht. Alleen het groen is zwaarder geworden met een begin van bederf of verdorring. En men heeft de tramrails en bovenleiding verwijderd wat opeens iets provinciaals geeft; een soort optische historievervalsing ook, want de tram was er eerder dan de Weg en haar spoor pastte erin als een nerf in een blad. Het is nu, alsof ik de Weg zie in een scheve voorgeschiedenis, vanuit een punt vóór mijn geboorte als – inderdaad – op bleke ansichten van andere bekende wegen, waar de rails nog komen zouden.

En die trampalen, die draden zelfs! maskeerden minder gelukkige architectuur (mislukte Art Nouveau-aanzetten of torentransjes in pseudo-stijlen) of onderstreepten het silhouet van betere gevels – hoe dun een draad ook is en hoe weinig zichtbaar hij schijnt. Zodat samen met het ontbreken van de afwachtend markerende rails de Weg iets vaags heeft gekregen, iets bleeks van nieuwe klinkers, iets voorlopigs in z'n wanden, een ambivalentie van vroeg én laat.

Hoe dat zij, de Weg was nu eenmaal mooier en wijder en levender dan de straatjes van Haarlem Noord. Hij is, ook nu op afstand beschouwd, in een minder ongelukkige periode ontstaan dan het doodlopend straatje ginds, dat immers in het holst van de crisisjaren even uit de grond gestampt was. Wij konden en wilden niet wennen. Wennen zou verraad geweest zijn, – alsof het huis trouw verwachtte.

Moedwillig doelloos, in een wrokkige versuffing die me nu komisch aandoet, verfietste ik hele woensdagmiddagen of weekeinden door de gelijke straatjes, tot verdwalens toe, om dan plotseling nog in panische haast te raken om op tijd terug te zijn voor het avondeten.

(Veel later zag ik de Weg terug in de hongerwinter van '44. Het was de weg niet meer, het was helemaal geen weg meer. Niet alleen dat onopgeruimde, niet meer weggereden sneeuw van maanden hem had uitgewist: kinderen speelden zittend midden op het nutteloos bol dek want hij was dood zonder verdere beweging en zonder ander geluid dan het druipen van sneeuw uit de paar boomstronken die nog over waren. Zou dit beeld bij wijze van visioen mij in Haarlem, elf jaar eerder, voor ogen gekomen zijn, ik had geen raad geweten. Nú wist ik in feite altijd raad: de familie – incompleet of niet – terug doen keren. De Weg leek onaantastbaar te bestaan. En werkelijk, hij herstelde zich en is er nog – of weer.)

Na een week waarin we – m'n zus en ik – het onze ouders moeilijk gemaakt hadden met ons onwillig gezeur contra Haarlem, met ons zwijgend verzet zoals humeurig langzaam boodschappen halen en eenlettergrepig antwoorden op vragen over school, mochten we een weekend naar grootvader en -moeder. Daar aan de Weg hernamen we onmiddellijk ons voorhaarlemse leven, hielden kussengevechten in onze logeerkamer, gleden grinnikend met een matras als slee de trap af, zodat, voor een keer, zelfs grootmoeder een beetje kwaad werd. 'Dat flikken jullie je moeder toch ook niet!' zei ze met een nogal genepen mond. Maar we schrokken niet, we meenden dat die uitval eigenlijk meer moeder gold dan ons.

Met slechte dagen valt misschien ook niet te grinniken. De vrolijkheid slonk al 's zondagsmorgens omdat we 's avonds terug moesten naar Haarlem. We werden steeds stiller en om ons op te monteren verzon grootmoeder een attractie voor de terugreis.

Ondanks die specialiteit werden we wijverig zenuwachtig. Naarmate de avond naderde hing er iets van onheil in de lucht. Het was buiten, het hing noordelijk van het huis en het begon als een lichte vrees. Was het ons eigen slecht geweten, ons ostentatief verwerpend gedrag in 'Noord'? Misschien waren we niet gerust op de ontmoeting met onze geplaagde ouders die ons twee dagen kwijt gemoeten hadden omdat ze onze woordloze tegenwerking er niet meer bij konden hebben.

Vrees en schuld, ook in luttele formaten, overal; en hier nog confuse spiegel van dezelfde ongemakken bij de twee volwassenen in Haarlem. Soms zijn het anderen die betalen of verrekenen, maar er is geen evenwicht tussen die beide gevoelens zonder bloed, en die avond begon het buiten als het ware naar bloed te ruiken. En een catharsis kon dat te verre teken nog niet bewerken, voorlopig evenwicht lag nergens in het verschiet, in Noord zou alles erdoor gelijk blijven.

In die dagen was juist met enige feestelijke plechtigheid de oude stoomtram naar Haarlem vervangen door een moderne elektrische, een gelede tram met een geheimzinnig duistere harmonikaverbinding tussen beide wagondelen. Die tram zelf zou hebben kunnen doorgaan voor een teken van het nieuwe; van zakelijkheid en nuchterheid. De vertrouwde gevlochten rietbanken der NZH waren hier door koel leer vervangen en alles wat koper was bij haar oudere zustermachines was hier al koud chroom. Haar uiterlijk was efficiënt, maar de te dicht bij elkaar staande lampogen gaf haar iets loerends, ze zag er minder onschuldig uit dan de kolos op Den Haag of Katwijk, de tram waar we zo vaak mee naar zee waren gegaan.

De attractie door grootmoeder bedacht was nu, dat we met de 'nieuwe' terug mochten reizen. 'Je moeder spaart nog geld, dus dan is het allicht goed,' zei grootmoeder grijnzend maar toch weinig overtuigend, want tegen moeders woord ingaan kon verkeerd uitpakken en beide vrouwen verkeerden altijd in het onzekere over elkaars kracht. Er was tenslotte opdracht gegeven voor de trein. – Maar de gelede tram fascineerde ons en een lange rit, zonder geleide van volwassenen nog wel, werd door ons met buikpijnachtig enthousiasme verwelkomd.

Grootmoeder bracht ons naar de halte dicht bij haar huis: de Splitsing. Daar in de beginnende duisternis stond de nieuwe, nog glanzende tram lang stil. Op het kruispunt met de weg naar Katwijk begon eerst nog het slingerend belsignaal te bewegen: ijl in de bolle wind, de klepel van een wijzerloze klok. Een waarschuwing voor niemand want met de beginnende regenvlagen was er geen mens op straat. Pas toen de 'Katwijker' gepasseerd was en een jongen van zestien of zeventien eruit was overgestapt in onze tram, konden we vertrekken. Grootmoeder leek te luisteren, alleen in de regen, naar het verwaaid gevaarsignaal en keek ons bezorgd na. De 'nieuwe' trok snel op.

De jongen die overgestapt was kwam tegenover ons zitten. Het was er een uit Rijnsburg, leek me, een bollenpeller misschien. Met z'n grote pet en pilopak leek hij op de krantefoto's van Van der Lubbe. Hij bekeek ons een seconde en zweeg.

De rit duurde lang, veel te lang. Buiten was het snel volledig donker geworden en er was niet veel meer te zien dan onze eigen, wat benepen, beeltenis in de spiegelende ruit. De vrees kwam nader. Onze hoofden op die ruit trokken van dorp tot dorp in eentonige regelmaat. En daartussen waren nog veel verlaten haltes: witte hekken op zwart grind. De tram bleef zo goed als leeg. Nu en dan schimmen buiten van wat wel bollenschuren zouden zijn, een kale lamp in een dorpsstraat. Lage huisjes zonder licht.

In een der bollendorpen – was het Lisse, Hillegom? – was de hoofdstraat wat beter verlicht. We reden er langzaam door, vreemd langzaam want op de zwarte stukken buitenweg hadden we wel de zeventig gehaald. De conducteur, met even een zijdelingse blik op ons, opende het deurtje naar het met zwart fluweel afgeschoten voorbalkon en sprak onderdrukt met de bestuurder. Iemand in de tram stond op en tuurde met de handen om de ogen door de ruit. We stonden nu bijna stil.

Het was op dat moment dat de Rijnsburgse Pet tot ons sprak. Er kwam iets listigs in z'n bruine spleetogen en een soort glimlach om een honend klein gehouden mond. Na een blik op ons, die onze 'stand' schatte, boog hij zich naar ons over om ons bourgeoisspraakje met dat zuinig mondje te parodiëren. En terwijl hij met een zwarte nagel op de ruit tikte zei hij:

'Daar gaat het Slachtoffer van het Ongeluk.'

Tevreden leunde hij terug. Die zacht uitgesproken woorden troffen ons als een dolk. Verwilderd volgden we met de blik z'n gele vinger. En daar buiten, in de zwakverlichte dorpsstraat, zagen we het, terwijl het bloed uit ons weg trok.

Een haveloze, leeftijdloze man duwde een oude handkar voort. Op die handkar stond een rieten mand. Man en kar waren alleen.

Die mand was niet groter dan een wasmand. Een middelgrote hond zou er in gekund hebben. Nu was ze afgedekt met een kleurloos zeil dat met touwen aan de voor- en achterzijde van de kar strak gehouden werd. De man sjokte voort in de regen en het kale licht. Niemand wees hem de weg. En in die mand lag wat er over was van een mens.

We wilden het liever niet geloven, maar het was een uur zonder kindergenade en wat verderop moesten we wel. Even buiten het dorp stond de tram nu werkelijk stil. Pas nu kwam de conducteur van achter het zwart fluweel terug, gevolgd door de bestuurder die een bedieningskruk in de hand hield. 'Ja mensen,' zei de conducteur met zowel berusting als onderdrukte belangrijkheid in z'n stem, 'we gaan overstappen.'

Overstappen? Onze angst werd paniek. Daar had grootmoeder niets van gezegd, we zouden kunnen blijven zitten tot in Haarlem. De Rijnsburger zag onze verwarring. 'Het Ongeluk...' lichtte hij fluisterend toe en hij kneep z'n loeroogjes even dicht. Hij glimlachte en we staarden hem wezenloos aan.

M'n zus zag wit en ik werd misselijk. We lieten ons stijf van vrees van de treeplanken zakken en stonden ongecoördineerd, ieder een andere richting op, in het zwart langs de trambaan. We hielden elkaar bij de hand, een ongebruikelijk gebaar in onze familie. 'Déze kant op,' riep iemand ongeduldig en tegelijk werden we verblind door een grote schijnwerper die verderop langs de rails stond. Toen we dichterbij kwamen, mee in de kleine processie over biels en kiezel strompelende trampassagiers, zagen we eerst alleen de regen als strakke rijen motten langs de witte lichtcirkel trekken. Onze stappen knerpten. Toen zagen we pas het monster.

Achter het licht, en zelf nu ook haast wit tegen de nachtelijke hemel, rees het omhoog en gaapte het met wijd open muil. Een muil die gevreten had. Nu meenden we dat bloed te ruiken, alsof het mee terugdroop uit de wolken met die trage voorjaarsregen.

Het was juist zo'n nieuwe tram, hoog opgevijzeld boven

de genadeloos glinsterende rails. Conducteurs en mannen in blauwe jakken stonden ernaast met hun handen in de zij. Onder de baanschuiver, assen, stangen en wielen was een zwart gat. 'Hij heeft het nóg mooi gedaan, die jongen,' zei een collega-bestuurder bewonderend. 'In vijf, zes meter stond hij stil, kijk maar,' en hij wees naar een klein zwart huisje, laag naast de trambaan, met een beklinkerde oversteekplaats naar de rijweg. De mannen mompelden verder. Een zei het niet te begrijpen: al jaren woont dat vrouwtje daar, ze was toch wel gewend aan de tram. 'Maar niet aan de elektrische!' zei een wegwerker snel en met listige, haast triomfantelijke ogen, 'die is zó bij je!'

Er hadden dus resten van een oud vrouwtje in die mand gelegen. In Haarlem wachtte een nerveuze moeder ons op aan het eind van de lijn. 'Waar komen jullie nou vandaan,' begon ze. We mompelden iets over een ongeluk. 'Hè god zie je nou wel,' zei ze geërgerd, alsof ook zij, als wij, vond dat het allemaal door de verhuizing kwam.

Kort voor het weekend van dit tramongeluk had ik mij juist op de Haarlemse school toch iets goeds verschaft, een voorwerp tegen die stad, een dagelijks te bewonderen compensatie, in overeenstemming met leeftijd en behoefte. Want op die school hing een prent in geel, bruin en wit van een Zwitserse elektrische trein, te voorschijn razend uit een tunnel in vredig besneeuwde bergen. Mijn romantiek verlangen naar weg te zijn uit het besmookte lokaal en de duisternis van de stad en dat jaar, hechtte zich gretig aan dit rein en technisch levend tafereel. Géén teleurstellend moment aan mens of natuur: slechts koel staal en koele sneeuw.

En schone vormen. Want de locomotief, buitenissig en robuust in Hollandse kinderogen, vond ik mooi. Daarvan een model te hebben werd een geheime wens.

Op de kleine zolder in Noord speelde ik niet zo lang daarna met een blikken replica van zo'n loc op een vooralsnog benarde railcirkel die op een oud laken gespreid lag ten einde sneeuw te imiteren. Ik had dit voor de crisisjaren nogal duur speelgoed m'n vader (wiens zwakke positie in huis ik gepeild had) afgebedeld – een vorm van chantage. Nu, na het ongeluk, weigerde ik ermee te spelen. Niet dat m'n geweten opeens erg verontrust was over dit afgedwongen geschenk, maar die assen, wielen en rails deden me op een wee makende manier aan het ongeluk denken. Het merkspeelgoed bleef voorlopig in de kast. Het leek of we zonder handigheidjes door Haarlem heen moesten. Toch lag er een katalysator in het verschiet – door mijzelf onbewust nog te lanceren – naar de verlossing uit dit beklemmende straatje. Maar eerst moesten we blijkbaar meer van scheiding en dood afweten. Die laatste moesten we nogmaals van dichtbij zien en betrokkener; misschien was het tramslachtoffer te anoniem geweest, of het was maar een aanloopje.

De eerste avond dat ik na het eten aarzelend besloot de trein toch weer eens te voorschijn te halen op zolder, meldde dat sterven zich, eerst als teken, dan als feit. Ik had de verdachte behoefte het tramongeluk te ensceneren met een poppenhuisvrouw van m'n zus. Trillend van pervers zondebesef wond ik de veer van de locomotief op en plotseling sloeg de zwarte sleutel met een woedende ruk terug, begeleid door een vijandige brom en een vlijmende pijn. M'n vingers zwollen op en beefden. Ik staarde verwezen naar m'n half dierbaar, half beladen bezit. Ik had hem ontstemd. Hij stond nog naast die paar rails en zweeg gevaarlijk. Na een minuut dorst ik hem pas aanraken. Hij was morsdood: z'n vier wielen waren geblokkeerd, hij deed het niet meer, ik had het te dure cadeau 'vernield' zoals vader zonder twijfel zou zeggen. Zelf stond ik even onbeweeglijk als m'n slachtoffer.

Plotseling kwam moeder de zoldertrap op. Ik wierp het popje snel terug in het poppenhuis en verborg m'n gezwollen hand achter m'n rug.

Er was iets vreemds aan moeder. 'Kom,' zei ze met een licht alarmerende stem, 'we moeten naar grootvader; je vader heeft iemand opgebeld dat we komen moeten.' Intussen daalden we – nog steeds onhandig omdat we er nóg niet aan gewend waren – het smalle zoldertrapje af en ik vermoedde wel wat dit bericht te betekenen kon hebben maar zweeg erover, zoals ook moeder en m'n zus verder zwegen. Naast bedrukt was ik in het geniep ook verheugd: het was een reis naar 'onze' Weg, tenslotte.

Buiten verdween die halve opgewektheid snel. Haarlem Noord lag uitgestorven in witte mist. De lange Orioolweg die we maar liepen omdat er toch weer geen bus kwam (en dat spaarde nog geld) lag zo stil dat alleen het vallen van ijzel uit de bomen hoorbaar was. We waren de enigen op straat en we liepen dicht bijeen met een diep wantrouwen tegen de hoge lantaarns met hun te kleine kransen nat licht, tegen die gewatteerde stilte, tegen alle gebeuren dat hieruit zou kunnen voortkomen.

Al lopend moest ik weer aan m'n Zwitserse locomotief denken. De afbeelding ervan in een speelgoedcatalogus was als gekoesterde begeerte groter geweest dan het afgebedelde ding waarmee ik op zolder nogal gaperig speelde. Als intussen dood duplicaat van de schoolprent beviel hij waarschijnlijk nog het best. Misschien was onvermogen om hier vervulling in iets te vinden mee oorzaak van die veerbreuk. Nu, ik kon gerust zijn: dood zou die trein voorlopig blijven. Gelukkig dan maar, dat ik tegelijk een gunstiger eigenschap mee ontwikkelde: het onvermogen om het diep ongewenste langer dan noodzakelijk aan te nemen. Een zin van onze verbanning naar Haarlem begon bijna door te breken: het was het gebiedend leren maken van de eis, terug te keren naar 'huis'. Nooit vroegen we ons af óf, en zo ja door wie, ons huis op de Weg intussen bewoond werd. Het was in onze hoofden disponibel voor óns. Te goed herinnerde ik me de zenuwvlekken in moeders hals en haar beverig gefrutsel met het slot van een ijzeren geldkistje, als grootvader – niet al te vriendelijk – de huur kwam innen. Het was grootvaders huis en hij zou zeker zorgen dat we er weer te wonen kwamen. Grootmoeder, die ons kinderen na de verhuizing graag hoofdschuddend bezag had het mis: enige tragiek was op ons luttel formaat niet van toepassing, diep in ons hart wanhoopten we beslist niet aan de tijdelijkheid van onze beproeving, al lag die hoop niet steeds aan de oppervlakte en al was ons uiterlijk vaak potsierlijk van eigenwijs protest.

Niets kon het verschijnsel Haarlem rechtvaardigen, zoals een knorrige foto laat zien op het ijs van een sloot in de weiden van Noord, en zelfs een uitstapje naar Amsterdam, met de plotseling boetvaardig toeschietelijke vader, naar de Zesdaagse in de RAI, deelde in de misère: een avond van schemerachtige verveling aan een klein, naar zaagsel geurend ovaal, waar vermoeide renners er hun gemak van namen.

Het was niet dat wij vonden dat Haarlem ons vijandig gezind zou zijn. Wíj waren het vijandig gezind. We oefenden onszelf in redeloos verwerpen en verlangen in een paar wintermaanden. We ergerden ons tot aan de goedige kruidenier op de hoek die ons een kistje levensmiddelen cadeau had gedaan op de dag dat we ons hadden te vestigen in Noord. Dat leek ons cynisme eerder dan reclame. En nu had hij, als enige met telefoon in de buurt, nog slecht nieuws gemeld over grootvader ook. Nee, we konden geen redelijkheid gebruiken. Verstand leek ook maar een middel tot wezenloze constructies. Om het welgemeende 'wees nou eens verstandig' van moeder grijnsden we wantrouwig. De hooggeprezen Rede staat te kijk tegenover ieder werkelijk raadsel, en raadsel is alles waar het op aan komt. (Zelfs in de klare meetkunde snijden evenwijdige lijnen in een abstract 'oneindig'. Alle essentie is ontoegankelijk.)

Terwijl ik nog voortliep naast moeder en zus op weg naar het station dreunde de Duitse schlager 'Warum?' hinderlijk door m'n hoofd. Afgezien nog van het hulpeloze in de titel, leek het of hier in deze stad de muziek als verweer ook tot op nul gedaald was. Tussen 'Warum?' van Leo Fuld – een van over de Oostgrens vervolgde – en de herinnering aan 'Side by Side' van Whiteman gaapte voor m'n kinderbrein een kloof aan kwaliteitsverlies, en denkelijk een verlies aan veiligheid.

De weg naar het station scheen eindeloos en het was nu zo onbeweeglijk stil, dat wij zelf al dood leken. Al! Wie was er dood? Het doffe licht van laagreikende wolken en lantaarns was deze avond niet anders dan van iedere Haarlemse ochtend op weg naar school: het was opeens nacht noch morgen noch namiddag of het was alle drie tegelijk. Nogmaals: in Haarlem was het altijd donker, een donker dat een gebrek aan tijdsorde scheen en een teveel aan tijd. Tijd om af te wachten, denk ik.

Laat die avond kwamen wij, nog steeds zwijgend van voorgevoelens, op de Weg bij grootvaders huis aan. Hij bleek al dood te zijn: een beroerte, die middag, in Leiden. Een gezelschap half bekende familieleden scheen er niet minder vrolijk om.

In de donkere achterkamer lag grootvader dood met hetzelfde ingekeerde gezicht waarmee hij zich zo vaak geërgerd had aan z'n vrouw of aan moeders heftigheid. Van enige majesteit van de dood – waar moeder aarzelend van sprak – was in dit wat verbeten gezicht niets te bespeuren. De vreemd gevouwen handen waren vaag beangstigend.

Terug in Haarlem dorsten we niet vragen naar de oorzaak van de vrolijkheid rond grootvaders sterfbed. Maar we hadden zo wel een reden te meer voor wantrouwen tegen de wereld en tegen Haarlem, want het leek of onze afwezigheid op de Weg benut was om daar onheil te stichten.

Niet dat ik grootvaders dood uit de lijn der gebeurtenissen vond liggen. Hij had ons niet kunnen helpen; hij had de verhuizing niet kunnen beletten uit een huis waarover hij toch gewichtig de scepter gezwaaid had en waarvoor hij de betaling uit moeders kistje vaak zo koel trommelend op tafel afgewacht had. Als moeder bij die geldkist bang voor hem was had hij haar toch kunnen laten gehoorzamen? (Pas jaren later geloofde ik dat grootvader, al trommelend, eerder z'n hand over z'n hart streek en dat het volle bedrag dan niet – of nog niet – uit het zenuwkistje hoefde.)

Intussen gingen m'n zus en ik voort ons misnoegen met de nieuwe stad half kenbaar te maken. Op een avond na etenstijd mochten we, misschien om ons chagrijn te breken, in de nieuwe buurt huis aan huis aanbellen om te proberen een lot te verkopen, ten bate van een ons onduidelijke christelijke hulpverlening. Door de architectuur rondom daartoe aangestoken, achtten we nu gelijk maar iedere Haarlemmer nooddruftig of schriel en als ze op ons bellen hun voordeurtjes half openden zeiden we zonder glimlach: U wilt zeker óók geen lot kopen voor een goed doel.

Die halfbewuste sabotage lukte: we verkochten niets, met uitzondering van één lot dat afgenomen werd door een grijzende vijftiger in bretels die naar m'n zus monkelde en het dubbeltje in haar uitgestoken hand bezegelend toedekte met z'n rode klauw of het een robijnen kleinood was. Nu was het vaders beurt om een gezicht te trekken van zie je nou wel, toen we gelaten grinnikend met de onverkochte papiertjes terugkeerden.

Aan de spaarzame bezoekers uit onze vroegere omgeving die naar het huis kwamen kijken en ons kinderen wee glimlachend vroegen hoe we het hier vonden, antwoordden we met bot schouderophalen. Op de vraag van een oom, of we dan de oude Grote Markt met z'n historische gebouwen niet prachtig vonden knikten we welwillend objectief. Objectiviteit is desinteresse.

Moeder vermagerde hier zichtbaar en daar droegen wij in ons verzonken ego toe bij.

Inmiddels naderde de avond waarop ik het gebaar zou vinden dat, onbedoeld en onverhoopt, de aanleiding zou worden tot onze snelle verlossing.

De verlossing van de terugkeer, want de Weg was onze Mythe geworden in de dirigerende zin die de tijd aan dit woord toekende. Het soort Leitmotiv dat beter beperkt had kunnen blijven tot waar het hier gold: voor balorige kinderen.

De wereld der grotemensen-Mythen werd in Haarlem vast en dicht. Er werd gesproken over de 'Zeven Provinciën', over de straatrevolte in Duitsland en zelfs in de donkere Cronjéstraat zag ik een zwijgende schermutseling tussen politieke tegenstanders. Moeder, met de laatste rest van haar huwelijksmythe, huilde vaker. Een paar maal verliet ze na middernacht alleen het huis en dwaalde langs de kade van het Spaarne. Een lange grijze dominee, die ik wel eens had horen bulderen tegen het tijdsgewricht in de Grote Kerk, hield haar af van dat water.

De kranten en radio droegen niet bij tot een opgewekter stemming. 'Rumoerige bewegingen houden bij de grens niet op,' zei een alarmstem, en de Rijksdagbrand in Berlijn zou een rood complot zijn. Dat wat ik niet of amper begreep wekte huiverende aandacht. Complotten en Fahnen deden de wereld gisten, er was alarm, maar Haarlem wachtte doodstil in regen of mist.

Ik had op een dag na schooltijd weer rondgefietst in vallende duisternis. Dat dwalen was geen wanhoop, het was een soort kalme verbijstering. Het had geen enkele betekenis meer: niet van verkenning, zelfs niet die van spieroefening. Want achter de huisjes van Noord was niets, 'het', dat van óns, was er niet. Achter die gevelrijen en straatjes rezen weer dezelfde huisjes, dezelfde blauwe daken. Er was nog geen weitje, geen schep aarde die we hebben wilden. Het was allemaal te ver en de weg naar huis was afgegrendeld door verse baksteen. Een middelpunt ontbrak en horizon zag je niet door die herhaling. Het was hier te nieuw; nieuw werd voorgoed een scheldwoord, ons oudste kinder-ik is behoedend en behoudend.

Thuisgekomen – moeder had juist voor het eerst een mij onbekende dame op bezoek – trok ik mij decent terug in de zandtuin. Er zou wel veel te bespreken zijn. Om 'spelen' voor te wenden pakte ik een gebroken bloempot en groef een diepe kuil. In die aarden pot deed ik een papier waarop ik m'n naam schreef en m'n enig echte adres: dat van de Weg in Leiden. Na deze gaperige, maar toch half als magisch gevoelde handeling haastte ik me het gat te dichten. Het losse zand maakte dat al te gemakkelijk.

Moeder keek wat verlegen toe door de glazen tuindeur en ik hoorde haar zeggen toen ik binnenkwam: 'Hij is zeker aan het schatgraven.' De dame, die een groot maanachtig gezicht had en later enkele christelijke romans zou schrijven, zei met een hese alt: 'Ja die kinderen! Wat een fantasie nog, zo'n jong.' (Maar ik had niet de minste fantasie getoond; het was maar een uit verveling verpakte wrokkigheid, toevertrouwd aan moeder aarde, die zo teleurstellend zanderig bleek en weinig bestendig.)

Ik ging, daar het gesprek binnen nog niet afgelopen was, naar m'n kamertje boven, dat ik niet had willen inrichten zoals een middeleeuws mysticus zich niet inricht op de aarde als doorgang. M'n zusje had mij in die onthouding eerst gevolgd. Nu, in bijna volslagen duisternis, plakte ze aarzelend enkele Bonzo-briefkaarten op haar kale muren, maar hield op toen ik toekeek. Ze was nu trouwens veertien en voor zulke kaarten te groot.

Zo zaten we die avond weer aan tafel onder de slaapverwekkende lichtcirkel van de perkamenten lampekap. Die was parelwit geweest toen moeder hem kocht voor het nieuwe huis, maar nu al bruin geworden. Bruin was trouwens alles dit jaar: tot de mantelpakken van de vrouwen en de schriele crisiscolberts – 'billentikkers' – der mannen. (Iedere man leek een kantoorklerk.) Het bruin en crème van koffieverkeerd was mode; de twee fantasieloze kleuren van verkeerd leven, van leven in ontbinding. De ontkenning van kleur en leven. De enge tint van de hemden der massale straatschenders in Berlijn.

Het eten was op, het crisistoetje was op, suizende stilte buiten en mist. Onze dunne radio had de Dominee met de Lage Stem over ons zwijgend gezin gebracht, een spreker die vader onverwachts veinsde 'zo goed' te vinden, waarschijnlijk ter voorkoming van discussie. (Ik vond dat laf; herinnerde me zijn afschuw van bezoekende predikanten in ons oude huis.) De dreunende radio-bas had gesproken over onze geteisterde en met problemen doorkoortste wereld' en over de jeugd, die 'zich in de chaos moest staande houden maar al in haar kindsheid ontzenuwd werd'. Nadat een zanger nog 'Heeft u een sigarebandje?' had laten horen en een sjokkend dansorkest 'Please!', kwam er ook binnen een gapende stilte want moeder had de radio uitgedaan. Ze begon af te nemen.

Ik nam m'n servet op. In een plotselinge ingeving rolde ik het niet op maar drukte het met beide handen tegen m'n gesloten ogen. Zo bleef ik voorlopig zitten. Ik zag en hoorde niets meer, er was geen dag en geen nacht en deze steile zwarte muur vlak achter m'n handen doorbrak eindelijk het nog altijd nijpend lage kalkplafond dicht boven me. Ik voelde aankomen dat ik het servet niet zou willen wegnemen. Terwijl te veel tijd verstreek en zachte aanmaningen van moeder het servet af te geven zonder resultaat bleven, wist ik niet meer terug te kunnen en bleef zo zitten, de ellebogen nog steeds op tafel gesteund.

Moeder werd nerveus. Kribbige sommaties liet ik onbeantwoord en als een eigengereid dier bleef ik in het zwart staren. Het tafellaken ging onder m'n ellebogen uit. Ik

voelde vaders blik en verwachtte ieder ogenblik een ruk
aan het servet of een verdiende klap voor m'n kop. Maar ik
werd, voor deze keer, de wrede overwinnaar. Na enige tijd
vreesde ik geen tik meer, ik had zelfs vader verontrust, ik
hoorde hem zenuwachtig aan z'n sigaret trekken. Moeder
snikte boven de afwas. Pas toen ik ze samen geruime tijd in
het keukentje had horen praten, gedempt en onzeker, nam
ik genadig het servet van m'n ogen, rolde het op en stak het
in de servetring. Als een duidelijk corpus delicti lag het op
het bruin geblokt tafelkleed. Mijn pupillen, te wijd door
het langdurig zwart, deformeerden de kamer tot een
grauwzwarte spelonk, in mooie harmonie met heel Haarlem,
met dat jaar, en met de ineengedoken wereld buiten.
Moeder kwam binnen en bevend van onhandig verdriet
nam ze het servet weg.

II

Het liep tegen Pasen, de vakantie zou beginnen en een waterige
zon brak eindelijk door over Haarlem Noord. Moeder
zat met haar opengeslagen zakbijbel voor de radio en
luisterde naar de Morgenwijding. Tremolerende damesstemmen
beëindigden juist een gezang in een langgerekt
orgelpunt. Moeder sloeg haar bijbel dicht en keek mij betraand
aan. Met een verre stem zei ze dat ik hier niet meer
naar school terug hoefde en de paasvakantie bij grootmoeder
mocht doorbrengen. Het servet had mij geen
windeieren gelegd. In ieder geval mocht ik, koninklijk alleen,
vooruit naar het land van belofte. Moeder en zusje
zouden later komen; er werd naar een huis voor ons drieën
gezocht in de omgeving van Leiden. Haarlem Noord was

een verloren proef. Mijn onvrede had ik met succes naar buiten gebracht. Men wilde mij bovendien wel even kwijt met die hoofdzakelijk mimische provocaties.

Wij kinderen bleven beleefd zwijgen, die laatste dagen in Haarlem, maar we waren toeschietelijk en meegaand van haast ongelovige, roesachtige blijdschap en ook van trots. Verworven genade! Het gevoel dat het ons toekwam. Aan vader dacht ik niet.

In stralend voorjaarsweer kwam ik bij grootmoeder aan en vergat Haarlem. Het was zelfs uit m'n dromen verdwenen. Alleen een enkele gelede tram op de Weg deed me het hoofd vlug afwenden. Verder begon de wereld opnieuw. In deze straten en parken was ik thuis. Drie weken lang was ik kalm en 'aardig' zoals het van kinderen verwacht wordt, en zo'n vegetatieve ontspanning bereikte ik later niet meer: zo algeheel en lang los van de tijd, zonder zelfverwijt over 'nietsdoen'.

Ik hield van grootmoeder, zij hield van mij. Zíj had haar strijd gestreden – en beëindigd – met de man wiens incidentele ontrouw ze niet had kunnen vergeven; ík had mijn strijd beëindigd met een stad welks bestáán ik zelfs niet vergeven had. We begrepen elkaar, ook zonder een woord; 'Een mens z'n zin is een mens z'n leven,' zei ze hoogstens met een knipoog.

Vooral de avonden bij grootmoeder waren goed. Al het actuele in de wereld en het persoonlijk toekomstige werd opgeschort – de enige weg tot wat men 'geluk' noemt – omdat het nu vakantie was en alles afgehandeld. Grootvader was dood: geen woord meer over hem. Vader zou definitief weggaan: geen woord over vader. En grootmoeder zocht op haar radio alleen muziek. Er was geen Vaz Dias en geen Dominees stem, drie weken zwegen de 'tekenen des tijds' en samen waren we in een paradijselijk vacuüm, wat vermoeid van ons verzet, maar zeer tevreden.

's Morgens werd ik toepasselijk gewekt. Grootmoeder plaatste met een verlengsnoer de grote ronde luidspreker op de trap en met de klok van acht uur stroomde dan Hyltons 'Happy Days are Here Again' (waarmee Tin Pan Alley de moed erin wilde houden in dit crisisjaar) m'n logeerkamertje binnen.

Overdag slenterde ik door het dorp, haalde wat boodschappen in het als aardig in m'n geheugen bewaarde winkelstraatje, zat fluitend op de stenen bank van het vijvertje en liep goedkeurend langs de school die nu weer 'mijn' school zou worden. Aan moeders strijd werd niet gedacht.

Hier was ik voor niets op m'n hoede en wat was de stilte in grootmoeders huis, met de langzame Friese klok, van een andere orde dan die in Haarlem.

Na Pasen konden we ons nieuwe huis, maar een paar straten van dat van grootmoeder verwijderd, betrekken. We zeurden daarbij niet om het oude op de Weg, die veer lieten we zonder mokken. Blijkbaar achtten we het aanpalend dorp genoegzaam behorend tot de in die tijden veel bezongen geboortegrond. Ook vader leken we te kunnen missen. De prijs voor de ruil kwam ons in ieder geval redelijk voor.

Het is helaas kenmerkend voor het ondankbaar mensengeslacht, maar van het definitieve betreden van het nieuwe huis herinner ik me weinig. Misschien hadden we zo aan onze wens vastgehouden dat de uiteindelijke snelle vervulling daarvan slechts billijk toescheen. We waren dankbaar maar niet uitgelaten. Het was verdienste meer dan gift. Tegenwerken is óók werken.

Het huis moet toch een opluchting geweest zijn na de engheid van het buurtje in Haarlem. Hier een tuin die uitkwam op het groen van een sportveld en vóór een laan met bomen, maar we achtten het passend en waren niet verbaasd. Het was ons snel vertrouwd. En dan: het vanzelfsprekend goede herinneren we ons niet gedetailleerd. Het maakt niet zo'n indruk.

Levendiger is de dag – niet lang na aankomst – me bijgebleven van vaders definitieve vertrek. We waren niet zo bedroefd als moeder oorbaar achtte. (Toen vader in Haarlem nog wat bij ons was blijven hangen, duidelijk tegen z'n zin en niet van plan z'n leven te beteren zoals moeder het bedoelde, hadden we hem al afgeschreven.) Moeder voerde de afscheidsregie. Terwijl vader het huis verliet met twee grote koffers nam zij ons ieder bij een hand en trok ons mee tot in de punterker waar we haar met een kille, lage stem hoorde zeggen: 'Zwaai maar naar pappie, zwaai maar.' Want pappie moest z'n zonde op de loopplank naar z'n nieuwe bestaan wél beseffen; moeder sloeg haar armen zeer beschermend om onze schouders, – een droef tableau vanaf de straatkant, ongetwijfeld. Vader ging echter niet gebukt onder die aanblik. Eenmaal aan het eind van de straat zette hij z'n koffers even neer en zwaaide uitbundig met z'n beste zondagmorgengrijns, alsof hij alleen weer even tennissen ging. Toch verdween hij wel degelijk voorgoed om de hoek.

Moeder huilde, maar wij waren opgelucht dat het tafereel hiermee gesloten was. 'Een man en een kat die je niet vast kan houden moet je laten gaan,' had grootmoeder al eens gemompeld.

Met het opgroeien zou ons dorp gewoner worden, en ook wel de Weg, waarover ik nu iedere dag kwam te fietsen naar een middelbare school in Leiden. Als wens misschien iets mooier, bleef die toch altijd een gelukkig middelpunt: een directe groene verbinding naar dorp en huis. Onze terugverhuizing was compleet. Het middelpuntige van ik en aarde viel weer samen, ondanks het verspelen van vader en grootvader. Weer werden straat en huis van haast meer gewicht dan mensen. Nog gaf ik van alles dat voorbij was onnadenkend eerder Haarlem de schuld dan vader of de scheiding of de wereldcrisis. Daar was de benardheid van alimentatie en kamerverhuur voorbereid, en zelfs het tramongeluk, waaraan de nog altijd voorbijdreunende trams op de Weg me soms wee herinnerden, was aan die stad te wijten door z'n ligging boven de bollendorpen alleen.

Hoe boos de wereld ook nog worden zou, we waren terug en vrij van heimwee.

Hosiana:
schaapachtig
benard

In Singel Pockets verkrijgbaar:

Nicholson Baker *De Fermate*

Nicholson Baker *Vox*

Julian Barnes *Een geschiedenis van de wereld in 10 ½ hoofdstuk*

Kees van Beijnum *Dichter op de Zeedijk*

Kees van Beijnum *Over het IJ*

Karen Blixen *Een lied van Afrika*

Marion Bloem *Lange reizen korte liefdes*

Marion Bloem *De leugen van de kaketoe*

Marion Bloem *Vaders van betekenis*

Amy Bloom *Kom tot mij*

Oscar van den Boogaard *De heerlijkheid van Julia*

Louis Paul Boon *Pieter Daens*

Désanne van Brederode *Ave verum corpus*

Boudewijn Büch *De blauwe salon*

Boudewijn Büch *Het Dolhuis*

Boudewijn Büch *Eilanden*

Singel Pockets

Boudewijn Büch *De rekening*

Boudewijn Büch *Voorgoed verliefd*

Remco Campert *Tjeempie! of Liesje in Luiletterland*

Truman Capote *In koelen bloede*

S. Carmiggelt *Alle kroegverhalen*

S. Carmiggelt *Vroeger kon je lachen*

Hugo Claus *Omtrent Deedee*

Hugo Claus *Een zachte vernieling*

Paulo Coelho *De weg naar het zwaard*

Rudi van Dantzig *Voor een verloren soldaat*

Roddy Doyle *De vrouw die tegen de deur aan liep*

Inez van Dullemen *Het land van rood en zwart*

Marguerite Duras *De minnaar*

Annie Ernaux *Een vrouw/Alleen maar hartstocht*

Ronald Giphart *Giph*

Flora Groult *De eindeloze liefde van een vrouw*

Flora Groult *Een vrouwenleven begint bij veertig*

Singel Pockets

Hella S. Haasse *Cider voor arme mensen*

Hella S. Haasse *Huurders en onderhuurders*

Hella S. Haasse *De ingewijden*

Hella S. Haasse *Een nieuwer testament*

Hella S. Haasse *Oeroeg*

Hella S. Haasse *De scharlaken stad*

Hella S. Haasse *De verborgen bron*

Hella S. Haasse *Het woud der verwachting*

Maarten 't Hart *De jacobsladder*

Maarten 't Hart *Een vlucht regenwulpen*

Sjon Hauser *Thailand. Zacht als zijde, buigzaam als bamboe*

A.F.Th. van der Heijden *De sandwich*

A.F.Th. van der Heijden *Asbestemming*

Kristien Hemmerechts *Brede heupen*

Kristien Hemmerechts *Zonder grenzen*

W.F. Hermans *Herinneringen van een engelbewaarder*

Hermann Hesse *Narziss en Goldmund*

Singel Pockets

Guido van Heulendonk *Paarden zijn ook varkens*

F.B. Hotz *Ernstvuurwerk*

Marijke Höweler *Van geluk gesproken*

Keri Hulme *Kerewin*

Duong Thu Huong *Blind paradijs*

Alexandre Jardin *De Zebra*

Gerrit Komrij *Humeuren en temperamenten*

Gerrit Komrij *Lof der Simpelheid*

Gerrit Komrij *Over de bergen*

Kees van Kooten *Koot droomt zich af*

Hermine Landvreugd *Het zilveren theeëi*

Lisette Lewin *Voor bijna alles bang geweest*

Tessa de Loo *Isabelle*

Tessa de Loo *Meander*

Tessa de Loo *De meisjes van de suikerwerkfabriek*

Nicolaas Matsier *Gesloten huis*

Cormac McCarthy *Al de mooie paarden*

Singel Pockets

Vonne van der Meer *Het limonadegevoel en andere verhalen*

Doeschka Meijsing *Robinson*

Doeschka Meijsing *De weg naar Caviano*

Geerten Meijsing *Altijd de vrouw*

Paul Mennes *Soap*

Paul Mennes *Tox*

Harry Mulisch *Voer voor psychologen*

Harry Mulisch *De zaak 40/61*

Vladimir Nabokov *Lolita*

Helene Nolthenius *Babylon aan de Rhône*

Helene Nolthenius *Moord in Toscane*

Redmond O'Hanlon *Naar het hart van Borneo*

Redmond O'Hanlon *Tussen Orinoco en Amazone*

George Orwell *Dierenboerderij*

George Orwell *1984*

Floortje Peneder *Het dagboek van Floortje Peneder*

Frans Pointl *De kip die over de soep vloog*

Singel Pockets

J. Rentes de Carvalho *Waar die andere God woont*

Jean-Paul Sartre *Walging*

Joe Simpson *Over de rand*

F. Springer *Bandoeng-Bandung*

F. Springer *Bougainville*

F. Springer *Teheran, een zwanezang*

René Stoute *Op de rug van vuile zwanen*

Peter van Straaten *Luxe-verdriet*

Graham Swift *Waterland*

Bart Vos *Naar het Sneeuwgebergte*

Irvine Welsh *Trainspotting*

Henk van Woerden *Moenie kyk nie*

Koos van Zomeren *Otto's oorlog*

Joost Zwagerman *Gimmick!*

Joost Zwagerman *De houdgreep*

Singel Pockets